VOCÊ NÃO PRECISA SER UM TUBARÃO

CRIE O SEU PRÓPRIO SUCESSO

Robert Herjavec

Você não precisa ser um Tubarão

Crie o seu próprio sucesso

Tradução: Cynthia Costa

Para Brendan, Skye e Caprice –
Que a alegria encha os seus dias,
Eu lhes amo com todo o meu coração.

E para a Kym,
que chegou dançando na minha vida para
enchê-la de amor, afeto e esperança.
Eu amo você.

AGRADECIMENTOS

Obrigado ao meu colaborador, John Lawrence Reynolds, que mais uma vez me ajudou a organizar os pensamentos e as experiências e a expressar os meus profundos sentimentos e crenças.

Também preciso agradecer a ajuda da minha ótima equipe no Herjavec Group, especialmente de Erin McLean e Mary Sanders, que apoiaram este trabalho do início ao fim. Para George Frempong – o melhor vendedor e o homem mais vestido que conheço, agradeço a você pela amizade e pelo apoio.

Eu também gostaria de agradecer à equipe do *Negociando com Tubarões* – do time de produção aos cabeleireiros e maquiadores, passando pelo grupo executivo composto pelos próprios Tubarões. Nós amamos o que fazemos e conseguimos construir uma plataforma incrível para promover o empreendedorismo no nosso "programinha". Tem sido fabuloso trabalhar com todos vocês pelos último sete (não consigo acreditar!) anos.

E a todos os espectadores do *Negociando com Tubarões*, que reservaram um pouco de seu tempo e se deram ao trabalho de me contatar e oferecer elogios e votos de boa sorte – a minha gratidão está tecida em cada página deste livro.

"Não há atalhos para qualquer lugar que valha a pena ir."

— Beverly Sills, 1929-2007

UM

APRENDER NOVOS PASSOS EM UMA PISTA DIFERENTE

QUANDO O ASSUNTO é carreira, o conselho que as crianças mais ouvem de seus pais é *você pode ser o que bem quiser*, o que vem, inevitavelmente, seguido por: *caso se esforce o bastante*.

Não entenda isso literalmente. Ninguém deveria entender isso literalmente. Todos nos deparamos, mais dia, menos dia, com limites para os nossos sonhos. Uma das máximas mais repetidas no *Shark Tank: Negociando com Tubarões* é: um objetivo sem planejamento não passa de um sonho. Alguns limites nos são impostos por características físicas. Por exemplo: nunca diga a um lutador de sumô que ele pode se tornar um jóquei. Outros são situacionais ou tão simples como uma impossibilidade geográfica: seria difícil se tornar um grande esquiador morando longe da neve. Há, ainda, aqueles limites autoimpostos, quando não nos esforçamos o bastante para realizar os nossos sonhos.

O caminho que seguimos rumo ao sucesso, independentemente de como o definimos, nunca é tão fácil quanto esse *caso se esforce o bastante*. Nunca foi. As coisas não são e nunca foram tão simples assim. Apesar disso, um dos maiores obstáculos que encontramos nessa jornada não é difícil de definir e, ao contrário do que se acredita, podemos, todos, aprender a lidar com ele.

Trata-se de vender. Vender os seus serviços e produtos. Vender os seus sonhos para os outros.

E até vender você para si mesmo, o que, para algumas pessoas, pode ser a tarefa mais desafiadora de todas.

Você acredita que possa ser qualquer coisa que deseje? Boa sorte. Mas saia ganhador ou perdedor desse jogo, a habilidade de que você mais precisará é entender o básico sobre vendas e reconhecer todos as maneiras pelas quais você pode se beneficiar disso... Em todos os aspectos da vida.

NÃO IMPORTA O que você almeje ou quem você queira se tornar, a habilidade de vender qualquer coisa – inclusive a si mesmo – é um dos talentos mais gratificantes a se adquirir. Por quê? Porque é universal. É difícil imaginar qualquer aspecto da vida que não se beneficie do conhecimento e da prática de fazer uma venda. É fácil observar a importância da venda, seja de trás de um balcão, seja na negociação por uma aeronave de um bilhão para o Pentágono. Mas vai além disso. O ato de vender está presente em quase todo trabalho que você possa imaginar. Não se pode ser um CEO competente sem saber vender a sua empresa não apenas para clientes e acionistas mas também para a sua equipe – aqueles que trabalham para você ou aqueles que você pretende empregar um dia. Também fica difícil ser um grande engenheiro se não conseguir vender um projeto para os investidores. E acredite em mim: é impossível marcar um gol com os Tubarões sem se vender para nós.

Vender não é apenas uma parte essencial de qualquer negócio; é também imprescindível nas relações pessoais, desde a adolescência. Você precisa se vender em um encontro amoroso e vender aos seus pais a ideia de que podem emprestar a chave do carro. Em última análise, você está nada mais do que vendendo as suas habilidades de funcionário ao recrutador na sua primeira entrevista de emprego – e em todas as outras que virão.

Assim, vender é a base de qualquer relacionamento, seja pessoal, seja de trabalho. Não está acreditando em mim? Assista a um episódio do *Negociando com Tubarões* e observe que o que está acontecendo ali é uma venda – ou não.

Quando um candidato que tenta nos persuadir a lhe dar 100 mil dólares não consegue nos dar as informações de que precisamos sobre o número de vendas e o tamanho do mercado ou cenário competitivo, quase sempre não fechamos o negócio. Muitos são criticados por falta de preparo, ainda que as suas ideias sejam promissoras. Em outros casos, porém, nós, Tubarões, podemos até ajudar o candidato, sugerindo as informações de que precisamos e tentando avançar na negociação.

Qual é a diferença? Por que descartamos alguns e incentivamos outros?

A diferença está na habilidade de venda. Tendemos a fazer vista grossa às falhas daqueles que conseguem nos envolver de imediato em sua ideia de negócio e na promessa de que lucraremos com ela. Dos outros, não. Procuramos formas de trabalhar com os que conseguem vender e de nos livrar, o mais rápido possível, dos que não conseguem.

A venda é o começo de tudo em um negócio. Não o fim – o começo. E isso a torna muito mais decisiva para uma carreira bem-sucedida do que muitas pessoas percebem. Também já foi sugerido que o mundo é dividido em "vendedores natos" e o resto – que uma boa habilidade para vendas é tão genética quanto a cor de seu cabelo. O que é bobagem, como posso provar... Grande parte do meu sucesso nos negócios consiste em vender às pessoas talentosas a ideia de investir seu futuro comigo e com a com minha empresa, e de vender a possíveis clientes os benefícios de que desfrutarão caso nos confiem o seu negócio. Isso significa que sou um "vendedor nato"? Não, não significa. Também não sou um unicórnio: ambos são igualmente fictícios.

Aprendi a ser bom em vendas. O que significa que você também pode aprender. E o primeiro passo é perder o medo do fracasso e de rejeições.

O que me leva à dança.

AOS CINQUENTA ANOS, eu já havia conquistado muito mais do que poderia ter sonhado quando era jovem. Já tinha transformado várias empresas partindo de pouco mais do que uma ideia em grandes histórias de sucesso e reestruturado uma firma do Vale do Silício, evitando a sua falência. Estava expandindo a minha empresa atual, de tecnologia, para que se tornasse uma corporação mundial. Em meio a tudo isso, ainda consegui correr maratonas, escrever dois best-sellers, tirar a certificação de mergulhador, participar de torneios de golfe para celebridades e chegar a velocidades beirando 320 km/h em pistas de carro de corrida – ganhando com isso minha cota de troféus de primeiro lugar.

Mas eu nunca havia dançado. Nunca nem tinha pensado nisso.

Ah, até que já tinha rodopiado pela pista com uma parceira, mas aquilo não era exatamente dançar. Não sabia a diferença entre chá-chá-chá e chihuahua, e a ideia de vestir uma fantasia chamativa para dançar valsa ou tango era tão estranha para mim quanto cantar na Metropolitan Opera. Eu podia pilotar uma Ferrari e mergulhar na Grande Barreira de Corais, mas, se alguém me sugerisse aulas de dança em nível profissional, e ainda por cima na televisão, diante de 15 milhões de espectadores, eu acharia que era piada. Não poderia ser sério. Eu, aprender a dançar? Fantasiado? Ao vivo, na TV?

Na verdade, a ideia me atraía. Quem não gostaria de deslizar pelo salão com uma parceira, movendo-se suavemente ao compasso da música, todo belo e faceiro? Para ser sincero, eu morria de medo. Até já havia dançado com a minha filha na festa de formatura dela, uma dança do tipo "pai e filha". Eu me arrastei pela pista tentando parecer descolado e não tropeçar. Quando a música acabou, mal podia esperar para sair da pista e ir sentar com os outros pais, tão aterrorizados quanto eu por terem que dançar em público.

Então, quando os produtores do *Dança com as Estrelas* me convidaram para participar da vigésima temporada do programa, o que fiz? Aceitei. Imediatamente. Aliás, pensei que estivessem brincando. Imaginei que, lá pelas tantas, eles cairiam em si e me ligariam dizendo que haviam mudado de ideia. Já que não tinha nada a perder, respondi: "Claro, por que não?". O telefonema de desistência nunca veio e, quando me dei conta de que eles estavam falando sério, fiquei petrificado. Ainda assim, por uma série de razões, essa foi uma das melhores decisões que já tomei. Percebi que poderia me vender como dançarino primeiramente para mim mesmo, depois para a minha parceira profissional e para os jurados e, por último, para os espectadores que assistiam a cada passo que eu dava. Por fim, percebi que seria, sob muitos aspectos, o meu maior trabalho de venda. E eu precisava dessa realização naquele momento.

Como acontece com frequência na vida, a minha decisão teve tudo a ver com o contexto em que me encontrava. O convite chegou bem quando eu estava enfrentando o fim do meu casamento de 24 anos. Estava separado já havia algum tempo, mas ainda passava por uma dor devastadora e um grande senso de perda. Não interessa como o retratamos, o divórcio representa um fracasso para duas pessoas. Quando há filhos envolvidos, desencadeia dor, trauma, culpa e luto.

Eu não estava acostumado a sofrer assim. Afinal, eu era o garotinho imigrante que se tornou um homem de negócios, rico, uma personalidade internacional da televisão, e tudo isso com o meu próprio esforço. Claro, eu tive os meus reveses, mas sempre os tinha superado com uma atitude positiva e uma determinação obstinada. Eu não sentia apenas orgulho do meu sucesso nos negócios; eu me *esbaldava*. Nada poderia me derrubar, porque eu achava que não havia nada na minha vida que eu não conseguisse resolver.

Bem, eu estava errado. O fracasso do meu casamento se provou mais do que um revés. Eu não estava preparado para a montanha-russa emocional que me enchia de dor e desesperança. Fiquei cada vez mais deprimido, sentindo-me perdido e sem forças. Tudo que eu havia feito, tudo que tinha alcançado na vida parecia não ter valor nenhum. Apesar dos desafios enfrentados no meu casamento, a vida em família representava o sentido de todo o meu trabalho e muito do que me definia. Conselhos começaram a brotar de variadas fontes. Com eles, vieram pêsames, sugestões e alertas. De todos os alertas, foi o de um amigo divorciado alguns anos antes que me afundou ainda mais em desespero. "Robert", ele me disse quando lhe expliquei a falta que os meus filhos me faziam, "eu não converso com os meus filhos há mais de dois anos".

Levei um bom tempo para enfrentar isso. Quando percebi que não conseguiria lidar com a realidade sozinho, busquei apoio com um padre que também era um amigo da família. Ele me ouviu compreensiva e compassivamente antes de dizer: "Robert, nós nos curamos quando curamos outros". Eu vinha de uma longa história com a religião e com Deus. Nascido em uma família católica, fui coroinha por muitos anos, mas, com o tempo, acabei me afastando da Igreja. Não que eu houvesse perdido a minha fé; mas perdera muitas das lições que um dia haviam sido básicas e integrantes na minha vida.

Disseram-me que eu desencadearia o processo de cura no voluntariado, amparando aqueles que precisam de ajuda. A gratidão dessas pessoas validaria a minha existência, assim como a deles. Fazia sentido. Se eu pudesse ajudar outros, talvez eu pudesse ajudar a mim mesmo.

"Onde eu poderia fazer isso?"

A resposta foi "Seattle".

Dois dias depois lá estava eu servindo comida para os sem-teto cujos únicos bens eram as roupas que carregavam nas costas e cujos sonhos se limitavam a ter um lugar seguro e confortável para passar a noite. Logo encontramos os nossos respectivos papéis: eu de voluntário e eles, de professores. Em pouco tempo eu já não tinha tempo para a autopiedade e para o fardo da culpa. Estava ocupado ajudando outros, mas não ocupado a ponto de não ouvir o que elas tinham a dizer. No abrigo me disseram: "Abra o seu coração e ouça as histórias dessas pessoas, porque, um dia, elas se tornarão parte da sua história".

Comecei, então, a ouvir essas pessoas, e o que ouvia era, ao mesmo tempo, maravilhoso e inacreditável. Comecei a mudar – a me curar – quando parei de me concentrar no ambiente ao meu redor e passei a ver apenas as pessoas.

As pessoas que auxiliei na Union Gospel Mission de Seattle ensinaram-me sobre o amor, a esperança e a compreensão das necessidades alheias. Também me ensinaram muito sobre mim. Foi uma lição poderosa, e eu prometi que, um dia, contaria a nossa história – a deles, sobre a necessidade que todos têm de cuidado e de compaixão; e a minha, sobre a maneira como havia mudado e a gratidão que sempre deverei a eles. Relatarei a história inteira adiante no livro não para cumprir a promessa, simplesmente, mas também para compartilhar a sabedoria com você. Tudo isso não me consertou, mas deu início à minha cura. Tinha feito muitas coisas maravilhosas e estimulantes na vida, mas nunca me esquecerei do comentário de um homem que passou boa parte de sua vida ajudando os necessitados. "Eu nunca vi nada tão fascinante", disse-me ele, "quanto outro ser humano".

Quando a minha jornada em Seattle acabou, voltei para casa para mergulhar novamente na expansão dos meus negócios. Estava me sentindo melhor, mas não totalmente curado. Queria prosseguir com o processo de cura encontrando maneiras de trazer à minha vida a satisfação de que um dia desfrutara. De início foi difícil, porque pensava que não tinha novos horizontes para explorar e novos mundos para conquistar. Já havia usado essa técnica no passado, toda vez que achava que minha vida precisava de um estímulo extra. Precisando de algo além do trabalho? Vou treinar para uma maratona. Em busca de um novo mundo a conquistar? Vou aperfeiçoar o meu golfe para ganhar um ou dois torneiros.

Em geral, esse tipo de coisa funcionava, embora também complicasse a minha vida. Quando o meu casamento acabou, optei por outro caminho. Dessa vez, decidi simplificar a minha vida de diversas formas. Entre outras vantagens, eu acreditava, sobraria tempo para eu reconstruir a minha relação com os meus filhos. Então, abandonei os planos de correr mais maratonas, guardei os tacos de golfe e vendi alguns dos meus carros exóticos. Esses foram grande passos para mim, mas se mostraram mais fáceis de dar do que imaginava. Eu ainda planejava expandir os meus negócios e, em vez de ser fácil, isso sim se provou duro – não devido a algum erro meu do passado, mas graças a algo que eu havia aprendido a fazer muito bem.

Durante o tempo em que estive em Seattle, a minha empresa continuou a triunfar dia a dia, graças à equipe de pessoas espetaculares que eu havia contratado ao longo dos anos. Elas assumiram, sozinhas, os deveres que antes eram unicamente meus.

Preciso admitir que aceitei esse fato particular com sentimentos misturados. Ser tão seletivo na escolha dos membros da gerência tinha dado um ótimo resultado – tão ótimo, aliás, que descobri que eu já não era tão essencial para a empresa quanto antes eu acreditava ser. Essa descoberta não foi tão confortável quanto a outra, de que eu era um bom julgador de talentos na hora de contratar o pessoal-chave. Se para superar a minha dor pessoal fosse preciso me assegurar de que eu era essencial e insubstituível, não era a minha empresa que me garantiria isso.

Eu ainda dirigia os negócios, e nós ainda tínhamos grandes objetivos para alcançar como empresa. Mas estava mais claro do que nunca de que alcançaríamos os nossos objetivos não por meio de mim, Robert Herjavec, carregando todos nas costas, como Teddy Roosevelt, e esperando que todos me seguissem, mas como equipe: uma equipe talentosa e comprometida, compartilhando os mesmos objetivos em um ambiente positivo de trabalho. Fui forçado a admitir que todos os objetivos que havia traçado para a empresa seriam muito melhor alcançados por meio do trabalho em equipe do que por mim, sozinho.

No que se referia a lidar com os efeitos do colapso do meu casamento, eu me sentia uma vítima do meu próprio sucesso. Sentia orgulho da minha equipe, e sentia orgulho de mim por tê-la selecionado e inspirado ao longo dos anos. O sucesso da equipe, entretanto, não confortaria as minhas mágoas tão bem quanto eu esperava. Faltava algo. Eu precisava de uma meta pessoal, assim como de um objetivo profissional. Eu precisava de um desafio do tipo "Sim, eu consigo fazer isso!" como aqueles que eu tinha enfrentado por toda a minha vida. Precisava medir a minha determinação e força de vontade em uma situação completamente estranha para mim. Precisava de algo que me encorajasse a acreditar mais em mim mesmo. Mas, na minha idade, onde eu encontraria isso?

E foi aí que o *Dança com as Estrelas* ligou.

Eu já conhecia o *Dança com as Estrelas*. O programa era um dos favoritos da minha mãe, e me lembro da alegria dela quando sentávamos para assistir juntos. Minha mãe havia morrido alguns anos antes, e eu ainda sentia a sua falta. Sempre que pensava no *Dança com as Estrelas*, eu recordava do brilho no rosto dela ao assistir aos dançarinos competindo em roupas curtas e exóticas que provavelmente a chocavam – embora ela nunca tenha me dito –, mesmo enquanto sorria e acompanhava com a cabeça o ritmo da música. Foi o programa preferido dela nos anos em que lutou contra o câncer, uma das poucas coisas que distraíam a mente dela da doença que por fim a levou. Ela via o *Dança com as Estrelas*, depois virava para mim: "Você acha que vai participar desse programa um dia?". Àquela época, parecia impossível, como tantas outras coisas na minha vida.

Assistíamos ao programa juntos, mas cada qual por razões próprias. Minha mãe adorava a beleza da dança; eu saboreava a competição acirrada. Duas vezes por ano, o programa organizava uma série de dez competições, compondo duplas de dançarinos profissionais talentosos e celebridades sem nenhuma experiência para concorrer umas contra as outras. A tensão sempre foi fabulosa. *Dança com as Estrelas* passava ao vivo, o que significava que os dançarinos não podiam contar nem com regravações e edições, nem com segundas tentativas. Se escorregassem e caíssem de bunda, o mundo inteiro testemunharia – e cairia na risada – direto do conforto de suas casas. Ao longo dessas competições, os dançarinos podiam rebolar, requebrar, rodopiar e, certamente, podiam tropeçar. Só não podiam se esconder.

É por isso que, com a memória do gosto da minha mãe pelo programa, se eu precisasse provar do que era capaz em um meio completamente diferente, competindo em uma atividade completamente diferente, eu não recusaria a oportunidade. Além do fato de que não tinha nada a perder, sentia que, de algum modo, eu me aproximaria das memórias da minha mãe.

Apenas depois que disse sim, descobri muita coisa sobre o programa que desconhecia antes. Por exemplo, fiquei sabendo que cada casal – de um profissional experiente e descolado e uma celebridade suada e desajeitada – tinha de fazer mais do que seguir passos de dança. A dupla tinha de criar tudo da dança a ser apresentada a cada semana: compor a coreografia; selecionar a música; imaginar o contexto e o roteiro; escolher as fantasias e os acessórios; e, depois de muito ensaio durante uma semana intensa, aparecer no estúdio de gravação pronta para mostrar a que veio. Ou não. Essa era a ideia original, de toda forma. Na realidade, o dançarino profissional da dupla acabava tomando todas as decisões, enquanto as infelizes celebridades só rezavam para aprender os passos o suficiente para dançá-los ao vivo, diante de milhões de telespectadores.

Pressão? Eu nem tinha começado.

Eu COMECEI A retomar o que sabia sobre dança com seriedade, e não simplesmente me arrastar pelo salão como eu e muitos pais envergonhados havíamos feito na formatura das nossas filhas.

Mas eu sabia pouco.

Tinha alguma noção de valsa. Era dançada em ritmo três quartos, seja lá o que isso significasse. E já ouvira falar de foxtrote, que, eu imaginava, era dançado como uma raposa ["fox", em inglês] trotando por uma floresta ou campina. (Agora eu sei que isso não é verdade; o nome vem de Harry Fox, que, diz a lenda, o dançava no vaudeville cem anos atrás). Ademais, eu não saberia distinguir um samba de um sombrero.

Mas isso não importava para os produtores. Foram-me dadas três semanas para aprender a nossa primeira dança com a parceira que escolheram para mim. Até que não era tão mau, eu pensei. Três semanas deviam ser suficientes para aprender quase qualquer coisa, inclusive uma dança que levaria apenas um minuto e doze segundos para ser apresentada. Um minuto e doze segundos? Passaria em um piscar de olhos – ao menos foi o que pensei. Depois descobriria quão longo é esse tempo quando se está dançando diante de oitocentas pessoas na plateia e quinze milhões de espectadores em casa. Depois também fiquei sabendo que, após o primeiro episódio, seria me dada uma semana – uma semana! – para aprender quatro danças completamente novas. Eu até conhecia o sistema de pontuação, graças àquelas noites passadas com a minha mãe em frente à TV. Os jurados ficavam sentados ao lado da pista de dança e davam de 1 a 10 para cada casal. Essas notas eram combinadas com as de telespectadores, que votavam por telefone ou pela internet. A cada semana, o casal em último lugar saía da competição. A notícia chegava sem aviso prévio para a dupla perdedora, ao vivo em frente à plateia.

Para alguns dançarinos, era uma surpresa total. "Sempre traga uma mala feita para a gravação", aconselharam-me, "porque, se cair fora, já pode ir direto para o aeroporto". Eu aceitei esse fato. Mas ficar ali, em um quarto ligado ao salão de dança por um corredor, de malas feitas, esperando para saber se você ficará ou não outra semana, é uma experiência emocionalmente torturante.

Assim, em meio à minha vivência do trauma, eu arriscaria um fracasso pessoal e a humilhação pública. Ok, a minha mãe adorava o programa, mas nem isso era suficiente, por si só, para me convencer a aceitar o convite. Foram necessárias duas outras coisas.

Número um: eu via a competição de dança como uma maneira de me testar para além das tomadas de decisão que caracterizam a administração do meu negócio.

Número dois: muito do desafio me lembrava de todas as formas em que eu havia aplicado habilidades de venda a outros aspectos da minha vida. O meu objetivo era, em primeiro lugar, dançar moderadamente bem e, em segundo, vender as minhas habilidades para o mundo. Um me parecia novo e assustador. O outro era algo que eu já sabia fazer bem.

Muito bem.

A IDEIA DE similaridade entre vender e dançar pode parecer confusa. Competições de dança exigem o aprendizado de novos passos e a preparação para acontecimentos inesperados e, neste caso, para cair fora em caso de fracasso.

Hmmm... Para mim, não está distante da experiência de um vendedor.

O que inspira as pessoas a tentar uma carreira em vendas ou, o que ainda é mais arriscado, a empreender e lançar um novo negócio é a mesma coisa que impulsiona dançarinos em programas como o *Dança com as Estrelas* – porque é divertido quando dá certo; lucrativo quando você se sai excepcionalmente bem; e empolgante, seja por si só ou na competição com outros.

Apesar da baixa probabilidade a meu favor, de todas as novas habilidades que teria de adquirir e de todo o risco que estava correndo de esmagar o meu ego de modo ainda mais doloroso, eu mal podia esperar para começar.

Isso porque eu estava um passo adiante de todos os outros amadores da competição de dança:

**Eu sabia vender. E, como veremos,
eu poderia me vender como dançarino.**

DOIS

TODO MUNDO ESTÁ SEMPRE VENDENDO ALGO PARA ALGUÉM

VENDER NÃO É apenas fazer uma venda para um cliente. No fundo, trata-se também de persuadir alguém a ver o seu lado das coisas e a chegar a uma conclusão que beneficie vocês dois. Há quem interprete mal esse conceito, julgando ser essa uma forma de coerção e manipulação, quando, na verdade, envolve, em um primeiro momento, atrair pessoas para o seu ponto de vista e, depois, agir de acordo com a situação. Claro, as mesmas técnicas que podem ser usadas para vender um carro ou uma bolsa também podem convencer o seu filho a comer mais vegetais e menos doces. Como ocorre com qualquer outra habilidade que possamos ter, não é o talento em si que se presta a críticas – é onde, quando e como é usado.

A mágica de se saber vender com eficácia é que todos respondem positivamente a uma boa lábia. Até os Tubarões. Todos nós do *Negociando com Tubarões* usamos, mais de uma vez, técnicas de venda com os próprios colegas. E, com frequência, isso funciona quando queremos captar o negócio do outro. Mas nem sempre dá certo.

Quando Mark Cuban chegou ao programa, ele não conseguia evitar a autopromoção como proprietário do NBA Dallas Mavericks. Ao longo de toda a primeira temporada do *Negociando com Tubarões*, Mark se utilizou do *shot clock* do basquete para nos pressionar a decidir se fechávamos ou não o negócio. Isso nos dava 24 segundos para concordar com a oferta de Mark ou rejeitá-la, o que garantia uma vantagem para ele. Primeiramente, isso funcionou, mas, no fim das contas, nós, os outros Tubarões, concluímos que não estávamos em um jogo profissional de basquete, mas sim tentando tomar uma boa decisão de negócio. Na segunda temporada, Mark largou esse método.

Lori Greiner também já adotou uma versão desse método. Ela tentou nos pressionar uma vez pegando o talão de cheques dela com uma mão e uma caneta com a outra antes de dizer para o empreendedor – como chamamos os candidatos que vêm ao programa em busca de investimento: "Vou assinar este cheque agora mesmo e entregá-lo a você", querendo dizer que daria todo o dinheiro pedido pelo empreendedor. Na primeira vez, a técnica mostrou-se poderosa. Já na próxima vez, ficamos menos impressionados.

Exibir as nossas habilidades de venda no *Negociando com Tubarões* é divertido, mas um estúdio de gravação não tem nada a ver com o mundo real, no qual temos de enfrentar problemas complexos, como construir a partir do zero um relacionamento e identificar quais são os desejos e as necessidades de compradores potenciais.

Tenho certeza de que você entende bem o que são relacionamentos, mas talvez precise de um esclarecimento maior sobre desejo *versus* necessidade. Pode parecer que as duas palavras significam quase a mesma coisa, mas não significam. São dramaticamente diferentes quando se trata de um contexto de venda, e entender a diferença entre elas e o papel que desempenham na decisão de compra do cliente é a chave para uma venda bem-sucedida. "Desejar" e "necessitar" indicam dois estados mentais diferentes, e cada um deles é satisfeito de maneira diferente.

Considere-os da seguinte forma:

Uma pessoa sai para comprar um carro novo. Se for para satisfazer uma necessidade, ela vai estudar anúncios e resenhas sobre diferentes marcas e modelos, conversar com amigos sobre os carros deles, definir um preço máximo que deseja pagar pelo veículo e visitar concessionárias (ou vasculhar a internet) em busca do melhor negócio para adquirir o carro que atenda melhor às suas necessidades.

Agora, se a necessidade do comprador for dominada pelo desejo... e se esse desejo incluir a chance de dirigir um Porsche ou uma Ferrari, a necessidade se tornará secundária. Seria errado e tolo da parte do vendedor de uma concessionária especializada em Porsches ou Ferraris sugerir ao cliente que optasse por um Ford ou um Honda. Ele está lá para satisfazer desejos, não necessidades.

Outro exemplo: se você precisa de um novo relógio que marque o tempo com precisão, pode optar por um da Timex ou de centenas de outras marcas. Por menos de cem dólares, você pode colocá-lo no pulso e nunca mais se atrasar para compromissos. Mas, se é um Rolex de cem mil dólares que você deseja, pouco importa a sua necessidade.

Esses são exemplos fáceis de entender, mas a maior parte das vendas envolve necessidades e desejos que não são tão facilmente separáveis, e o produto envolvido nem é tão caro e complicado. Você provavelmente se lembra de casos em que saiu para fazer compras sem saber exatamente do que precisava ou o que queria. "Vou saber quando eu ver", talvez tenha pensado. Mas, dependendo do tamanho e da complexidade da sua compra, pode ser difícil "ver" sem a ajuda de um vendedor especializado. A tarefa dele é identificar e garantir que os clientes saibam quais são as suas necessidades e os seus desejos, auxiliando-os a fazer a melhor escolha para cada situação. Se na sua ida às compras estilo "vou saber quando eu ver", você voltar para casa com algo que atenda perfeitamente tanto às suas necessidades quanto os seus desejos, é provável que tenha encontrado um vendedor de primeira.

Antes de o vendedor abordar as necessidades e os desejos de um cliente, deve ser estabelecida uma conexão entre o vendedor e o comprador em potencial. Na verdade, é mais do que uma ligação; mesmo que medida em momentos, a conexão pode ser definida como um tipo de relacionamento. Dificilmente se formará um laço de "melhores amigos", mas precisa ser íntimo o suficiente para que o vendedor capte dados importantes sobre a vida do cliente.

Se isso soa invasivo ou manipulativo por parte do vendedor, saiba que não é. É, sim, essencial para o sucesso de toda venda qualificada.

Funciona da seguinte forma:

Ao fim do filme *O Lobo de Wall Street*, o protagonista interpretado por Leonardo DiCaprio ministra um curso de vendas. Ele dá uma caneta a um dos jovens mais atentos à aula e diz: "Me venda essa caneta". Ele gagueja, inseguro sobre o que responder, e o personagem de DiCaprio pega de novo a caneta e a passa para outro, repetindo a ordem: "Me venda essa caneta".

A cena virou uma brincadeira para fazer em festas. Uma caneta ou uma taça é passada para um estranho, que recebe a ordem: "Me venda essa caneta/taça/seja lá o que for". A maioria das pessoas reage falando sobre o objeto. "É uma caneta bonita", talvez digam: "Com tinta azul e uma tampa que se encaixa no seu bolso". Ou: "Esta taça foi projetada para ser fácil de segurar e não cai quando colocada sobre uma superfície plana". Mas a resposta correta não é falar sobre a caneta ou a taça ou qualquer tralha que seja. É falar sobre o comprador e o que ele espera daquele produto.

Antes de o comprador saber algo sobre a caneta, o vendedor precisa saber algo sobre o comprador. De modo que a resposta para "Me venda essa caneta" sejam perguntas, tais como:

Com que frequência você escreve com caneta?

Você usa caneta para assinar documentos ou em outras ocasiões formais, ou apenas para fazer anotações pessoais?

Há quanto tempo você quer comprar uma caneta?

Todas essas perguntas, como você vê, relacionam-se diretamente com o comprador, não com o vendedor da caneta. É por isso que nenhuma das perguntas faz referência ao preço que o comprador pretende pagar, pois essa é uma informação mais ligada ao vendedor (*Quanto vou ganhar de comissão com essa venda? Quanto devo me esforçar, de modo que a venda valha a pena para mim?*).

As respostas do comprador podem desencadear novas perguntas, até que o vendedor esteja pronto para dizer: "Com base no que você me disse, tenho uma caneta que atende às suas necessidades, e com alguns recursos especiais de que você vai gostar". Nessa troca, o vendedor cumpriu duas etapas. Em primeiro lugar, em vez de propor uma venda logo de cara, ele deu início a uma sessão qualificadora com o objetivo de criar uma conexão entre o comprador e o produto. Em segundo, por mais limitado que possa parecer à primeira vista, ele criou um relacionamento com o cliente, que reconhece, por sua vez, que o vendedor sabe o bastante para lhe fazer uma sugestão realista a respeito da mercadoria. Se tudo isso parece um pouco bobo, é só porque estamos lidando com canetas e taças, coisas pequenas e aleatórias. Mas a base ainda é a mesma ao longo de todo o espectro de compra e venda. Troque a caneta por uma casa, por exemplo, e as questões qualificadoras serão similares – só o dinheiro envolvido é que muda.

Se eu lhe pedisse que me vendesse uma casa, algumas perguntas cruzariam a sua cabeça de imediato, entre as quais:

Onde você quer morar – no centro da cidade, no campo, nos arredores de uma metrópole? Você mora com a família? Com quantas crianças? Bichos de estimação, sogros, pais? De quantos quartos você precisa? E banheiros?

Dizer aos compradores "Esta é uma bela casa..." antes mesmo de saber o básico sobre as suas necessidades e expectativas – sem mencionar o orçamento – seria ridículo.

Apreender a importância de se criar um relacionamento comprador–vendedor no primeiro estágio de uma venda bem-sucedida talvez seja a chave do entendimento de todo o processo. É imprescindível dar o devido valor a esse estágio da venda, porque ele dita tudo mais que se seguirá. Também ilustra como vendedores habilidosos podem impactar de maneira positiva a vida de seus clientes, sem que isso tenha a ver apenas com gerar lucro.

BOA PARTE DO segredo da felicidade em nossas vidas é baseada não em nossa riqueza ou em nosso status, mas com como compreendemos e lidamos com aqueles ao nosso redor – família, amigos, colegas, clientes, chefes, e assim por diante. Quando se trata de construir uma carreira bem-sucedida, muitas pessoas dirão que isso depende *inteiramente* dessa habilidade, e concordo. Consigo pensar em muita gente brilhante – engenheiros, profissionais de saúde, músicos e mecânicos –, cujos talentos nunca foram reconhecidos como deveriam porque eles não tinham noção de como lidar com os outros.

A maioria das pessoas entende a importância desse dom e tenta adquiri-lo. Um dos maiores best-sellers de todos os tempos é *Como fazer amigos e influenciar pessoas,* de Dale Carnegie. Publicado em 1936, ainda se encontra em edição oitenta anos depois, tendo vendido mais de vinte milhões de cópias.

O que o tornou esse grande sucesso? Foi o primeiro livro a ensinar aos leitores a como se dar bem com pessoas. Alguns de seus capítulos têm os seguintes títulos:

"Técnicas fundamentais para lidar com as pessoas"

"12 maneiras de convencer as pessoas a pensarem como você"

"Como mudar pessoas sem ofender nem gerar ressentimento"

"Seis maneiras de fazer as pessoas gostarem de você"

Logo após a sua publicação, alguém disse que a ideia central do livro de Carnegie "é a de que é possível mudar o comportamento das pessoas pela maneira como você se comporta com elas".

E pensei: espere um pouco – essa é a base de uma venda bem-sucedida. Que, por sua vez, é o segredo de obter, ao longo da vida, mais sucessos do que fracassos, mais alegria do que tristeza, mais amigos do que inimigos.

Isso quer dizer que vendedores desfrutam de uma vida mais feliz e menos estressante do que outros profissionais? Acredito que sim. Ao menos eles sabem *como* fazer isso mais do que outras pessoas. Se colocarão em prática em suas vidas pessoais ou não, cabe a eles decidir. Mas aqui estão coisas que todos os vendedores eficazes sabem e podem usar em sua vida, mesmo que não saibam a diferença entre Dale Carnegie e Carnegie Hall:

- Sabem negociar. Essa é uma habilidade exigida e adquirida quando se lida com clientes, fornecedores e funcionários. Negociar envolve ouvir com atenção, avaliar as variáveis, superar obstáculos e chegar a um acordo, e fazer tudo isso sem discórdia, ataques pessoais e relações cortadas. Você pode pensar que se trata de fechar acordos e realizar vendas. Mas negociar também tem a ver com convencer os seus filhos a comer vegetais e resolver com o seu marido ou a sua mulher quem irá limpar a caixa do gato.

- Apendem a ter determinação. Os melhores vendedores também escutam a palavra *não* com frequência. Mas, em vez de a encararem como uma rejeição, eles a consideram um desafio.

Tanta coisa na vida depende de não desistirmos das nossas metas, e muitos nunca aprendem como fazer isso.

- Ganham confiança. Nada gera mais autoconfiança do que superar obstáculos para conquistar uma vitória. Essa não é apenas a chave para realizar vendas; também é uma habilidade importante na administração de crises, sejam pequenas ou sejam grandes.
- Fazem outras pessoas concordarem com eles. Vendas são em parte arte, em parte ciência. Isso também é vital em muitos aspectos dos negócios e na vida pessoal, de conseguir um aumento com seu empregador a mudar a conduta de seu filho adolescente.
- Praticam a autodisciplina. A maioria dos funcionários de grandes corporações pode agir como um zumbi em boa parte de seu dia de trabalho de tempos em tempos, sem com isso prejudicar o seu salário. Depender quase que exclusivamente da comissão de suas vendas significa que enrolar durante o dia de trabalho custa dinheiro, e assim você fica sempre ciente da relação entre desempenho e pagamento.

Nem todas essas qualidades faziam parte da filosofia Dale Carnegie, mas todas têm a ver com saber lidar com a vida, evitando decepções.

Então, mais uma vez: isso quer dizer que, em média, vendedores são mais felizes e satisfeitos com o seu trabalho do que outras pessoas?

A mim, parece que sim.

TRÊS

A ESCOLA DA COBRANÇA DE DÍVIDAS

ENTENDER COMO A venda funciona e praticar as habilidades que existem por trás dela pode se tornar gratificante de formas estranhas e surpreendentes. Você pode aprender grandes lições de vida, como as que eu aprendi no meu primeiro emprego, assim que terminei a educação formal. Durante o Ensino Médio, não tinha ideia de que tipo de carreira queria seguir. Minha única meta era me tornar "algo", isto é, alguém que realizaria muitas coisas para si mesmo e para os outros. O melhor plano parecia ser uma carreira em negócios. Mas que negócio? Eu não sabia. Aprender o básico da administração parecia ser um bom começo. No mínimo, eu pensei, conseguiria conviver algum tempo com administradores ricos e bem-sucedidos, e talvez assim eles me passassem um pouco do conhecimento deles. Então, no último ano do Ensino Médio, frequentei várias disciplinas relacionadas à administração, entre elas contabilidade.

Eu devia ser melhor em contabilidade do que imaginava, porque meu professor de administração sugeriu que eu entrasse para uma competição entre os alunos do Ensino Médio. Não ganhei, mas, entre centenas de inscritos, fiquei em terceiro lugar. Foi uma grande surpresa para mim, mas não tão grande quanto a descoberta de que o meu prêmio era uma bolsa universitária para estudar contabilidade.

Só perderia essa chance se fosse muito bobo, então, em setembro, lá estava eu na universidade, imerso em débitos, créditos, passivos, bens e dezenas de outros detalhes que zumbiam ao redor da minha cabeça, deixando-me confuso. O único impacto que tiveram foi o de me convencer que eu podia até ter algum talento para a contabilidade básica, mas que não tinha interesse em seguir nessa área como carreira.

Depois de seis meses, eu me dei conta de que, seja lá o que eu viesse a ser na esfera da administração, a parte da contabilidade teria de ser cuidada por outras pessoas. Colocando de forma bem direta: eu caí fora. Meu futuro, decidi, estava em outro lugar – algum lugar no "mundo real", não em uma sala de aula abafada. Arrumaria um emprego, ganharia um salário razoável e me viraria a partir daí.

Claro, eu também teria de contar aos meus pais que o seu filho único, filho de imigrantes, não teria, no fim das contas, um diploma de ensino superior. Eles ficariam decepcionados. Meu pai ficaria mais do que decepcionado, eu suspeitava. Ele ficaria bravo. Mas, uma vez que tivesse arrumado um emprego, as coisas ficariam mais fáceis para mim.

Cerca de uma semana depois de largar a faculdade, estava em casa no meio da tarde, vendo televisão, quando o meu pai chegou do trabalho mais cedo do que o normal. Surpreso de me ver ali, ele perguntou com o seu sotaque eslavo: "Por que você não está na escola?".

"Bem", eu gaguejei, "é até engraçado, sabe. Eu decidi que a universidade já deu pra mim. Vou largar e arrumar um emprego. Posso aprender mais sobre administração na prática do que em uma sala de aula. Vou tentar evoluir em qualquer área e assim deixar a minha marca no mundo".

Meu pai, que trabalhava em uma fábrica e andava mais de três quilômetros na ida e na volta do trabalho todos os dias para economizar a passagem do ônibus, ficou parado, olhando para mim por um instante. Daí ele veio até o sofá e se sentou perto de mim, o que foi um pouco assustador, porque meu pai definitivamente não fazia o tipo carinhoso-sensível. Ele me olhou nos olhos e disse: "Eu amo você. Mas você não vai largar a escola. Ou você volta ou eu te mato, enterro o corpo no quintal dos fundos, e ninguém nunca encontrará". Depois ele se levantou e saiu da sala.

Meu pai era um ótimo vendedor. Não é sempre que o medo serve como técnica de vendas, mas dessa vez funcionou. E como funcionou. A ideia de voltar para a escola foi totalmente vendida para mim. Toda decisão de compra, afinal, é feita com um benefício em mente. Nesse caso, o benefício para mim era óbvio.

Na realidade, eu não tive medo de que o meu pai me machucasse. Ficou claro, porém, que largar a faculdade o magoaria e destruiria a nossa relação. Ele não podia nem imaginar a possibilidade de eu não terminar a faculdade. Eu já tinha ido mais longe nos estudos do que qualquer pessoa da nossa família, e ele tinha se sacrificado para que eu chegasse até ali. Não podia decepcioná-lo, e talvez eu tenha até percebido que não terminar a faculdade me decepcionaria também. Então eu voltaria para a escola e tentaria compensar com aulas noturnas e cursos de verão. Mas o que estudar? Já não aguentava mais ler registros contábeis. Se era para ler algo, eu preferiria ler livros interessantes, como uma amiga minha vinha lendo no curso de literatura inglesa.

"Toda segunda-feira você pega um romance longo para ler", ela disse, "até sexta-feira. Depois, o discute na aula".

Parecia a minha praia: tirar um diploma lendo romances interessantes. Logo me inscrevi e mergulhei em grandes livros até, ao final, receber o título de bacharel em artes. Ciência política me fascinava, então também obtive um certificado na área.

Se eu realmente queria uma carreira em administração de empresas, será que deveria, na verdade, ter tirado um diploma, por exemplo, em comércio? Outros já me fizeram essa pergunta, e é sensata. Afinal, um diploma em literatura e ciência política constitui uma boa base para se tornar professor, mas essa não era a carreira que eu queira seguir. Cometi um erro ao optar por aquelas áreas?

O meu sucesso nos negócios sugere que não cometi. Acredito que um diploma de ensino superior deva preparar você para todos os aspectos da vida, não apenas para um interesse específico. As aulas de literatura e os altos e baixos da política têm valor nos negócios e em tudo mais, e acredito que o meu diploma em artes tenha me ajudado tanto quanto um diploma em administração talvez ajudasse. Eu também acredito que obter um diploma de universidade, seja em qual área for, é prova da sua capacidade de definir uma meta e alcançá-la. Essa, por si só, é uma marca de sucesso.

Ainda assim, fui forçado a lidar com uma espécie de dilema após a formatura. Lecionar não era uma opção para mim, e eu não podia entrar em um escritório qualquer com o diploma em punho e supor que conseguiria um emprego na mesma hora. Mas eu precisava achar algo, ou o meu pai me repreenderia por não ter estudado um assunto mais prático.

Àquela época, as pessoas procuravam emprego em anúncios de jornal, no caderno *Precisa-se*. Foi ali que vi uma vaga que dizia *Nenhuma experiência necessária*, que era toda a motivação de que eu precisava para me candidatar. Se conseguisse o emprego, vi de relance, eu seria um credor.

Fui contratado. Foi aí que descobri que o trabalho em uma empresa credora consistia em fazer ligações telefônicas, contatando pessoas que, em geral, conseguiam pagar as suas contas, mas que se recusavam a fazê-lo. Elas são muito diferentes daquelas que querem saldar as suas dívidas, mas que não conseguem por motivos variados, entre os quais falta de saúde ou, simplesmente, azar.

Empresas credoras são o ferro-velho do mundo comercial. Seja qual for o seu negócio – joias, carros, moda, móveis etc. –, todo o glamour acaba no final. E não pense que todas as pessoas na lista de contatos da empresa eram pé-rapadas e fracassadas. Muitas tinham empregos estáveis e viviam boa parte do sonho americano, com condições de pagar as suas contas. Só que elas escolhiam não pagar.

O meu trabalho consistia em passar oito horas por dia dentro de um cubículo com um telefone programado para fazer ligações automáticas e uma lista de pessoas para quem devia ligar. As dívidas não pagas variavam de alguns meses a muitos anos de existência, e de algumas centenas de dólares a muitos milhares de dólares.

O objetivo era simples: contatar as pessoas por telefone e convencê-las a pagar. Pode parecer simples, mas não era fácil. Como poderia ser? Eu não conhecia as pessoas para quem ligava, e elas não me conheciam. Nunca havíamos nos encontrado, e certamente não éramos amigos. Ainda assim, eu queria que elas pagassem suas contas. Mais que isso, eu nem era a primeira pessoa a sugerir-lhes que parassem de fugir de suas obrigações e assumissem a responsabilidade pelo dinheiro que deviam. Muitas vinham sendo caçadas por pessoas como eu havia meses, ou até anos. Elas já conheciam a rotina, e a maioria sabia que não podia alegar má sorte ou crise econômica.

Seja lá como estiver indo um negócio, ou se a economia vai bem ou mal, uma porcentagem de todas as vendas é sempre declarada como incobrável; na verdade, na maioria das grandes empresas, já é prevista uma porcentagem fixa em sua contabilidade para a despesa de dívidas não pagas. Depois de investir tempo e energia para cobrar o dinheiro, elas querem se livrar do problema. Quando as empresas credoras recebem informações sobre quem nunca pagou pelo quê, as principais estratégias de cobrança já foram usadas. Sem sucesso.

É aí que as dívidas são vendidas para empresas credoras por uma pequena porcentagem do dinheiro devido. Podia haver centenas de nomes, e o montante das dívidas podia totalizar centenas de milhares de dólares, mas era melhor receber alguns centavos do que nada, especialmente porque as empresas contratantes já haviam descartado as dívidas, classificando-as como incobráveis.

Cabia a mim contatar os nomes da lista e perguntar para quando poderíamos esperar o acerto de suas dívidas. A resposta, em geral, eram uma ou duas histórias usadas como desculpa para não pagar as contas. Muitas histórias eram de partir o coração. Enquanto eu fazia um sermão para que um homem pagasse a sua dívida, ele conseguiu me interromper por tempo suficiente para explicar que tinha sofrido um ataque cardíaco, perdido o emprego, e que sua família o havia deixado porque ele não tinha dinheiro para sustentá-la. Eu me mantive cético, claro. Depois verifiquei e descobri que ele estava contando a verdade. Um pouco mais tarde, eu liguei para outro homem, que me deu a mesma desculpa – ataque cardíaco, desemprego, abandono pela família. Quando verifiquei, descobri que era mentira – ele tinha um emprego bem pago e podia facilmente saldar as dívidas. Ele só queria me fazer parar de ligar.

Muitas pessoas, logo vi, alegavam ter sofrido ataques cardíacos poucos dias antes da minha ligação. Diferentemente daquele primeiro homem, a maioria delas estava mentindo para mim. Para elas, não passava de uma espécie de faroeste: elas eram os rebeldes fora da lei driblando o xerife, que era eu, um entre as dezenas de "xerifes" das empresas credoras. Eu não tinha estrela no peito, nem pistola para girar no dedo. Apenas um telefone, uma longa lista de nomes e uma pilha de dívidas altas para cobrar antes de o dia acabar. Isso é que estar no fundo do poço!

Se você acha que cobrar dívidas não foi o melhor jeito de me lançar em uma carreira de negócios, engana-se. Aprendi muito com aquele trabalho, e algumas lições – lições valiosas – que ainda levo comigo hoje. Além disso, descobri recentemente que quatro dos cinco Tubarões em nosso *Negociando com Tubarões* já trabalharam no ramo de cobranças de alguma empresa.

Assim, algumas semanas após ter saído da faculdade, ali estava eu, ligando para estranhos e iniciando conversas que com frequência acabavam em gritos, lágrimas, xingamentos, ameaças e batidas de telefone. É inútil dizer que arrecadei bem pouco dinheiro no primeiro dia.

Quando acabou o meu turno, estava pronto para procurar uma carreira em outro lugar. Apesar da minha frustração, decidi não desistir tão facilmente. Eu sabia que não passaria a minha vida útil no ramo de cobranças, mas me recusei a largar sem fazer um real esforço para obter sucesso. Ademais, eu morria de medo de ir para casa e contar para o meu pai que não tinha conseguido terminar o primeiro trabalho de "administração" que havia começado.

Naquela noite, refleti sobre os ditames básicos daquele trabalho e do que ele, de fato, se tratava. Consegui, então, desvendar o que esperavam que eu fizesse, como eu estava fazendo e por que não estava funcionando.

As pessoas para quem eu ligava deviam dinheiro. Poucas negavam isso. E muitas delas, eu sabia, seriam capazes de pagar as suas dívidas se assim escolhessem. Em vez de pagá-las, faziam promessas vazias ou davam desculpas esfarrapadas – qualquer coisa para evitar o cumprimento de suas obrigações. Eu sabia o que estavam fazendo enquanto davam desculpas, e elas sabiam que eu sabia o que estavam fazendo. Por fim, tudo acabava com gritos e ameaças da parte de um de nós ou de nós dois, o que não me ajudava a cumprir o trabalho.

Em algum momento, eu me dei conta de que o meu trabalho não era ameaçar as pessoas. Era *vender*. Se eu conseguisse lhes vender a ideia de pagar uma parte da dívida, eu faria dinheiro para a empresa credora. E, se superasse a minha cota, eu ganharia uma boa comissão.

Comecei, então, a pesquisar sobre a área e descobri que empresas credoras contam com a recuperação de apenas uma porcentagem da dívida. Também descobri que cerca de 20% das pessoas de cada lista nunca pagariam nada, sob nenhuma circunstância.

Se eu conseguisse identificar os 80% de pessoas dispostas a pagar ao menos uma parte do que deviam, e se essa "parte" fosse maior do que 10% do que elas deviam, eu daria um retorno acima da média para a empresa credora. Eu também ganharia satisfação, em vez de frustração, no processo. Esse parecia um obstáculo razoavelmente baixo para superar.

Por mais que as vendas tenham mudado desde a época em que tive esse emprego – e mudaram enormemente, como explicarei neste livro –, algumas regras permanecem. Uma delas é focar a energia em prospectos realistas, evitando os clientes puramente curiosos ou os que só gostam de olhar. É verdade que muitos desses podem ser convertidos em compradores com muito esforço e habilidade, mas isso não funcionaria no ramo de cobranças. Com o tempo, aprendi a identificar quem fazia parte dos 20% com alguns minutos de conversa. Eu passava esse grupo para o fim da minha lista e trabalhava com os que faziam parte dos 80% que eu poderia convencer a abrir a carteira.

Sempre que ligava para as pessoas que identificava como fazendo parte dos 80%, eu antes aprendia o máximo que podia sobre elas. Evitava fazer ameaças ou ficar bravo com o que me diziam. Ameaças e braveza não levariam a lugar nenhum. Queria descobrir o que pudesse sobre o estilo de vida delas, ter uma noção dos seus valores e julgar as suas expectativas. Em outras palavras, procurava construir um relacionamento entre nós profundo o bastante para que aceitassem a oferta que eu faria.

Construir um relacionamento com o seu comprador potencial não era uma ideia nova à época. Usar a técnica para cobrar dívidas era um pouco inovador, porém. Ninguém da empresa credora queria criar um relacionamento com um devedor. Só queriam o dinheiro. Pedir dinheiro não está entre as formas mais eficazes de construir um relacionamento, então adotei uma abordagem diferente.

Assim que as pessoas para quem eu ligava entendiam quem eu era e o que eu queria, começavam a dar desculpas e a fazer promessas vazias. Eu não queria escutar desculpas e promessas. Queria ouvir algo sobre quem estava do outro lado da linha, então as incentivava a dar informações sobre si mesmas. Eu perguntava, por exemplo, se haviam frequentado a faculdade. A minha pergunta em geral as pegava de surpresa, o que era bom. Elas imaginavam que eu não estava tratando-as como foras da lei, no fim das contas, mas como alguém cuja vida me interessava. Em vez de jogar alguma desculpa elaborada em cima de mim, elas paravam para pensar em uma resposta baseada na verdade.

Se me diziam que haviam feito faculdade, eu perguntava se estavam trabalhando em um campo relacionado à sua área de estudo, formulando a pergunta à maneira que duas pessoas fariam em um bar ou no trem ("Ah, você estudou hotelaria. Que interessante. Você seguiu carreira nessa área?"). O que quero dizer é que os papéis haviam mudado. Começamos comigo como xerife pronto para encurralar o fora da lei. Quando passamos a conversar sobre faculdade e carreira, o roteiro mudou. Agora tínhamos uma espécie de relacionamento. Fraco, talvez, mas nem por isso deixava de ser um relacionamento. Coisas que soariam completamente deslocadas um ou dois instantes antes agora se tornariam mais aceitáveis.

Com o cenário "xerife *versus* fora da lei" descartado, nós dois poderíamos chegar a algo com que poderíamos concordar. Foi aí que eu apliquei a minha tática de "vamos fazer um acordo". "Em geral não sou autorizado a fazer isso", eu dizia, "mas, se você me mandar – e aqui eu mencionava a quantidade de dinheiro equivalente a cerca de metade da dívida da pessoa –, vou dar um jeito de o meu chefe aceitar, e assim podemos encerrar o assunto. Se me pagar esse valor na sua conta hoje, não vou ligar para você de novo".

Eu não prometia perdoar a dívida. Dívidas persistentes não são facilmente apagáveis. Mas, agora, em vez de me colocar contra eles, éramos nós dois contra o meu chefe. Se não se conectassem pela via da empatia, eles podiam fortalecer os seus egos ao acreditar que tinham passado um fardo para mim ao pagar apenas a metade do que deviam. Não me importava se quem estava do outro lado da linha iria se gabar com os amigos por ter conseguido engambelar com um mau negócio, como aqueles endividados mais cabeças-duras ("O carinha queria mil, e eu fiz ele fechar por quinhentos!"). Gabar-se disso pode fazê-los se sentirem bem, mas eu me sentiria ainda melhor porque havia arrecadado muito mais do que a dívida que a empresa esperava recuperar. O segredo era o seguinte: eu fazia essas pessoas se sentirem vencedoras em vez de fracassadas ao oferecer-lhes uma oferta condizente com a sua capacidade de pagar.

Em algum momento, eu me dei conta de que não era mais um cobrador de dívidas. Havia me tornado um vendedor, vendendo soluções que satisfaziam os dois lados do acordo.

Funcionou? E como. Depois de seis meses usando essa técnica, obtive o recorde de arrecadação entre os cobradores da empresa naquele período. Quando anunciei que estava saindo, a gerência me fez uma porção de ofertas atraentes para eu ficar. Mas eu decidi que o meu futuro estava em outro lugar. Não tinha nada contra aquele trabalho, e eu provei que poderia exercê-lo, mas era hora de dar o próximo passo. Sempre acreditei que para alcançar o sucesso eu precisava estar em um ambiente positivo, e vi que era difícil cultivar o alto-astral no ambiente de uma empresa credora. Era hora de tentar algo diferente.

QUANDO DEIXEI A empresa, levei comigo muitas lições sobre vendas e sobre a vida. Uma delas tinha a ver com dizer a verdade. Ou, mais precisamente, não dizer a verdade.

Muitas pessoas mentem para vendedores porque querem evitar o confronto. É mais fácil dizer uma mentira do que dizer um não na cara. É a maneira de o comprador em potencial ser bonzinho e "recusar com simpatia". Mas não se dão conta de que, ao evitar a verdade nessas situações, ele rouba do vendedor a mais valiosa fonte de que esse vendedor dispõe: tempo. Eu preferiria que as pessoas fossem brutalmente honestas comigo a "recusarem com simpatia" quando não estão interessadas. Assim posso usar o meu tempo para passar para o próximo comprador em potencial. Bons vendedores usam o seu tempo de maneira inteligente, investindo-o onde têm maior chance de retorno.

A ideia de que você pode substituir quase toda a perda, exceto a de tempo que perdeu, pode parecer antiga, mas ainda é verdade. Talvez mais verdade do que nunca hoje em dia.

Quando comprei o meu primeiro avião corporativo, muitas pessoas imaginaram que eu o estava comprando por luxo e talvez vaidade, mas estavam erradas. Não era apenas um avião para mim; era uma máquina do tempo, uma maneira de economizar horas preciosas que seriam perdidas se eu fosse escravo dos horários das companhias aéreas comerciais. Permitia que eu partisse e chegasse de acordo com a minha agenda, e de mais ninguém. Eu admito – sou maníaco com tempo. Só nos foram dadas 24 horas por dia, e eu tento espremer cada gota de produtividade de cada uma dessas horas.

A ideia de tirar o máximo proveito do seu tempo pode parecer óbvia, mas muitos vendedores deixam de "captar" quando o comprador está dando dicas de "sim" quando na verdade quer dizer "não". Por quê? Porque têm o que chamo de "ouvidos felizes". Vender pode ser uma experiência negativa; todo vendedor está preparado para ouvir um "não" de tempos em tempos. Ainda assim, embora esteja preparado para o "não", ele prefere ouvir "sim!". Ter uma atitude positiva é ótimo, seja em qual trabalho for. O erro que muitos vendedores cometem, no entanto, é ficarem tão ansiosos para ouvir o "sim!", que não percebem o "não" na conversa com o cliente. Porque têm ouvidos felizes.

Ouvidos felizes ouvem coisas felizes. Ouvidos felizes não confirmam o que lhe estão dizendo. Quando o cliente diz: "Você tem um bom produto, sem dúvida", ouvidos felizes ouvem: "Vou fazer o pedido" e começam a celebrar. Bons vendedores não têm ouvidos felizes. Eles se lembram de que a realidade está bem diante dos seus olhos. Então, quando escutam algo positivo sobre si ou sobre o que estão vendendo, não se dizem que estão prestes a fazer uma venda. Respondem com comentários como "Obrigado por sua confiança. Agora, se me permite perguntar, qual é o próximo passo? Alguém irá liberar uma ordem de compra ou um contrato? Se sim, para quando posso esperar, para dar prosseguimento?".

Isso não é ser "intrometido". É, simplesmente, uma boa prática de negócio. O vendedor mostra-se grato pelo pedido (caso haja um) e pergunta sobre qual será o próximo passo (também, caso haja um), sem deixar de tratar o cliente com respeito. A essa altura, o cliente deve ou confirmar a iminência da venda ou explicar que houve um mal-entendido. De toda forma, o vendedor não perdeu nenhum tempo.

Aqui está a diferença entre pessoas com e sem ouvidos felizes:

Ouvidos felizes comemoram cedo demais.

Vendedores profissionais comemoram quando chega o pagamento.

Entender como e por que as pessoas evitam a verdade tem se mostrado valioso para mim ao longo dos anos, mas foi apenas uma das muitas lições que aprendi na empresa credora. Eu os empreguei quando abri o meu primeiro negócio, que comecei com pouco mais do que a minha própria ambição e energia e transformei em uma empresa que vendi, por fim, por uma grande quantia de dinheiro.

Isso é o quanto as lições que aprendi na agência credora foram valiosas para mim. Para você, o custo das mesmas lições é o preço deste livro.

Viu, estou lhe vendendo, aqui mesmo, uma pechincha.

QUATRO

A ARTE DA VENDA LEGÍTIMA

MUITAS PESSOAS ACREDITAM que uma venda encerra uma longa linha de ações. Para elas, as coisas funcionam da seguinte maneira: um produto é feito (ou um serviço é realizado); o produto é enviado para o varejo (ou o serviço é oferecido); e um cliente faz a compra. Fim da história.

Errado. A história não acaba com uma venda. Toda parte da história *depende* da venda. *O processo de venda torna todo o resto possível*.

Nada acontece em uma empresa até que alguém venda algo. Agora mesmo, algum carinha do Vale do Silício deve estar escrevendo um código que criará uma nova função valiosa no computador. Em alguns meses, é possível que você ouça que um capitalista empreendedor pagou a ele milhões de dólares pelo código e pensar: "Tá aí um jeito de enriquecer rápido, e sem precisar vender nada".

Se você acredita que pode fazer uma fortuna apenas escrevendo um código ou usando-o para se tornar o próximo Mark Zuckerberg, boa sorte. Mas esse tipo de sucesso depende da mais alta entre as apostas altas. Este livro não trata de apostas altas, nem de nenhum outro tipo de jogada. É sobre a realidade das vendas como uma parte crítica e com frequência subvalorizada do negócio. Também trata de como técnicas de venda são usadas (ou mal-usadas) pelas pessoas em muitos aspectos de suas vidas. E, por falar nisso: alguém ainda terá de vender aquela ideia multimilionária antes de o carinha que escreveu o código ganhar um centavo.

Aqui estão os mais importantes fatos que você precisa aprender com este livro:

Em última análise, todo mundo está vendendo algo para alguém.

Isso acontece em todos os estágios do negócio: advogados redigem contratos para que seja possível abrir uma nova empresa; corretores convencem investidores a fornecer o investimento de partida (o *startup*); empreendedores atraem o talento necessário para administrar a empresa; designers e programadores prepararam apresentações para a gerência aprovar o procedimento – todos esses passos demandam habilidades de venda. Mas, se você dissesse para essas mesmas pessoas que, independentemente de quais forem os seus títulos oficiais, no fundo elas exercem uma função de vendas, elas ficariam surpresas. Algumas se sentiriam até um pouco ofendidas. "Vendas?", talvez dissessem. "Eu não trabalho com vendas. Sou gerente / programador / advogado / investidor", ou outros títulos. Talvez, mas, se são bem-sucedidas em quase qualquer grau, é porque aplicam algumas habilidades inatas de vendas.

Essas pessoas – especialmente os homens – também poderiam ficar surpresas ao descobrir que o seu treinamento para vendas pode ter começado lá na escola primária. Estou me referindo àquela situação que exige que o vendedor se utilize de charme e ganhe a confiança para convencer o comprador a pagar por um produto essencialmente fútil, com frequência por um preço maior do que o de produtos similares vendidos nas lojas. Que tal esse desafio? E que produto está sendo vendido?

Biscoitos vendidos pelas escoteiras.*

Talvez não tenha passado pela sua cabeça que esse é um treinamento em vendas, mas com certeza é. É divertido e arrecada dinheiro para outras atividades, mas também alinha as escoteiras com muitas das práticas usadas por vendedores adultos.

As escoteiras traçam uma meta de quantas caixas de biscoitos pretendem vender durante a temporada de vendas. Assim como acontece com adultos, as que optarem por serem vendedoras, receberão cotas similares. As garotas também aprendem a tomar decisões sobre quem ficará disponível para vender em dias específicos e quem substituirá no caso de alguma escoteira ficar doente. Elas também administram o dinheiro, aprendendo a dar troco e a somar a sua contribuição à venda total. Lidar com adultos nesse nível de negociação as ajuda a desenvolver a sua habilidade de lidar com pessoas, e lidar de maneira justa com os clientes afia os seus parâmetros éticos.

Viu? Não se trata apenas de vender biscoitos. Nunca se tratou. Trata-se de se relacionar com pessoas e encontrar maneiras de todos acabarem se sentindo bem com a experiência de venda.

Então por que algumas pessoas se sentem desconfortáveis ao serem relacionadas ao processo de venda? É verdade que nem toda transação é feita tão facilmente quanto comprar uma caixa de biscoitos de uma escoteira. E nem todo mundo de um dos lados de uma situação de vendas é caloroso e amigável. Alguns – uma pequena minoria, mas suficiente para dar a má reputação à atividade – relacionam com um conceito antigo e

---

* Nos Estados Unidos é muito comum ver escoteiras vendendo biscoitos para arrecadação de dinheiro.

menos respeitável, como um com o qual deparei quando tinha 12 anos.

Eu era o filho único de pais corajosos, que escaparam da Croácia, parte da Iugoslávia comunista à época. Partimos com duas malas, alguns dólares e muita esperança. Meu pai apelou para que deixássemos a Croácia porque ele era um preso político, algo que soava exótico e perigoso. Mais tarde, quando voltei à Croácia já adulto, descobri que ele era mais um rebelde do que um prisioneiro. Ele odiava a ideia de trabalhar duro e não conseguir subir sob o regime comunista. Ele também odiava não poder falar as suas ideias com sinceridade. Quando jovem, ele tinha entrado em um bar, bebido muito, e começado a falar coisas pouco lisonjeiras sobre o Marechal Tito, o cabeça do Partido Comunista local. Não se deve fazer isso no comunismo, e as palavras dele fizeram com que fosse jogado na cadeia.

Pessoas sensatas fariam a conexão entre causa e efeito. Se você faz alguma coisa, outra coisa acontecerá a você, e não será muito legal. Então você para de fazer isso, seja lá o que for que causa o que lhe acontece de ruim. Nesse caso, a resposta sensata do meu pai seria não mais falar com sinceridade, sobretudo em um bar lotado, onde a polícia secreta poderia estar de tocaia. Mas o meu pai, como muitas pessoas obstinadas e opinativas, nem sempre era um homem sensato. Ele não aceitaria que lhe dissessem o que falar e para quem falar, então assim que foi liberado da cadeia, ele voltou ao bar e disse o mesmo tipo de coisas. Ele não fez isso só uma vez; ele fez 22 vezes.

Na 22ª vez que o liberaram da cadeia, foi com uma ameaça de dar arrepios. "Se vier parar aqui de novo", disseram-lhe, "não voltará mais para casa". O meu pai sabia que eles não estavam blefando. Todo país comunista tinha um lugar para os "indesejáveis". A Iugoslávia o chamava de Bjelo Otok, uma ilhota estéril, de cerca de dois quilômetros quadrados, no litoral norte. Não se ouvia mais falar de quem era mandado para lá – de muitas formas, era como a pessoa deixasse de existir.

O alerta funcionou. Meu pai juntou o máximo das nossas posses que caberia dentro de uma mala e, com um punhado de dinheiro, conduziu a mim e a minha mãe para o outro lado da fronteira com a Itália. Lá embarcamos no *Cristoefero Columbo* para navegar rumo ao Canadá. A primeira escolha dele havia sido os Estados Unidos, mas nunca conseguimos o visto. Eu tinha oito anos.

Após desembarcar no Canadá, conseguimos chegar a Toronto. O único emprego que o meu pai conseguiu encontrar lá foi o de faxineiro, limpando o piso de uma fábrica a cerca de três quilômetros do nosso apartamento, que ficava em um porão. Ele tinha qualificação para um emprego melhor, mas falava muito pouco inglês, o que, para algumas pessoas, indicava que ele não era inteligente o bastante para um trabalho que exigisse mais. Ele era, eu sei, um homem muito inteligente, mas ele era julgado conforme o seu desempenho no inglês, que era limitado. Talvez ele pudesse ter buscado um emprego melhor, mas escolheu não procurar. Suspeito de que ele estava feliz de estar longe da Iugoslávia e preferia não colocar as coisas em risco por bancar o difícil.

Não pensei sobre isso àquela época, mas, olhando para trás, consigo imaginar o quanto deve ter sido difícil para ele e a minha mãe. O meu pai era um homem orgulhoso, bonito, com uma voz grave e ressonante. Ele também era, devo dizer, um dançarino muito bom. Lá na Croácia ele era popular, com muitos amigos. Na nossa nova casa, ele não era ninguém. Não tinha colegas para beber no bar. E, mesmo que tivesse amigos assim, não tinha dinheiro para pagar bebida para os outros nem para si mesmo.

Ele estava satisfeito em ter liberdade e um emprego seguro, mesmo que os outros funcionários zombassem dele por causa do seu mau domínio do inglês. A sua meta era a mesma da maioria dos imigrantes na América do Norte: dar oportunidade para si e para a família que não seriam dadas a ele no país que deixara para trás.

Como eu disse, ele era um homem muito bonito, que tinha orgulho da sua aparência. Em sua imaginação, tenho certeza de que ele se via como protagonista de um filme, talvez um Cary Grant croata, não um imigrante pobre varrendo o chão de uma fábrica. Mas ele fazia o que precisava fazer para sobreviver e engolia o orgulho enquanto isso. Para ele, valia a pena, porque, se por um lado lhe faltavam bens materiais, por outro ele podia agora falar o que quisesse com sinceridade. Isso e saber que estava trabalhando rumo a um futuro melhor para a minha mãe e para mim eram importantes para ele. Nos meus momentos mais sombrios, eu penso nele e no que ele enfrentou, e essa memória me dá a coragem de seguir em frente.

Minha mãe era delicada e amorosa, um equilíbrio ideal para a determinação rígida do meu pai. O casamento deles pode não ter sido ideal, mas parecia funcionar bem.

Então, quando voltei para casa depois da escola um dia, esperando os abraços da minha mãe e as perguntas do meu pai sobre o que havia aprendido, tive um choque mesmo antes de abrir a porta do apartamento. Ouvi meu pai lá dentro gritando em ira e a minha mãe chorando, desculpando-se sem parar.

"O que aconteceu?", eu perguntei, entrando na sala.

O meu pai pegou os papéis de cima da mesa e os jogou em mim. "Veja o que ela fez!", gritou.

Eu olhei os papéis enquanto a minha mãe chorava, sentada na poltrona do canto.

Os papéis eram uma nota fiscal, assinada pela minha mãe, de compra de um aspirador de pó. E não de qualquer aspirador de pó. Era um eletrodoméstico de alta tecnologia para aquele tempo, o Rolls-Royce dos aspiradores de pó, com todo tipo de acessório que se possa imaginar. Não precisávamos de nenhum aspirador de pó. Morávamos em um apartamento minúsculo, que podia ser limpo com poucas vassouradas.

Olhei o preço. O eletrodoméstico custaria centenas de dólares que não tínhamos. Somando os juros ao preço, levaríamos anos para pagá-lo.

"Temos mesmo de pagar isso?", perguntei ao meu pai. Eu sabia que o salário dele só dava para o mês. O dinheiro gasto com o eletrodoméstico inútil significava que teríamos de cortar outras coisas. Algum vendedor de porta em porta tinha nos dado um golpe, aproveitando-se do pouco domínio de inglês da minha mãe e da natureza ingênua dela.

"É claro que temos", meu pai disse. Ele buscou o paletó. "Está no contrato", ele falou em mau inglês. "Quando assina um contrato, você cumpre o que disse. É assim que as coisas funcionam neste país". E saiu bruscamente pela porta, deixando-me em pé no meio da sala e a minha mãe no canto, chorando baixinho.

O meu pai estava certo. Um contrato era um contrato, mesmo que fosse injusto para o comprador. Naquele tempo, não havia um período de desistência para os compradores, e poucas formas de lidar com vendedores inescrupulosos. Eu não conhecia o vendedor de aspirador de pó, mas já tinha as minhas reservas com relação a ele. Por um lado, eu o desprezava por sua ganância e desonestidade. Ele tinha constrangido a minha mãe, enfurecido o meu pai e nos deixado mais pobres. Por outro lado, eu me perguntei como alguém podia bater em uma porta, apresentar-se, conseguir ser convidado para entrar no apartamento e ir embora com um contrato de mais de mil dólares. Eu não conseguia imaginar como fazer isso. Eu ainda era o garoto imigrante tímido e inseguro, com medo da própria sombra. De onde ele tirou a coragem? O que ele sabia que pessoas como eu não sabíamos? Como ele aprendeu a fazer isso? Ou tinha nascido assim? Aquele cara tinha habilidade e atrevimento em abundância. Mas não tinha escrúpulo. Ele com certeza sabia que não precisávamos de um aspirador de pó ridiculamente caro e que não tínhamos dinheiro para pagar por ele. Obviamente, ele não se importou.

Desde então, as coisas mudaram. As leis de defesa do consumidor protegem as pessoas contra táticas que induzem à venda, como as que foram usadas com a minha mãe. Além disso, os compradores são mais informados e, excetuando-se os casos de dificuldades idiomáticas como as da minha mãe, tendem a rejeitar a pressão para comprar algo. E devem rejeitar mesmo.

A venda verdadeiramente profissional não tem nada a ver com tirar vantagem de alguém, sobretudo da forma como o vendedor de aspirador de pó tirou da minha mãe. Vender de maneira profissional é questão de atender às necessidades e às expectativas das duas partes. Quando o vendedor de aspirador de pó foi embora da nossa casa com um contrato em mãos, apenas as expectativas de uma das partes foram atendidas – as dele. Ele precisava vender. A minha mãe não precisava de um aspirador de pó. Isso não é domínio de vendas. É desonestidade. Não tolero esse tipo de prática enganosa na minha empresa, e nem você deve tolerar como cliente.

Desonestidade do tipo praticada pelo vendedor de aspirador de pó, de tanto tempo atrás, é adotada e promovida por vendedores que seguem métodos supostamente infalíveis de vender. Felizmente, esse tipo de vendedor, assim com as técnicas de alta pressão que praticam, estão desaparecendo de vista. Clientes como a minha mãe não mais toleram esses vendedores nem as suas técnicas de venda. Reconhecem quando estão sendo manipulados e rejeitam isso. O que é ótimo.

Alguns vendedores recorrem a livros que prometem revelar segredos imperdíveis sobre vendas, os quais, uma vez que você souber aplicar, será como apertar um botão. É só dar o *enter* na hora certa, e o cliente pega a carteira, a bolsa, o cartão de crédito, ou faz um pedido.

Não, não farão nada disso.

Não levei trinta anos de experiência no ramo de computadores para concluir que as *pessoas não são programadas*. Não há aplicativo que seja capaz de transformar um comprador potencial em um cliente. Nenhum botão de *enter* completará uma venda quando pressionado. E de jeito nenhum, no século XXI, as técnicas antigas funcionarão com alguma garantia de sucesso. E descobri que, na empresa credora, a venda bem-sucedida de qualquer produto por qualquer pessoa depende da construção de empatia com consumidores e clientes e do foco em uma solução que beneficie ambos os lados.

Não há atalhos.

A MEMÓRIA DA FÚRIA do meu pai, da humilhação da minha mãe e da ganância do vendedor ficará comigo para sempre. Mas não me impediu de entender a importância que a venda tem no sucesso de um negócio. Em vez disso, inspirou-me a obter sucesso não explorando a vulnerabilidade dos clientes ao vender, mas apelando à sua inteligência. Para fazer isso, eu encaixaria a minha mensagem de venda à situação deles, às suas necessidades, aos seus desejos e aos seus valores.

Essa era a base da minha abordagem na empresa credora. Não tinha a intenção de fazer uma carreira na cobrança de dívidas. Mas eu reconheci o papel que as vendas tinham em todo aspecto dos negócios e da vida. Também gostava de conhecer pessoas e de firmar um acordo com elas. Eu me candidatei a abrir o meu negócio, que dependia de vender soluções espetaculares para clientes muito exigentes.

Muitas das decisões de negócios que tomo hoje ainda envolvem vendas. Eu vendo o futuro da minha empresa para pessoas de que preciso para me ajudar a alcançar novas metas. Eu vendo aos meus clientes atuais novas maneiras pelas quais a empresa pode atendê-los. E eu vendo os serviços para clientes em potencial que não nos conhecem.

Nenhuma dessas ações é diferente das coisas que todo empreendedor e CEO faz para garantir o sucesso. Você pode pensar que empreendedores e CEOs estão de alguma forma "acima" do negócio que estão vendendo. Os melhores deles não estão. Eles entendem que vender não é apenas parte do trabalho deles; é essencial para o seu sucesso.

Todos os membros de todos os níveis de uma empresa ativa e em crescimento precisam entender que eles exercem uma função de vendas em seu trabalho. Eu tenho consciência disso todos os dias quando entro no meu escritório. O sucesso do meu negócio e a prosperidade dos meus funcionários requerem que todos nós – inclusive eu – vendamos e promovamos as nossas habilidades entre nós mesmos e para os nossos clientes.

O meu sucesso como empreendedor está relacionado a desfrutar da companhia de pessoas que tenho sorte de encontrar, e espremendo o máximo possível de alegria da vida – minha e deles. Acredito firmemente em manter o foco e trabalhar para alcançar qualquer meta que seja traçada por nós. Também sou adepto da ideia de que a melhor forma de garantir o sucesso pessoal é ajudando a garantir o sucesso de todos ao meu redor – equipe, fornecedores e, claro, clientes.

Eu faço isso apesar da insegurança que os meus vizinhos valentões me colocaram quando eu era um garoto imigrante vestido de maneira engraçada e morando em um apartamento no porão. Aqueles caras, de muitas formas, eram tubarões atacando um peixinho indefeso. A mim sobravam poucos modos de me defender deles. Mesmo que eu tentasse responder com palavras ou socos, faltava-me o tamanho físico para derrotá-los e as habilidades linguísticas para fazê-los calar a boca.

Essa inabilidade para lidar com os valentões gerou ressentimento, e esse sentimento ficou comigo por toda a minha infância. Ainda está comigo hoje. Felizmente, eu nunca o deixei se transformar em raiva. Decidi, há muito tempo, que a melhor maneira de ficar quite com valentões era me tornar tão bem-sucedido, que ou eu deixaria de me importar, ou nem me lembraria de nada ruim associado a eles porque estaria ocupado demais desfrutando da minha vida. A insegurança criada em mim pelos valentões continua ali, e sempre tenho consciência dela. Apenas me recuso a me preocupar com quem a colocou ali e com como a colocou.

ACHO QUE PROVEI que você não precisa ser um tubarão para ser bem-sucedido nos negócios e alcançar um nível considerável de riqueza e ganhos. Porque você não precisa disso.

O que você precisa ser – nos negócios e na vida como um todo – é alguém que entende o papel que a venda desempenha em grande parte das nossas vidas. Às vezes está escondido, às vezes é óbvio. O truque é saber como aplicar habilidades de venda sem que os clientes saibam que você está vendendo para eles. Por "cliente" eu não quero dizer apenas as pessoas interessadas em trocar o seu dinheiro pelo o que você estiver vendendo. Falo de amigos, parceiros, crianças, conhecidos, colegas de trabalho e todos os outros cujos apoio e confiança forem valiosos para você. Seja por que razão for. Idealmente, eles oferecem o seu apoio e a sua confiança não porque vocês as quer, mas porque eles querem oferecer a *você*.

Então aqui está a minha definição de venda perfeita: o cliente acredita que está no controle da situação e que fechou uma transação que beneficia ambos, comprador e vendedor.

E, quando tudo caminha bem, ele está inteiramente correto.

CINCO

O TERROR DO COLD CALLING

NA MAIOR PARTE DAS situações, é o comprador quem procura o vendedor. Visitando uma loja, respondendo a um anúncio ou, ainda, selecionando o produto em um catálogo, o encontro tende a partir da pessoa que precisa – ou quer – um produto ou um serviço.

Mas existe uma técnica de venda muito diferente. Nela, quem está vendendo um produto ou serviço contata o comprador de forma direta e inesperada. Ao fazer isso, interrompe o dia do cliente-alvo com uma ligação telefônica, propondo uma compra sobre a qual ele nem sequer estava cogitando. Em seu nível mais básico – vender janelas ou a limpeza do encanamento do forno –, trata-se de telemarketing, e nenhum ramo da venda é menos valorizado e mais vilipendiado.

O telemarketing, com toda a sua frequência irritante, na verdade é uma variação da mala direta, que enche caixas de correio com folhetos promocionais. Trata-se de um estilo abrangente de propaganda, cobrindo uma vasta área do mercado por partir do princípio de que todos são clientes em potencial. Mas, é claro, nem todos são. E é por isso que usuários de mala direta esperam uma resposta de cerca de 2% por todo o seu esforço e gasto. Se disparam mil folhetos, ficam satisfeitos quando vinte pessoas tiram tempo para ligar em busca de mais informações.

Isso não é bem vender. Não de forma profissional, no âmbito de uma carreira. Boa parte da indústria de telemarketing é contaminada por métodos questionáveis e fraudes deslavadas. Por exemplo, fica em algum lugar entre o divertido e o revoltante o fato de o proprietário de um Apple Mac receber a ligação de alguém dizendo ser da Microsoft e querendo consertar um problema no Windows dele.

Há ocasiões, porém, em que vendedores profissionais se encontram em situações semelhantes às dos operadores de telemarketing. Isso ocorre quando eles partem para contatar clientes potenciais e lhes fazer ofertas de venda sem antecipação, ou quando marcam um horário para lhes fazer uma apresentação. Os operadores de telemarketing, sentados em dezenas ou até centenas de cubículos minúsculos, em frente a monitores de computador, são programados para a rejeição – com frequência na forma de uma ofensa, seguida por uma batida de telefone. Sem problemas. Eles sabem que são mais uma inconveniência do que um vendedor qualificado e não têm tempo para lidar com a rejeição. A sua resposta imediata é bater no teclado e deixar o computador ligar aleatoriamente para o próximo cliente a ser prospectado.

Para pessoas cujo plano de carreira depende altamente do seu nível de sucesso em vendas, a ideia de intrometer-se dessa forma é assustadora. Como a maior parte de nós, elas odeiam ser invasivas e se incomodam em ter apenas alguns segundos para evitar que desliguem o telefone, além do medo de se tornarem alvo do tipo de ira acumulada contra operadores de telemarketing. Então por que fazer isso? Porque continua sendo o melhor jeito de ir além da base de clientes já existente e prospectar novos compradores que, espera-se, se tornarão clientes de longo prazo. Não se limita a encontrar formas de fazer o volume de vendas da empresa crescer. Com frequência, trata-se de manter o volume ao longo do tempo. Fusões, falências, novos concorrentes e vários outros fatores podem roubar da empresa clientes de longo prazo, então se acomodar significa regredir. Esses clientes perdidos precisam ser substituídos, e as empresas fazem isso tentando captar novos clientes, em vez de ficarem paradas, esperando que eles liguem ou entrem pela porta.

Elas fazem essa prospecção por meio de um processo que costumava ser chamado de *cold calling*. O termo foi recentemente mudado para *outbound*, que soa mais sofisticado e produtivo. Chame do que quiser, a diferença entre esse processo e as ligações de telemarketing é significativa. No telemarketing, parte-se do princípio de que o mundo é habitado por pessoas que querem o seu produto ou serviço, e quando não querem é só apertar uma tecla e disparar outra ligação aleatória. Nada qualifica os indivíduos para quem se liga a não ser o acesso aos seus números de telefone.

Nem todas as ligações feitas para números aleatórios partem de alguém que vende produtos e serviços duvidosos. Corretores de investimentos e consultores financeiros são incentivados a usar o *cold calling* em busca de novos clientes, uma técnica conhecida como prospecção. Trata-se de uma forma legítima de buscar novos clientes para além das próprias referências que corretores e consultores adotam para construir os seus negócios. Ela não deve ser confundida com as operações realizadas na "caldeira" de *O Lobo de Wall Street*, na qual o *cold calling* envolve fazer promessas de valorização de títulos impossíveis de serem cumpridas para compradores gananciosos e ingênuos.

Corretores e consultores financeiros respeitados pesquisam sobre as pessoas para as quais ligam, ao menos até certo ponto. Utilizando-se de dados do censo e de outras fontes, eles abordam habitantes de áreas de classe média e classe média alta que possuam renda suficiente para fazer investimentos legítimos. Qualificar o cliente a ser prospectado, mesmo que minimamente, separa a venda de telemarketing da de *outbound*.

Quando as ligações de *outbound* são de empresa para empresa, os clientes em potencial são pesquisados em maiores detalhes, o que requer que os vendedores façam a sua lição de casa antes de fazer a ligação como empresa. Algumas das formas de se escolher para quem ligar são óbvias. Se o produto vendido é equipamento de robótica para montadoras de carros e indústrias de bens duráveis, você não ligará para uma fábrica de roupas ou uma loja. Cavando mais fundo, a expansão da empresa-alvo e os seus números de venda podem ser pesquisados, o comprador mais influente da companhia pode ser identificado e ter o seu perfil traçado, e fatores como o histórico de posicionamento e de aquisições podem ser analisados.

Mas, uma vez que toda a preparação estiver finalizada, você terá de fazer a ligação. E aí é que vem a parte assustadora.

Não importa o quanto tenha caprichado no perfil da pessoa para quem está ligando, nem o quão preparado esteja com esses dados e o roteiro, você está prestes a se tornar uma interrupção para alguém que está, provavelmente, ocupado. Operadores de *cold calling* não estão exercendo um trabalho alternativo como os operadores de telemarketing, ganhando salario mínimo e acostumados à rejeição imediata. Em um nível profissional de negócios, eles são profissionais treinados para construir relacionamentos e lidar com objeções. Ainda assim, eles têm consciência de que, assim que terminarem de se apresentar, o cliente em potencial estará pensando:

Esta pessoa está querendo me vender algo. Eu não sei o nome dela.

Eu não conheço o histórico nem a reputação dela. Eu não sei o que ela quer vender.

Eu não tenho nenhuma relação com essa pessoa. Eu não sei como isso [seja lá o que for que está sendo vendido] pode me ajudar a desempenhar melhor o meu trabalho ou ajudar a empresa a fazer mais dinheiro.

Eu tenho mais o que fazer.

Se for o vendedor operando o *cold calling*, você tem de antecipar o "Não, obrigado", seguido pelo desligamento do telefone. Pode ser que você já esteja familiarizado com a rejeição, mas em outras situações de vendas você tem a chance de, primeiramente, apresentar a sua proposta de venda. No *cold calling*, você terá sorte se conseguir acabar de dizer o seu nome. Todos os fracassos carregam consigo lições, mas o que você aprende quando o cliente em potencial o manda para aquele lugar e bate o telefone na sua cara? É por isso que o *outbound / cold calling* é, provavelmente, a tarefa menos atraente para muitos vendedores. Porém, também é uma estratégia de baixo custo para marcar apresentações a possíveis novos clientes, caso o operador consiga fazer a sua parte rápida e convincentemente.

Basta abordar um completo estranho, colocá-lo no estado mental correto, criar um contexto, construir um relacionamento e obter um compromisso para uma reunião e uma apresentação.

Então por que o *cold calling* talvez seja, para a maior parte dos vendedores, o método mais exigente a ser enfrentado?

A melhor solução é seguir um roteiro ou, ao menos, um procedimento preestabelecido. De toda forma, uma ligação de *cold calling* deve alcançar os seguintes passos rapidamente:

- Atice a curiosidade do comprador em potencial. "Quem é essa pessoa? Por que devo prestar atenção?"
- Explique o contexto com uma dúzia de palavras ou menos, o que também é conhecido como *elevator pitch*, algo como "abordagem de elevador". "Cortamos os custos com eletricidade em empresas como a sua em 35%."
- Peça permissão para continuar. "Será que eu poderia explicar como isso é feito? Levará menos de um minuto."
- Confirme se está mesmo falando com um cliente potencial. "Esse é o tipo de vantagem que você gostaria de ter em relação aos seus concorrentes?"

- Marque uma reunião para fazer a apresentação completa – data, horário e participantes. "Eu poderia mandar um material explicando o processo antes da nossa reunião?"

Chegar a esse último passo é mais arte do que ciência. Quem faz o *cold calling* precisa de um roteiro e de orientações, mas também precisa antecipar objeções e problemas e saber lidar com eles elegantemente: "Eu liguei em má hora?" / "Posso enviar o material e voltar a ligar quando você já tiver tido uma chance de analisá-lo?".

Enviar material e marcar ligações posteriores é uma saída fácil para os dois lados. Quem recebeu a ligação pode voltar ao que estava fazendo antes de atender ao telefone, e o vendedor evitou uma ligação interrompida instantaneamente. Infelizmente, não se obtém muita coisa. Os melhores operadores de *cold calling* – trata-se de uma espécie rara, mas que existe – sabem como manter o interesse do cliente a ser prospectado e evoluir a partir daí, idealmente conseguindo marcar uma apresentação completa. Como? Criando um relacionamento de confiança na ligação telefônica. Eles também enfrentam fracassos, mas menos ligações interrompidas.

Muitas empresas estão treinando o seu pessoal de vendas a operar programas de gestão de relacionamento com o cliente (CRM, na sigla em inglês). Essa abordagem é dirigida, principalmente, para a preservação de empresas já existentes por meio da compilação de informações oriundas de fontes variadas – websites, materiais de marketing, mídias sociais e outros lugares onde se pode rastrear as atividades da companhia.

A princípio, pode parecer simples, mas a prática de CRM pode se tornar espantosamente complexa. Pode ser operacional (medir o que empresas a prospectar fazem e quão bem o fazem); analítica (mapear medidas de causa e efeito com base nos dados de comportamento de compra); e colaborativa (combinar dados sobre as empresas-alvo de fontes variadas para criar um retrato completo).

No mercado de operações da internet, as empresas firmam contratos para obter esse mesmo resultado. Grandes companhias podem usar recursos variados, entre os quais serviços derivados de outros, como a rede de relacionamentos profissionais LinkedIn. Com cerca de cem milhões de cliques por mês, em 24 línguas diferentes, a quantidade de informação corporativa que pode ser colhida dessas postagens é imensurável.

As vendas realmente se sofisticaram. Você precisa de uma empresa multibilionária gigantesca para justificar todo esse esforço e gasto, além de uma equipe de vendas que possa aplicar a informação colhida e convertê-la em vendas finalizadas. Você também precisa de alguém que possa interpretar os dados comprados, convertendo-os em abordagens de venda.

E aí é que está o problema. Operadores de *cold calling* podem até estar mais bem-equipados, o que pode aumentar a sua autoconfiança, mas tudo ainda depende dos poucos segundos entre o momento em que o possível cliente atende ao telefone e o momento em que ele se dá conta de que estão pedindo para que ele ouça ou marque uma nova conversa para ouvir uma oferta de venda sem aviso prévio.

Não são muitos os profissionais que gostam de operar *cold calling*, não importa quão bem-armados com dados eles estejam. Os que estão e que conseguem finalizar as ligações com uma data e um horário marcados para uma apresentação – ou, ainda melhor, com uma venda completa – compõem a elite de profissionais de venda.

Só não os chame de operadores de telemarketing.

SEIS

O MAIOR MITO SOBRE AS VENDAS E A VIDA

TODA PROFISSÃO TEM os seus estereótipos e, por anos, o mais associado à de vendedor era o da pessoa extrovertida tagarela, malvestida, capaz de vender a sua avó para fechar um negócio.

Há muitos erros nessa descrição, mas o maior de todos – e o que pode parecer menos óbvio para você – é o da palavra "extrovertido".

A definição básica de extrovertido é *alguém preocupado somente com o que é externo*. Isso explica por que os extrovertidos se sentem em casa em qualquer situação de sociabilidade. Não estão preocupados com o que os outros estão pensando ou sentindo. A sua atenção fixa-se apenas no que podem ver ou ouvir.

Então isso significa que extrovertidos de carteirinha são automaticamente qualificados para se tornarem vendedores bem-sucedidos?

Nem um pouco.

Baseando-se na noção de que ser extrovertido é essencial para o sucesso nas vendas, deduz-se que você não pode ser quieto, reflexivo e reservado e assim mesmo fazer grandes vendas. Isso é um monte de *sranje*, a palavra croata para algo que não tem valor nenhum. Sequer para um asno.

OUVIMOS MUITO SOBRE *bullying* no ambiente escolar nos dias de hoje e sobre como lidar com ele. Todo mundo concorda que quem pratica *bullying* deve ser ou evitado ou tratado, seja na escola, seja na sala de reuniões de uma empresa.

Quando estava na escola primária, os valentões que perturbavam os colegas eram considerados uma parte normal da vida das crianças imigrantes. Se reclamássemos, nos mandavam "engolir" e seguir em frente com as nossas vidas. É fácil dizer isso, mas quando você é o garoto novo, com roupas esquisitas e um jeito engraçado de falar, é uma agonia. Não há outra palavra para descrever isso. Você sente dor, você sente rejeição e você sente muitas emoções, entre as quais medo e insegurança. E você nunca as supera completamente.

No meu caso, a zombaria e as surras me deixaram inseguro, como já mencionei anteriormente.

A insegurança não me tornou extrovertido. Ela me colocou na direção oposta. Cresci calmamente determinado a provar para o mundo – e, eu suspeito, para mim mesmo – que eu não era um objeto de ridicularização, mas um cara capaz de fazer coisas, tanto quanto os outros. Talvez até *melhor do que* os outros. Às vezes, a determinação despertava o meu pior lado, sugerindo que o meu ego estava ficando fora de controle. Sempre que isso acontecia, minha mãe dizia: "Você não é melhor do que ninguém, mas ninguém é melhor do que você". Essas palavras ficaram comigo. Sempre que aparece alguém no *Negociando com Tubarões* em busca, desesperadamente, de patrocínio e apoio, nunca me ocorre pensar "Eu consegui e eles não, então sou melhor do que eles", porque, no fundo, eu sei que não sou. Temos personalidades, trajetórias e recursos diferentes, talvez. Mas nenhum de nós é "melhor" do que o outro.

Pensando bem, a minha determinação em ignorar os valentões e de conseguir me vingar por meio do meu sucesso nos negócios era a única resposta natural acessível a mim. Eu não era grande o suficiente para atacar os valentões no soco. E não conseguia humilhá-los com palavras, porque não tinha ainda adquirido um vocabulário vasto em inglês, nem a habilidade de pronunciá-lo sem o sotaque pesado. Então eu suportei a zombaria e o desprezo e me concentrei em desenvolver as minhas ideias e habilidades.

Também fui aceitando que eu nunca conseguiria nada na vida que não fosse pelo próprio esforço. Os meus pais me amavam e me apoiavam, mas esse era o limite do auxílio deles. Eles não tinham como comprar roupas da moda como as dos outros meninos, nem me mandar para a escola particular, onde os alunos eram mais bem disciplinados, não podiam se livrar do meu sotaque constrangedor e não podiam me proteger no caminho de ida e de volta da escola. Nem eu esperava que eles fizessem essas coisas. Quando eu precisava de consolo e reconforto quando eles não estavam por perto, ia para a igreja. Fui coroinha por algum tempo e, ouvindo todos aqueles sermões ao longo dos anos, uma frase ficou marcada na minha consciência: *Deus ajuda àqueles que se ajudam*. Quaisquer que fossem os planos que eu tivesse na vida, eu só os alcançaria me ajudando a chegar lá.

Lidar com as coisas sozinho também me deu outra visão de vida. Eu não podia esperar nada nem ninguém que me ajudasse gratuitamente, e não acreditava que eu merecesse algo gratuito. Os outros também não acreditavam, e eu aceitei isso. A única coisa que eu poderia esperar da vida era o direito de me afirmar como alguém. E ainda sinto isso, de todo o coração. Ninguém nos deve nada, e nenhum de nós merece mais do que a chance de nos tornarmos o que quer que os nossos talentos e as nossas ambições possam permitir. Cada um de nós obtém da vida o que fazemos dela. Claro, alguns de nós iniciam a jornada em um patamar mais alto. Nascidos na riqueza e no privilégio, a alguns são dadas as ferramentas para aprender e a oportunidade de obter sucesso em maior medida do que outros.

Mas e daí? Essa é a forma como eles começam, não necessariamente como terminam. Corri maratonas e posso lhe assegurar que as pessoas que se encontram na fileira da frente no momento do tiro de partida não estarão na mesma posição 42 quilômetros depois, quando cruzam a linha de chegada. A vida é uma maratona. Todos começamos em posições diferentes, e as nossas posições vão mudando ao longo da corrida. O melhor que podemos aceitar é que temos a chance de nos mover adiante durante o percurso.

As privações dos meus anos de filho único de imigrantes não me tornaram extrovertido. Elas me tornaram persistente. Criei a determinação necessária para obter sucesso de maneiras que os valentões nunca entenderiam e nunca se igualariam. A cada vez que atingia um novo objetivo, ficava mais confiante de que podia traçar um objetivo mais difícil e alcançá-lo e, quando conseguia, passava para o próximo. Nunca fui o garoto mais inteligente da classe, nem o mais bonito, nem o mais alto, nem o mais forte – mas eu era sempre o primeiro a levantar quando era derrubado, uma atitude que, com uma exceção, mantive ao longo de toda a minha vida.

Também tive, em geral, a confiança de que poderia obter sucesso, mas ser confiante não deve ser confundido com ser extrovertido. Posso ter confiança nas coisas que almejo conquistar, mas não sou nem de perto extrovertido como os meus colegas Tubarões Kevin O'Leary, Mark Cuban e Daymond John. Sou, acredito, um vendedor tão bom quanto eles.

Talvez melhor.

Mas isso não me torna extrovertido.

Mencionei os desafios que enfrentei quando era criança para sublinhar o meu argumento de que extrovertidos não são, necessariamente, grandes vendedores. Alguém tão focado em si mesmo tende a fechar os ouvidos para as outras pessoas e nunca se sairá tão bem-sucedido quanto alguém sinceramente interessado nos outros.

No sentido mais abrangente da palavra, o ato de vender envolve intimidade em um nível emocional profundo. No filme *Um Conquistador em Apuros*, o falecido Robin Williams interpreta um vendedor que diz que "vender é o mais próximo que você pode chegar de outro ser humano sem dormir com ele". Nunca duvidei da veracidade dessa fala.

A PERGUNTA AINDA fica: existem pessoas "nascidas" para vender bem? Há algo em seu DNA que nos faz dizer "aquela mulher poderia vender neve no Alasca?".

Pode existir, dependendo da situação. Algumas delas já apareceram no *Negociando com Tubarões*, tentando nos vender a sua ideia de negócio. Foram eficazes – e os seus planos de negócios, promissores – o suficiente para fecharmos o negócio com elas. Isso não prova que a habilidade para as vendas seja natural para algumas pessoas, como um fator genético como a cor dos seus olhos ou o formato do seu queixo. E, certamente, não garante o fechamento do negócio por si só. O *Negociando com Tubarões*, afinal, é um ambiente singular, sem muitas das coisas com as quais vendedores profissionais precisam lidar no mundo real – coisas como concorrência direta e, com frequência, a tomada de decisões complexas.

Mais do que isso, nós, Tubarões, não estamos interessados somente em comprar o que é colocado diante de nós. Estamos interessados na oportunidade de construir um negócio que obterá sucesso e crescerá a longo prazo, um negócio que exigirá, de preferência, o nosso envolvimento pessoal em sua gerência e expansão.

Concordo que algumas pessoas possuem uma aptidão para a escrita e a música ou para algum trabalho criativo. Elas são corretamente citadas como "escritores natos". Quando se trata da arte da venda, porém, o fator que mais determina o sucesso de alguém não é uma "habilidade natural". É treinamento e entusiasmo. Se tem desejo e energia suficientes e seguir as orientações de um mentor eficaz, você se surpreenderá (e surpreenderá o resto do mundo) com as suas conquistas. Isso funciona até quando você não tem nenhuma experiência com vendas.

Ou com dança.

Quando aceitei fazer parte do *Dança com as Estrelas*, arrisquei passar vergonha na frente do mundo. Eu estava acostumado a assumir vários tipos de risco. Por muitos anos, arrisquei a minha vida dirigindo carros de corrida potentes em velocidades próximas a 300 km/h, em pistas no mundo todo. Uma manobra errada a essa velocidade, e eu teria de lidar com algo muito mais grave do que vergonha. Após um acidente feio em uma pista no Brasil, passei algum tempo em um hospital em São Paulo revivendo a experiência de bater em um objeto imóvel em alta velocidade. Pilotar carros de corrida era divertido, mas dançar parecia divertido também. E a diversão seria bem-vinda para mim àquele momento.

Aceitei entrar no programa, prometendo a mim mesmo que eu trabalharia duro, aprenderia algo novo e tentaria me divertir. Essa, aliás, é uma boa postura a se adotar quando se começa uma carreira em vendas.

Aprender a vender é um pouco como ter aulas de dança: você começa com os passos básicos... Observa com cuidado o que a outra pessoa está fazendo... Aceita que qualquer passo errado vem com uma lição para melhorar o seu desempenho. E, quando tudo corre bem, você de fato se diverte com a experiência.

Não estou sugerindo que se consegue dançar você conseguirá vender. Mas não custa tentar.

De volta às vendas...

Para mim, a parte mais atraente da venda é a maneira como ela ajuda a gente a lidar com todos os aspectos da vida. No fundo, vender é uma comunicação efetiva entre pessoas.

Não conheço nenhuma atividade, de lidar com crianças a administrar uma crise internacional, que não se beneficie da habilidade de se fazer entender bem. Isso também ajuda você a valorizar as suas necessidades e expectativas. Eu honestamente acredito que tudo que vale a pena na vida depende dessa habilidade. Não é possível se comunicar efetivamente com ninguém antes de organizar os seus pensamentos. E você não consegue valorizar o ponto de vista da outra pessoa sem ouvir atentamente ao que ela está dizendo, tanto com a voz quanto com a linguagem corporal.

Esse último ponto reforça a minha visão de que pessoas introvertidas podem alcançar sucesso espetacular em vendas. Por quê? Porque elas são ouvintes melhores. Com frequência, extrovertidos passam o tempo falando de si mesmos e de suas preocupações, supondo que qualquer coisa que não esteja de acordo com a sua visão ou com o seu sistema de valores não conta. Introvertidos, por natureza, ouvem com mais precisão porque falam menos. Todos nós precisamos aguçar as nossas habilidades de escuta e colocar em prática o que aprendemos para alcançar os nossos objetivos pessoais. Às vezes, o objetivo é fazer uma venda. Às vezes, encontrar um emprego. E, às vezes, é convencer outras pessoas a nos olhar de forma diferente – com admiração, compreensão e, talvez, afeição.

Há, ainda, outros benefícios. Vendedores tendem a trabalhar sozinhos. Talvez contem com um apoio reserva – um gerente, um responsável pela parte financeira, uma equipe de marketing... Mas, quando estão frente a frente com um cliente e sabem – total, absoluta e incondicionalmente sabem – que, seja lá o que estiverem vendendo, se adequa perfeitamente às necessidades do cliente, todo o controle está em suas mãos. Para pessoas como eu, que amam vender, a experiência é empolgante.

Não estou descartando o conceito de trabalho em equipe. Ele é ótimo do ponto de vista corporativo. Como um cara que construiu a sua empresa a partir de pouco além de senso de visão e ambição, e que ainda participa de todas as principais decisões corporativas, posso garantir que o trabalho em equipe é vital para o nosso sucesso.

Mas assim também é a autossatisfação do funcionário. Todos nós comemoramos, em nossa empresa, quando alcançamos um objetivo, como fechar um grande negócio com um novo cliente. Ninguém se entusiasma, porém, mais do que a pessoa cujas habilidades de venda possibilitaram o negócio. Ela é quem tomou as decisões naquele momento, lidou com objeções, procurou soluções, e finalmente, selou o acordo. Não é bem como ganhar uma medalha de ouro nas Olimpíadas (imagino), mas às vezes parece quase isso.

Claro, nem toda venda é bem-sucedida. Esse nível de perfeição não existe na minha empresa, nem para mim, nem para ninguém. Ganhamos e perdemos, e o inesperado pode ocorrer a qualquer hora. Podemos ficar chocados de perder um contrato que parecia garantido e surpresos com um sucesso igualmente inesperado. Nada disso afeta a nossa determinação de buscar a vitória.

"Então o que acontece", ouço você perguntando, "quando você não obtém sucesso? Você se afunda no fracasso como se ergue no sucesso?".

Na verdade, não. Este não é um jogo em que cada fracasso é subtraído da sua lista de vitórias. O fracasso não é um desastre. Eu o vejo como uma maneira de mostrar para mim como melhorar, e como trabalhar para mais comemorações no futuro.

SE VOCÊ NÃO precisa ser extrovertido para ser bom em vendas, e se timidez não desqualifica você para uma carreira em vendas, de quais características você precisa para começar? Identifiquei quatro dos traços mais importantes para vendedores, que eu procuro quando contrato funcionários da árxea comercial. São fáceis de desenvolver e, quando corretamente aplicados, vão se tornando mais naturais.

Pense no seguinte antes de lê-las:

Não são essas as mesmas habilidades que nos ajudam a lidar com os desafios que enfrentamos na vida, e aquelas que usamos para criar a felicidade que merecemos?

Veja se não concorda comigo...

1. Eles acreditam no que fazem.

Ótimos vendedores têm dificuldade em vender algo em que não acreditam. Também têm um grande problema se não acreditarem na importância do seu trabalho. Qualquer um que pense que vender é uma carreira de segunda categoria está condenado ao fracasso antes mesmo de começar. Vendas são um aspecto crítico de todas as operações de uma empresa. Isso torna o pessoal de vendas tão importante quanto qualquer outro departamento.

Muitos anos atrás, eu vi uma placa no escritório de um gerente de vendas, onde estava escrito *Nada acontece até que alguém venda algo*. Eu me lembro de sorrir diante da sabedoria óbvia da ideia e do fato de que nunca antes tinha pensado sobre vendas dessa forma. Fazia sentido. Toda a pesquisa, todo o trabalho de design, toda a produção eficiente e todas as expedições e outros trâmites que ocorrem em uma empresa parariam de vez se tudo que é produzido não fosse vendido. Bons vendedores são tão importantes quanto qualquer outro funcionário da empresa, passando por todos até chegar ao CEO. É por isso que uma equipe comercial de primeira é altamente valorizada em toda companhia. E é por isso que, salvo um desastre econômico total, ela quase nunca fica sem trabalho.

2. Eles gostam da companhia de pessoas.

Vender não é um esporte inteiramente individual. O sucesso de longo prazo depende da habilidade do vendedor de trabalhar bem com uma equipe de apoio que se encarregue de tarefas como entrega, serviços financeiro e outras dezenas. Isso explica por que vender pode ser um desafio tão grande para algumas pessoas – você precisa ser bom no trabalho individual, e também tão bom quanto no trabalho em equipe.

Nem todos apresentam as duas habilidades em quantidades iguais. Atletas competitivos de alto calibre são, em geral, bons nas duas coisas, porque conhecem a necessidade de se esforçar ao máximo ao mesmo tempo em que contam com as contribuições de outras pessoas. Não é totalmente necessário ser "atlético", porém. Qualquer um que trace metas desafiadoras para si mesmo e tenha determinação para obter sucesso se dará bem em vendas se também gostar de pessoas e entendê-las. Isso não significa que se deva dar tapinhas nas costas e apertar as mãos de todos sempre que entrar em uma sala. Isso significa gostar de ajudar pessoas a fazer uma decisão de compra, sem perder de vista que a decisão beneficiará os dois lados.

Aonde quer que eu vá e seja lá o que eu fizer, eu fico ansioso para conhecer pessoas. Quero saber sobre elas e tenho real interesse no que dizem e fazem. Fico sabendo coisas sobre pessoas porque faço perguntas, o que é comentado com frequência por aqueles que me conhecem bem. É porque eu sempre tive sede de aprendizado e curiosidade a respeito de fatos e pessoas.

3. Eles passam mais tempo ouvindo do que falando.

Quando criança, eu era lembrado com frequência de que nós, humanos, nascemos com duas orelhas e uma boca. A implicação é óbvia: somos mais adaptados a ouvir do que a falar. Como todos os clichês, esse é verdadeiro. Vendas bem-sucedidas não envolvem afundar o cliente em fatos e números. Trata-se de fazer perguntas e ouvir atentamente, não apenas o que está sendo dito, mas também *como* está sendo dito, e o que *não* está sendo dito. Tom e enunciação podem revelar muito sobre o que o falante está tentando expressar com palavras. E a linguagem corporal pode comunicar um mundo de significados sem que palavras sejam ditas, ou contradizer uma palavra que pode ter um significado completamente diferente da que o falante pretendeu lhe dar. Quando se fracassa na escuta e na observação, corre-se o risco de perder o ponto central da mensagem que a pessoa está tentando expressar.

4. Eles fazem a conexão entre habilidades de vendas e vida.

Nas entrelinhas de tudo que revelo neste livro está a seguinte mensagem: *a coisa mais importante que você venderá é você mesmo*. As mesmas habilidades valorizadas nas vendas são igualmente valorizadas em quase todos os outros aspectos da sua vida.

Você já tinha ouvido falar nisso antes? Pois poderá ouvir de novo neste livro. Isso resume a mensagem geral e representa boa parte da minha habilidade de obter o máximo que posso da vida. Tudo que fazemos é avaliado de acordo com os mesmos princípios aplicados nas vendas. A nossa aparência, os nossos gestos, os nosso valores, as nossas habilidades – todos representam medidas que determinam o sucesso dos vendedores, e as mesmas qualidades podem ser aplicadas quando lidamos com as pessoas mais importantes da nossa vida.

Na escolha de um companheiro ou companheira de vida, na criação dos nossos filhos, na busca por um emprego, na candidatura a um cargo político ou em outras centenas de ações, sempre temos de convencer os outros a ver o *nosso* ponto de vista, a seguir a *nossa* liderança e a valorizar as *nossas* habilidades.

A maioria das decisões que tomamos é determinada mais pelo nosso coração do que pelo nosso cérebro. A inteligência é maravilhosa e desempenha um papel essencial nas decisões que fazemos, mas, quando se trata de decisões que nos afetam de maneira pessoal – ou, se preferir, de maneira mais subjetiva do que objetiva –, a emoção triunfa sobre o intelecto.

Nada ilustra isso melhor do que o processo de chegar a uma decisão de compra. Compradores passarão horas estudando os detalhes de um carro, uma estufa, um sistema de vídeo e até de um jatinho. Encherão as suas cabeças com o máximo de informações que conseguirem reunir e usarão aplicativos para comparar as opções, tudo em busca da melhor escolha. Mas, no fim das contas, não será apenas a mente que tomará a decisão; esta incluirá também a resposta emocional. E, com frequência, o coração se sobreporá ao cérebro. Se o cérebro estiver travado – se a abordagem intelectual não conseguir alcançar uma decisão clara –, o fator emocional sempre pesará na balança. Sempre.

Talvez o argumento mais importante que eu possa oferecer sobre o processo de venda é explicar que todos nós somos governados tanto pelo nosso cérebro quanto pelo nosso coração – e nem sempre na mesma medida. Somos guiados pelo intelecto e pelas emoções, e esquecer ou eliminar o impacto dessas emoções – o que o nosso coração nos diz que queremos – nos cega não apenas para o segredo de uma venda bem-sucedida, como também para a nossa habilidade de tirar o máximo proveito possível de nossa vida.

Quero dizer que até os tubarões têm centros emocionais. Inclusive aqueles da televisão.

SETE

DENTRO DO TANQUE DOS TUBARÕES

O NEGOCIANDO COM TUBARÕES já ganhou mais do que a sua cota de prêmios, entre os quais dois Emmys, dois Critics' Choice Awards, um Television Critics Association Award e um monte de indicações de todos os principais premiadores da indústria. Há muitas razões para o seu sucesso, desde que estreou em agosto de 2009, e uma delas é a enorme quantidade de energia investida nos bastidores de cada episódio. Espectadores têm pouca ou nenhuma ideia do esforço envolvido, e é assim que deveria ser – a marca dos legítimos profissionais é a sua habilidade de disfarçar todo o trabalho duro e o estresse necessários para lhes oferecer um produto de qualidade. A mágica do programa surge não de nós, Tubarões, e dos negócios que conseguimos regatear. Ela é modelada pelos produtores, diretores, analistas e outros profissionais dos bastidores que selecionam os candidatos e os apresentam de modo a obter o máximo impacto sobre nós e o público.

Comecemos com alguns números. A cada temporada, entre 40 e 50 mil pessoas se candidatam para um teste no *Negociando com Tubarões* ou são convidadas a fazer uma inscrição com dados sobre o seu negócio, para que seja avaliado. Muitas candidaturas são rejeitadas imediatamente devido à sua natureza. Outras avançam para um processo de seleção de várias fases antes do convite para serem apresentadas pessoalmente aos produtores. Enquanto isso, os analistas do *Negociando com Tubarões* vasculham a mídia e as feiras de negócios em busca de empresas com produtos ou serviços incomuns e uma necessidade aparente de investimento. Desses milhares de candidatos e seus sonhos de negócios que se inscrevem ou são selecionados para avaliação, cerca de 225 são convidados para apresentar a sua proposta de negócio. Desses, cerca de 150 são garimpados para ir ao ar a cada temporada.

Por que os outros não aparecem na tela da sua TV? Para dizer honestamente, porque eles são chatos. Podem ser pessoas maravilhosas, bondosas e até pode ser que conseguissem fechar um negócio conosco, mas, se na opinião dos produtores, não forem capazes de despertar o seu interesse, eles não chegarão à sua casa pela tela da sua televisão. Pode-se consertar muitas coisas na televisão e nos filmes, mas não dá para consertar o que é chato. Se você é gordo, magro, careca, enrugado ou tiver qualquer outro traço físico que não faça bonito com o público, dá para consertar. Mas se você for chato, não há o que fazer, e Hollywood seguirá em frente sem você.

Não estou querendo dizer que aqueles que desejam aparecer no *Negociando com Tubarões* aparecem lá vestindo fantasias esquisitas ou minúsculas, ou usam um chapéu engraçado e fazem uma dancinha boba. Não é disso que eles precisam. Eles precisam contar uma história interessante de modo empolgante. A indústria do entretenimento chama isso de dar valor ao espectador, e essa é uma boa expressão. No *Negociando com Tubarões*, nós investimos dinheiro nos sonhos dos candidatos. Os espectadores investem uma hora de suas vidas para assistir ao programa, e merecem algo de valor em troca. Onde quer que seja, a chatice tem pouco ou nenhum valor.

Os produtores do *Negociando com Tubarões* procuram indivíduos que eles sabem que se sairão muito bem na TV, e o mais importante dessa busca é, de longe, as pessoas e as suas situações. Todo tipo de entretenimento é baseado nesses dois elementos, seja um *reality show* ou não.

O aspecto de negócios é secundário. Você não ganha dois Emmys e vários outros prêmios graças a um ótimo programa de negócios na televisão. Você ganha esses prêmios porque o seu programa, cujo tema é negócios, entretém o público.

É isso que falta a outros programas que tentaram pegar carona no sucesso do *Negociando com Tubarões*. As pessoas por trás dessas produções dizem "Ei, vamos fazer um programa de negócios que atrairá milhões de espectadores, como o *Shark Tank*". Esse é o seu primeiro erro. O *Negociando com Tubarões* não é um programa de negócios; é um *reality show* de drama, que lida com interações de alto risco entre pessoas, cujo tema, por um acaso, são negócios.

Situações dramáticas são um prato cheio para a boa televisão, e a boa televisão, quando acontece, não é nada menos do que mágica. É como o bom negócio. Ambos têm um elemento de magia, e os nossos produtores criam magia e mais magia a cada semana que vamos ao ar. O que você não consegue fazer quando cria uma mágica ou um bom negócio é escrever uma fórmula certeira e distribuir por aí para que outras pessoas reproduzam a mágica. Não é assim que acontece. A única maneira de explicar como os produtores do *Negociando com Tubarões* alcançam a mágica é dizer que eles sabem quando estão diante dela. Esse é o talento deles – o talento que usam para encontrar a magia –, e eles sempre começam com pessoas e personalidades.

Os *reality shows* são impulsionados por suas personagens, não por ideias ou por situações. Você pode construir um programa em torno de uma personagem fascinante, mas boa sorte para quem quiser construir sucesso em torno de um produto ou um negócio. Nada prova isso melhor do que o sucesso das Kardashians. O programa gira em torno delas e do que elas são – estranhas, egocêntricas e cheias de opiniões, além de outras características, poucas delas lisonjeiras. Você não precisa gostar das Kardashians para seguir as suas aventuras. Você só precisa ser fascinado o bastante por elas.

Nós queremos ser fascinados pelas pessoas que aparecem no *Negociando com Tubarões* em busca de investimento. Qualquer um que chegue ao estúdio transbordando alto-astral, segurança e determinação muda o clima da sala imediatamente. Ficamos empolgados, começamos a fazer perguntas, damos e recebemos feedback e, em algum ponto do caminho, nos interessamos pelo lado de negócios de sua história. É isso que atrai os espectadores toda semana. Eles nos conhecem e conhecem a forma como respondemos a diferentes situações. São as personalidades únicas e surpreendentes dos candidatos e a química que surge entre nós e eles que fazem do nosso um bom programa de televisão.

Parece simples? Não é, e as estatísticas provam isso.

Todos os anos, as emissoras de TV dão "sinal verde" a centenas de programas, ou seja, são aprovados para que sejam desenvolvidos. Desses, cerca de 15 chegam a ser produzidos – roteiros são escritos, personagens ou participantes são escalados, estúdios são reservados e decorados, e um episódio fica de fato pronto para ser visto. Os espectadores nunca chegam a ver a maioria desses programas produzidos, pois apenas três vão ao ar e poucos desses sobrevivem à sua primeira temporada.

A MÁGICA POR trás do sucesso do programa começa na seleção de candidatos e se baseia em muitas outras coisas além da atração exercida pelos próprios candidatos. Uma vez que eles aparecem e o episódio é gravado, o segundo passo mais importante da mágica é a edição. Os espectadores em casa assistem à proposta de venda do candidato, do começo ao fim, em cerca de sete ou oito minutos. Tudo se passa depressa – os candidatos usam a sua lábia, os Tubarões pressionam para obter detalhes e ou fazem uma oferta ou dispensam a proposta, e tudo acaba ou com um aperto de mão ou com uma caminhada lenta para fora do estúdio.

Isso é o que o público vê, mas não é só isso que acontece. Em geral, o encontro com cada candidato dura uma hora inteira –

sessenta minutos de papo, picuinha, bajulação e decisão. Mesmo o encontro mais curto durou 35 minutos. O mais longo levou duas horas e meia – mais longo do que um filme hollywoodiano. Ser capaz de reduzir essas minimaratonas à extensão de uma pausa para o café sem prejudicar a história contada é outra medida da magia que contribui para a popularidade do programa.

Por fim, tem um lado do elemento mágico do programa que diz algo sobre a grandiosidade dos Estados Unidos. Quando se deixa de lado as câmeras, a propaganda e o glamour dos Emmy's, o programa na verdade é sobre nós – o que quer dizer eu ou qualquer outro norte-americano que cultive um sonho. Alguns de nós realizamos esse sonho, ou parte do sonho suficiente para satisfazer a nossa ambição. Outros estão trabalhando nos seus sonhos, e sabem que, apesar de todos os obstáculos para aparecer no programa, sem contar a dificuldade de sair com o investimento desejado, eles fazem um esforço e mantêm os seus sonhos vivos.

O impacto que isso tem em mim e nos outros Tubarões é enorme. Talvez fiquemos lá sentados, pesando os prós e contras das propostas que ouvimos e decidindo se vamos embora sem dar um centavo, se assim quisermos. Todos nós gostamos do nosso sucesso, tanto a satisfação emocional que ele nos dá quanto os benefícios materiais que ganhamos. Não temos de nos levantar toda manhã preocupados se teremos dinheiro para pagar o aluguel naquele dia, e não temos de sonhar sobre como seria dirigir uma Ferrari ou vestir um casaco de zibelina porque temos um (ou mais) na nossa garagem ou no nosso closet. Então talvez você imagine que uma grande parte de nós queira que tudo continue igual e imutável. Não precisamos manter a curva de vendas subindo como um taco de hóquei, certo?

Errado. Precisamos, sim. Um dos princípios mais populares a ser seguido por profissionais de negócios independentes é aceitar que não há constância, não há um ponto em que você diga: "Acho que agora posso parar um pouco e pegar leve por um tempo". Bem, você não pode. Nos negócios, ou você cresce depressa ou morre lentamente.

As pessoas que passam pela seleção e aparecem diante de nós com uma proposta, despindo as suas almas (ou, ao menos, os seus sonhos), não estão interessadas em pegar leve. Nós já fomos como *elas*, e elas querem ser como *nós*, e testemunhar a sua vontade de alcançar o sucesso é uma motivação para mim e para os outros Tubarões.

Nem todas elas se sairão bem, claro. A vida não funciona assim. Mas o programa demonstra que, neste país, você pode ser alguém sem ser um atleta ou uma estrela de cinema. Ninguém no mundo tem a oportunidade de almejar o sucesso apesar de obstáculos esmagadores como os norte-americanos. A crença de que você pode fazer o que quiser da sua vida é tão classicamente americana, que define o país.

A minha participação no *Negociando com Tubarões* abriu os meus olhos para outro lado da história que tem tudo a ver com segundas chances e transformações. Nenhum povo do mundo adora voltas por cima tanto quanto os norte-americanos, e não precisam ser relacionadas a esportes. Um número enorme de negócios, e de pessoas que os criaram, apareceu no *Negociando com Tubarões* após ter quase se dado bem e perdido a chance, em geral graças à falta de sorte. Elas estão por baixo, mas não por fora, e, se conseguimos encontrar essas pessoas, reconhecer os seus potenciais e ver uma chance de ajudá-las, em geral tendemos a abraçar a oportunidade.

Todos nós do programa temos as nossas histórias favoritas para ilustrar essa abordagem. A minha envolve uma grande equipe de marido e mulher, a Hanna e o Mark Lim. Pais de filhos pequenos, eles haviam desenvolvido um copo para crianças que tinha um design muito superior aos já existentes. O Lollacup deles tornava muito mais fácil para uma criança beber líquidos sem espirrar e muito mais fácil para os pais limparem todas as peças. A Hanna e o Mark deram um passo adiante ao insistir que os seus produtos fossem fabricados nos Estados Unidos ou na Alemanha, para garantir que não conteriam materiais nocivos para crianças.

A empresa deles começou a crescer de modo progressivo, até que a Hanna caiu seriamente doente. Levou um ano para que ela se recuperasse e retomasse a construção da empresa, mas as vendas e a produção haviam despencado nesse contratempo – tanto, que algumas pessoas teriam desistido e procurado emprego em outro lugar. O Mark Cuban e eu reconhecemos o design brilhante e a execução excelente do produto deles, assim como a determinação da Hanna e do Mark. Foi isso que os vendeu para a gente. Com os fundos que investimos na empresa deles, os Lims foram da montagem dos seus produtos na garagem, em meio período, a uma linha de montagem completa em um galpão moderno. Eles também aumentaram a sua rede de distribuidores, partindo de cinquenta lojas que somavam 40 mil dólares em vendas à distribuição em nível nacional, alcançando milhões de dólares em vendas.

A maioria das pessoas acredita que nós, Tubarões, passamos todas aquelas horas ouvindo propostas e tomando decisões estritamente pelo lucro que esperamos obter. Eu seria um bobo se dissesse que isso não é verdade. Mas eu também estaria errado se dissesse que essa é a única coisa que nos motiva.

História como a dos Lims reforça a nossa crença na oportunidade de sucesso que distingue os Estados Unidos do restante do mundo. Lembra os espectadores do quanto temos sorte de estarmos aqui, e talvez inspire mais um punhado de gente a tirar proveito de sua boa sorte.

Isso soa patriótico demais, eu sei. Mas eu precisava expor o meu ponto de vista.

Houve momentos, porém, em que o programa revelou outro aspecto da vida americana, aquele do livre direito de expressão entre duas pessoas que discordam.

Ou, nesse caso, entre Tubarões.

OITO

·················
MORDIDAS DE TUBARÃO

Eu sou o primeiro a dar crédito aos produtores, diretores, editores e outros membros da equipe pelo êxito notável do *Negociando com Tubarões* ao longo dos anos. Com os Emmy's e os outros prêmios ganhos pelo programa, é fácil imaginar que tenha sido um sucesso imediato. Nada na vida é garantido, muito menos um programa de TV, e o *Negociando com Tubarões* lutou para sobreviver na primeira e na segunda temporadas, até entendermos o que dava certo e o que era preciso para fazer o programa funcionar melhor.

Eu já mencionei anteriormente a importância crítica de encontrar candidatos cuja personalidade e trajetória sejam intrigantes, inspiradoras ou originais – qualquer coisa, menos chata. Coloque diante de nós uma personagem capaz de capturar a nossa atenção e de paralisar os olhos dos espectadores na tela da TV, e você ganha um programa vencedor.

Obviamente, essa é apenas metade da história. A outra metade consiste em selecionar o tipo de Tubarão disposto a ouvir os casos e decidir se deve morder ou sair nadando. Para o sucesso do programa, uma das qualidades mais importantes – e algumas pessoas podem defender que se trata da única qualidade importante – é o nosso foco no retorno potencial do investimento que fazemos. Em outras palavras, para citar o Kevin O'Leary, que talvez seja o mais assustador de todos os Tubarões: "Queremos fazer DINHEIRO!!!"

Essa é a marca do Kevin. O resto de nós compartilha de ambições semelhantes. Só temos uma abordagem diferente. E são essas diferenças – as nossas marcas contrastantes, por assim dizer – que fazem o programa funcionar também.

Isso também não é de todo verdadeiro, como já expliquei no capítulo anterior. A nossa resposta emocional aos candidatos podem dar um toque a mais na decisão de abraçar ou não a ideia. A emoção pode influenciar a decisão, mas não pode ser o único fator levado em conta ao fechar ou não um negócio. Às vezes, eu suspeito que não desempenhe nenhum papel nas decisões do Kevin, mas estou pronto para que ele prove que estou errado.

TODA PRODUÇÃO DO *show business* – e eu repito que o *Negociando com Tubarões* é tanto *show* quanto *business* – precisa de um elenco recorrente de personagens, e a química entre eles conta para a atratividade do programa como um todo. Quatro dos Tubarões – a Barbara, o Daymond, o Kevin e eu – fazem parte do programa desde o começo. Levou um tempo para trazer o Mark Cuban para o time. Sua postura abertamente agressiva, junto com os pedidos de *"Mostre-me o dinheiro!"* do Kevin serviram de equilíbrio às personalidades "boazinhas" da Barbara (ou Lori), do Daymond e minha. Tem tudo a ver com química. Com cinco Marks ou Kevins, o programa ficaria brutal, e com cinco conferencistas "bonzinhos" como a Barbara/Lori, o Daymond e eu, correria o risco de ficar (*calafrios*) chato.

A verdade é que nenhum de nós, Tubarões, é sempre "legal" com os outros. Há horas em que nós sinceramente não gostamos uns dos outros, e não disfarçamos. É isso que faz do programa um verdadeiro *reality show*. Cada comentário cáustico que você ouve e cada virada de olhos que vê no programa é impulsivo e real. Ninguém nos diz o que fazer, ou como agir, ou como falar.

Tudo é à flor da pele, inclusive as nossas emoções. A única coisa à qual atentamos conscientemente é a marca pessoal que cada um de nós estabeleceu ao longo dos anos.

Temos marcas únicas – ao menos no *Negociando com Tubarões* –, e elas ajudam muito a construir a lealdade do espectador de que desfrutamos. O conceito de pessoas com marcas, como se fossem produtos embalados, é nova para alguns e ofensiva para muitos. "Não sou uma lata de refrigerante", alguns diriam, e estariam certos. Ninguém, inclusive eu, gosta de ser embalado e apresentado como um produto exibido em uma prateleira, embora algumas estrelas de Hollywood possam admitir que os estúdios e os seus assessores de relações públicas se aproximem dessa abordagem. Desenvolver uma marca pessoal deveria focar em aspectos singulares que indivíduos moldam para o seu benefício.

Compare, por exemplo, o Mark Cuban com o Kevin O'Leary. Ambos são agressivos, inflexíveis e dão medo em muita gente. Mas são pessoas diferentes no que diz respeito à maneira de fazer negócios. O Kevin passa mais tempo construindo a sua marca pessoal do que qualquer um que eu conheça, e é baseada em ganância e intimidação. Além de se vender como "Sr. Maravilhoso", o seu suposto foco total é em elevar todos os dias a sua posição de caixa, mais e mais. Uma vez, ele declarou que considera cada dólar como um soldado seu, e toda manhã ele envia os seus milhões de "soldados" mundo afora para capturar prisioneiros – notas de dólar – e trazê-los para casa até o entardecer.

O Mark ama a riqueza tanto quanto o Kevin, mas a sua visão não é baseada na construção imediata de sua posição de caixa. Ele e eu temos interesse em construir empresas viáveis, as quais crescerão e prosperarão no futuro, oferecendo emprego e segurança para centenas de funcionários e, ao fim, um lucro substancial para nós, investidores. Se você pensar nessa diferença entre nós quando assiste a um episódio do *Negociando com Tubarões*, ela explicará como o Mark, o Kevin e eu avaliamos os negócios que nos são oferecidos pelos candidatos. Temos objetivos diferentes, modos diferentes de lidar com pessoas e posturas diferentes com relação aos negócios de modo geral. As diferenças definem as nossas marcas pessoais.

O Daymond John é tão consciente de sua marca quanto o restante de nós, mas o seu foco é mais no negócio dele do que em sua marca pessoal. O homem anda, fala e vende, sem parar, a FUBU, sua grife de roupas de estilo cosmopolita. Um bom trabalho de marca, diz o Daymond, funciona para pessoas também. O segredo do sucesso da marca pessoal, segundo ele, é ser capaz de se descrever em seis palavras ou menos. Quando perguntei qual ele achava que seria a minha marca, ele sugeriu *Provedor de segurança na internet que se diverte muito.*

É, eu consigo viver com isso.

MARCAS À PARTE, o fator emocional ao qual me referi no capítulo anterior desempenha um papel no *Negociando com Tubarões* tanto quanto nas vendas do dia a dia. E, de novo, os sentimentos sempre estão à flor da pele.

Às vezes, as emoções que compartilhamos são sombrias e desdenhosas. Às vezes, reluzentes e elogiosas. Depende do que está sendo vendido, do quão bem o vendedor está indo e de como os Tubarões estão se sentindo uns em relação aos outros naquela hora. Uma coisa que com frequência nos irrita é quando a pessoa que está tentando fechar um negócio conosco não consegue fornecer números de vendas e de lucro do negócio que está nos propondo. Como alguém pode pedir o nosso dinheiro sem nem saber quanto dinheiro está ganhando com seja lá o que for que estiver nos vendendo? Ainda assim, podemos fazer vista grossa e até oferecer palavras motivadoras, quando não pilhas de dinheiro.

Também podemos, porém, massacrar alguém que fracassa tanto quanto na informação de dados de que precisamos. Nós afagamos um e condenamos o outro. Por quê? Por duas razões. A primeira pode ser o potencial óbvio da ideia que está sendo vendida para nós. Podemos enxergar, com foco distante, mas nítido, as futuras possibilidades do negócio e, após cumprir todo o processo, estamos preparados para trabalhar com elas. A outra é – ou pode ser – uma conexão emocional estabelecida entre nós nos primeiros momentos da abordagem de venda. Não significa que vamos entregar o nosso dinheiro mais fácil e generosamente. Mas pode afetar a nossa postura com relação tanto ao candidato quanto ao negócio.

Por mais frios e sem coração que nós, Tubarões, possamos ser ao tomar decisões de investimento, podemos responder – e respondemos – a uma conexão emocional positiva entre nós e seja quem for que estiver atrás do nosso dinheiro para patrocinar a sua empresa. Estabeleça essa conexão, e nós, Tubarões, ficaremos do seu lado, dando-lhe uma chance de finalizar a sua venda e tratando você com mais delicadeza, talvez, do que achamos que você mereça. Perca esse laço, e começaremos a apontar para a porta da rua.

O aspecto emocional do *Negociando com Tubarões* representa uma atração-chave do programa. E é tudo sincero, aliás. Nenhum de nós é ator. Estamos no programa porque somos, em primeiro lugar, pessoas de negócios. Essa é a nossa ocupação e a nossa identidade. Também somos competitivos e, quando necessário, teimosos e sinceros.

Essa é a verdadeira premissa do programa: cinco pessoas de negócios bem-sucedidas, cada qual com uma trajetória e um foco diferente, buscando maneiras de fazer dinheiro competindo umas com as outras. E, sim, estamos falando aqui de dinheiro de verdade – o *nosso* dinheiro de verdade. Quando um negócio é fechado e todo o procedimento necessário é finalizado, nós entregamos o dinheiro tal qual prometido. Nenhum de nós, caso isso precise ser dito, acumulou fortuna jogando dinheiro fora por aí. Nós valorizamos cada dólar que temos, e tomamos cuidado antes de dá-lo a alguém que acabamos de conhecer no estúdio. Os candidatos estão ali nos oferecendo a oportunidade de fazer dinheiro a partir de uma proposta séria de negócio. Eles não estão ali para nos convencer que são pessoas legais que precisam de uma mãozinha.

É assim que deveria funcionar. Quando isso não acontece... Bem, as coisas podem sair dos trilhos e levar ao famoso rompimento que ocorreu entre mim e a Lori Grenier. Eu disse à Lori que as atitudes dela estavam me "deixando puto", palavras zangadas foram trocadas entre todos nós, e o Mark Cuban e o Kevin O'Leary saíram do estúdio atrás de mim, deixando para trás um rastro de fumaça, e nada disso foi ensaiado. Foi tudo muito real, resultado de uma irritação e de um conflito sérios.

Como aconteceu?

Lembrem-se de que leva uma hora, em média, para completar uma apresentação de proposta no *Negociando com Tubarões*, e pode chegar a durar duas horas e meia. Isso é muito tempo para se ficar sentado no mesmo lugar, mesmo que seja na expectativa de vir a lucrar em algum momento. Mas é isso que fazemos. Só para exigir ainda mais do nosso autocontrole, nós gravamos a temporada inteira em cerca de 17 dias, nunca passando mais de três dias seguidos no estúdio. Desses 17 dias gravados, os produtores querem montar 34 episódios para compor uma temporada inteira. É necessário comprimir a produção de uma temporada inteira em um tempo tão curto porque todos nós administramos empresas, fazendo negócios de centenas de milhões de dólares, e o tempo que podemos passar longe delas é curto.

Três dias não são o máximo de tempo que conseguimos ficar longe das nossas empresas; é o máximo de dias em que podemos desempenhar o nosso trabalho de Tubarões e continuar "funcionando". Além de continuar amáveis e educados uns com os outros.

Eu chamo de nosso prazo de validade: depois de três dias, estragamos. Ou ficamos mofados. Ou azedos... Especialmente azedos.

São longas 24 horas. Chegamos ao estúdio entre seis e sete da manhã e ficamos trancados, basicamente, até seis da tarde ou sete da noite. Os produtores da ABC-TV nos tratam bem, mas todos temos personalidades fortes, e passar tanto tempo em um só lugar pode nos deixar nervosos. Especialmente no terceiro dia.

Eu mapeei as mudanças que se operam em nós ao longo dos três dias de sessões. O primeiro dia geralmente é bom. Nós nos reencontramos e nos atualizamos entre ensaios, fofocas, notícias sobre as nossas empresas e bate-papos com a equipe de gravação no estúdio. Enquanto fazemos isso, também tentamos tirar da cabeça seja o que for que estiver acontecendo em nossos negócios ou vidas pessoais. Quando as luzes e as câmeras são ligadas, precisamos prestar atenção exclusiva ao que se passa no estúdio. Boas pessoas de negócios sabem se adaptar a qualquer situação em que estiverem, e tentamos fazer isso, mas precisamos nos esforçar.

Nenhum de nós, como eu disse, é ator. Ainda assim, todos temos de pensar naquelas marcas pessoais e lidar com as nossas próprias personalidades. As coisas que fazemos e dizemos no primeiro dia ficam um pouco mais gravadas na memória do que as de depois. Ou talvez só estejamos exagerando um pouco nos maneirismos. Nas primeiras horas do dia, o Kevin rosna um pouco mais, o Mark é mais intrometido, a Lori aguça a sua desenvoltura televisiva, a Barbara interpreta o seu papel de mãe rígida do ninho com maior realce, e o Daymond parece se erguer ainda mais acima de tudo e todos. Eu tendo a sorrir com mais facilidade, achando tudo mais divertido e revigorante. Mais tarde no primeiro dia, começamos a baixar a bola e a entrarmos no ritmo normal.

O segundo dia é, inevitavelmente, o melhor. Já nos acostumamos com aquelas 12 horas de sessões no estúdio, e nada mais interfere na nossa avaliação das propostas apresentadas (e das pessoas que as apresentam).

Já o terceiro dia pode começar bem, mas, conforme passam as horas, torna-se difícil manter a mente desligada do que esperamos ou tememos estar acontecendo lá fora, na nossa empresa. Também fica mais difícil superar pequenas irritações para as quais era fácil nem ligar no primeiro ou segundo dia, quando poderiam ter ganhado até um sorriso ou uma piada trocada entre nós e acabado em risada. Agora elas começam a nos desgastar.

Em todo esse contexto, nós nos vemos como um tipo de família. Uma família às vezes disfuncional, mas ainda assim uma família. Como muitas famílias, as emoções de cada integrante ficam à flor da pele, e as coisas podem pegar fogo de forma inesperada e com uma fúria que seria chocante para quem está de fora. Podemos estar com frio ou fome, sentindo-nos frustrados e preocupados com crises pessoais e profissionais distantes dali. Se algum de nós estiver nesses estados, ficaremos mais dispostos, coletivamente, a explodir em lampejos de sarcasmo ou ataques de ira.

Como os produtores reagem a esses rompantes de raiva e frustração? Eles os adoram. Têm até um nome para eles: *mordidas de tubarão*.

O que me traz de volta a mim e à Lori.

Você se lembra do meu comentário anterior sobre como o *Negociando com Tubarões* é um lugar para fechar negócios, não para fazer doações? Não sou contra ajudar quem precisa. Nem ninguém no programa é contra. Todos nós ajudamos algumas instituições que escolhemos. O que doamos, quanto doamos e a quem doamos é problema nosso, e nada disso tem a ver com investimento em negócios. Nenhum negócio. Todos nós aceitamos essa premissa. Pelo menos tínhamos aceitado até a Lori e depois o Daymond quebrarem o hábito.

Um jovem inteligente e bastante simpático chamado Christopher Gray, que havia desenvolvido um aplicativo para localizar bolsas universitárias para estudantes qualificados, estava nos apresentando a sua proposta. Ele explicou que cerca de 100 milhões de dólares em bolsas de estudos acabam sem candidatos todos os anos porque os estudantes nem sabem da sua existência.

O aplicativo do Gray, que ele nomeou Scholly, atendia a essa necessidade. O Scholly mapeava todas as bolsas disponíveis para estudantes em todo o território dos Estados Unidos. Bastaria aos usuários inserir as suas informações pessoais, e o programa os alertaria a respeito de bolsas para as quais eles pareciam ser qualificados. O Gray, filho de uma mãe solteira, dizia ter ganhado 1,3 milhão de dólares em bolsas para ele e o Scholly, que custava 99 centavos e já tinha faturado 90 mil em vendas. Ele estava pedindo um investimento de 40 mil dólares em troca de 15% da empresa dele.

Fiquei impressionado. O Mark e o Kevin também ficaram. Mas nós três tínhamos perguntas. Queríamos saber como ele faria a empresa crescer com o tempo e como ele planejava atualizar a base de dados de dezenas de milhares de bolsas a cada ano. Essas eram preocupações legítimas, mas mal tivemos tempo de colocar alguns questionamentos antes de a Lori falar bruscamente: "Eu não sei como vamos monetizar isso, mas quero apertar a sua mão e dizer 'fechado'".

Quando questionei o gesto prematuro da Lori sem entender completamente o funcionamento e as perspectivas da empresa, tudo que ela conseguiu dizer foi que acreditava no Gray e no modelo de negócio dele.

"Como você pode acreditar", eu perguntei, "se você nem perguntou nada sobre o negócio?"

Foi aí que o Daymond ofereceu dividir o investimento de 40 mil dólares com a Lori, e o negócio foi fechado. O Gray saiu do estúdio com um sorrisão no rosto, após conseguir tudo que pediu sem ter de responder a nenhuma pergunta séria.

Fiquei aborrecido com a atitude da Lori e do Daymond, e não tinha nada a ver com eles fazerem uma oferta antes de eu ter a chance de fazer. A minha discordância foi com a decisão deles de firmar um compromisso sem ter uma mínima noção de fatores importantes. A Lori me explicou que ela queria ajudar os Estados Unidos a tornar o mundo um lugar melhor. Isso não tinha nada a ver com a qualidade do investimento. Pelos comentários dela, interpretei que ela e o Daymond haviam feito uma doação para o Gray. "Você sabe que", eu disse, sentindo a irritação subir à cabeça, "quando a minha família era pobre, eu odiava quando as pessoas pegavam leve com a gente porque sentiam pena". E acrescentei que o meu pai, um homem orgulhoso, havia recusado todas as ofertas de caridade feitas a ele. "Este é o *Negociando com Tubarões*", eu lembrei a ela, "não *caridade* de tubarões".

O Kevin e o Mark haviam ficado em silêncio até esse momento, mas o Kevin observou que não tinha conseguido fazer uma oferta porque a Lori "forçou 40 mil dólares goela abaixo no Gray, como quem engorda um ganso para fazer *foie gras*". O Mark partilhou da mesma opinião e, quando a Lori deu outra desculpa por ter agido com tanta pressa, perdi a noção. "Você está me deixando puto", eu disse. Ao levantar para sair do estúdio, expliquei que eu não faria mais comentários porque, quando era criança, havia sido ensinado a não dizer nada a uma pessoa se não conseguisse dizer algo bom sobre ela. O Mark e o Kevin me seguiram.

Isso abalou muitos espectadores. Alguns ficaram chocados, mas outros, eu suspeito, adoraram, porque foi algo real e inesperado. *Real* – eles sentiram a nossa discordância e frustração sérias com a maneira com que a Lori e o Daymond lidaram com a situação. Sabiam que emoções profundas haviam aflorado e que estávamos sendo total e até brutalmente sinceros uns com os outros.

Nada disso teve um impacto de longo prazo no nosso relacionamento. Como apontei antes, nós somos mesmo como uma família cujos membros se sentem à vontade para se expressar, sem reprimir nada.

E o que houve com o Christopher Gray e o seu programa Scholly? Após sair do estúdio, o Gray confirmou as preocupações que o Kevin, o Mark e eu queríamos expressar para a Lori e o Daymond. "Estou muito feliz por ter encontrado dois Tubarões", ele disse, "que estão mais preocupados com o que o Scholly fará para o público do que com o resultado financeiro". Em outras palavras, a qualidade do investimento que ele queria de nós não era importante; apenas o impacto que ele esperava obter entre os estudantes universitários desfavorecidos importava. Isso é aceitável para uma instituição de caridade, mas não tinha nada a ver com boas práticas de investimento, e tudo a ver com uma doação.

Faço investimentos e doações para instituições de caridade todos os anos. Nos dois casos, observo as coisas que se espera que o meu dinheiro faça, e como ele beneficiará todos os envolvidos. Mas mantenho os investimentos e as doações separados, assim como as minhas expectativas para cada um deles. Eu sugiro que todos façam o mesmo, seja ou não um Tubarão.

Aliás, eu soube que o Scholly está indo bem, e imagino que o investimento da Lori e do Daymond esteja dando retorno.

Ótimo para eles.

Mas a minha postura permanece a mesma: investimentos são uma coisa, caridade é outra, e fazer um com base no outro é bobagem.

NOVE

O MUNDO NÃO DEVE NADA A VOCÊ – EXCETO OPORTUNIDADE

Eu não tive acesso a muitas coisas na minha infância e na minha adolescência. Não tive roupas bonitas ou brinquedos da moda, não fui a concertos ou a jogos, nem fui para acampamentos ou fiz viagens em família. A maioria das coisas de que as outras crianças se gabavam por poder desfrutar eram inalcançáveis para mim.

Não ter acesso a essas coisas me incomodava? Claro que sim. E os meus pais também me incomodavam. Para ser sincero, eles me envergonhavam, o que odeio admitir. A minha mãe e o meu pai eram esquisitos quando comparados às outras pessoas. Não usavam roupas descoladas, falavam com sotaques engraçados, e eu odiava isso. Talvez você precise ser filho de imigrantes querendo se "misturar" com os amigos para entender como eu me sentia.

Um dia, eu estava voltando da escola para casa com um amigo quando notei um homem de aparência estranha olhando para nós. Ele estava com a barba por fazer e vestindo roupas velhas, com um cigarro pendurado na boca. Quando passamos, ele me disse oi. "Aquele é o seu pai?", o meu amigo perguntou, e eu disse que não, que era um velho da vizinhança. Tive vergonha da aparência do meu pai, mas tive ainda mais vergonha de negar que ele era o meu pai. O meu pai podia não ter a aparência que eu queria que ele tivesse, mas ele era um homem trabalhador e honesto, que havia se sacrificado muito para dar à minha mãe e a mim uma vida melhor do que tínhamos na Iugoslávia. Ele não merecia que eu o rejeitasse daquela forma.

Anos depois, quando o meu filho estava na faculdade, descobri que ele estava negando aos amigos que eu era o pai dele, assim como eu fizera com o meu pai. A razão do meu filho era diferente da minha. Menti porque o meu pai me envergonhava; ele só queria que os amigos gostassem dele pelo que ele era, e não por causa do pai dele, que com frequência aparecia na televisão e em revistas. Você pode dizer que ele estava fazendo isso por uma boa razão, mas a ironia da situação foi uma alfinetada, de toda forma.

Também me dei conta de que ambas as situações demonstravam um fato que todos precisamos reconhecer e seguir: *ninguém deve nada a você na vida*.

Quando era estudante, eu acreditava que era uma obrigação do meu pai para comigo ser um pai bem-vestido, falante de inglês, de classe média, como os pais dos meus amigos. Ele não tinha essa obrigação, claro. Ele me deu a chance de traçar metas na minha vida e desfrutar da liberdade de alcançá-las. Isso é tudo que eu tinha o direito de esperar dele.

O meu filho entendeu isso desde cedo. Ele não queria ser popular entre os amigos porque o pai dele era um homem de negócios conhecido, que aparecia regularmente em um programa de televisão. Ele queria ser aceito pelo que ele era e pelas coisas que conquistara sozinho. Ninguém, nem eu, devia a ele popularidade e sucesso, e ele se recusou a tirar qualquer vantagem que fosse do fato de ter o meu nome. Entendo e o respeito muito por essa decisão.

A IDEIA DE que depende de você e de mais ninguém fazer o que quer que seja da sua vida está longe de ser nova. Se os seus avós enfrentaram a guerra, a depressão econômica e as insurreições políticas do século passado, eles não precisam ser lembrados da sabedoria desse conselho. Eles provavelmente o vivem todos os dias, e a vida deles foi moldada por essa experiência.

Toda vez que fico sabendo de um jovem nascido em uma família rica e famosa que se envolve em problema sério atrás de problema sério, ouço muitas pessoas falando com irritação "Por que ele não toma jeito?".

A minha reação é um pouco diferente. Penso: "É pena que ninguém tenha dito a ele/ela que o mundo não lhe deve nada".

Se existe uma conta-corrente da vida, o saldo está zerado quando você nasce. Ninguém faz um depósito para você. Nada está rendendo juros na sua conta. E tudo que você deposita na conta tem de ser conquistado por você e mais ninguém. Não estou me referindo a dinheiro e outras coisas materiais. Estou falando de aspectos da vida que determinam a sua felicidade e autossatisfação. Você não ganha isso, nem herda. Você trabalha para isso.

Ninguém mais viverá a sua vida por você. Ninguém pode. Todos nós, se tivermos sorte, temos controle sobre as nossas próprias vidas. Podemos não ser sempre responsáveis pelo que acontece conosco, mas somos responsáveis pela reação ao que acontece e pela forma como isso nos afeta.

Outra ideia que talvez não tenha ocorrido a você é a seguinte: *ninguém tem de amar e respeitar você, e você nunca deve esperar que farão isso por iniciativa própria.* Aqueles que amam você com sinceridade reconhecem algo em você que lhes dá prazer. É aí que começam o amor e o respeito.

Reflita sobre a lição dessa ideia: quando consegue identificar essa qualidade, você pode usá-la para criar um amor mais forte e mais profundo dos outros. As pessoas não gostam de você por obrigação. Elas gostam porque há algo em você, algum elemento da sua personalidade, que *as* fazem felizes por estar perto de *você*. Elas não lhe devem o seu amor e respeito. Você precisa conquistá-los.

Em vez de acreditar que o mundo lhe deve algo, mude sua visão para a seguinte ideia:

A ÚNICA PESSOA QUE LHE DEVE ALGO É VOCÊ.

Você deve a si mesmo ser a melhor pessoa que você pode ser, alguém que atraia os outros pelas razões que mencionei anteriormente. Essas qualidades podem lhe abastecer com todas as coisas importantes que você queira da vida – felicidade, amor e respeito – no mesmo nível em que você as oferece aos outros. Mais uma vez: *ninguém lhe dá essas coisas; você as conquista*. Quando as coisas dão errado na vida, com frequência o lugar a ser olhado para encontrar a raiz do problema é um espelho.

O melhor caminho para o sucesso, na minha opinião, é ver o lado sombrio da realidade não como algo a ser superado ou temido, mas aceito e aplicado. Adoro sonhar com coisas que eu possa conquistar. Os sonhos são a base da criatividade, e não quero parar de imaginar coisas que eu possa realizar, porque isso leva à criação de novas ideias a ser exploradas e desenvolvidas. Eu só me recuso a viver a minha vida toda nos meus sonhos, e você deveria se recusar também.

Aceitar que o mundo não deve nada a você pode ser altamente motivador. Ensina que a maneira de obter algo de alguém é entrar no mundo deles – descobrir como *eles* pensam, o que *eles* acreditam ser importante o que os desejos e necessidades *deles* são. Você consegue pensar em três coisas mais valiosas para alguém que queira seguir uma carreira em vendas? Ou, aliás, para alguém em busca de um amigo ou de um parceiro? Nem eu.

O MUNDO LHE deve uma coisa: *oportunidade*. É isso. Isso é tudo.

A oportunidade existe em seu nível mais alto e mais favorável na América do Norte. Digo isso sabendo que muitas pessoas se sentem presas atrás de barreiras que tornam difícil a realização dos seus sonhos. Essas barreiras são conhecidas. Entre elas, estão raça, educação, nível econômico e gênero, e elas ainda existem nos Estados Unidos, mas não são completamente intransponíveis. O Daymond John, um afro-americano criado por uma mãe solteira no Queens, e a Barbara Corcoran, uma mulher branca que servia mesas em uma lanchonete, são provas disso. Eles são exceções? Sim, são. Também são pessoas excepcionais que superaram as barreiras que milhões de norte-americanos acreditam que os impedem de alcançar o sucesso.

Muitos de nós enfrentam os mesmos tipos de barreiras e precisamos trabalhar mais duro ainda para chegar ao nível do qual outros já partiram do nascimento. A cor da sua pele, o seu gênero, a sua localização e dezenas de outras coisas sobre as quais você não tem controle podem atrapalhar você, mas só se você deixar. Elas justificam a verdade universal de que a vida é, basicamente, injusta. E é mesmo. O sucesso pode ser difícil de alcançar, mas não é sempre impossível, embora possa parecer assim. Uma das grandes alegrias da minha vida tem sido alcançar o impossível, enquanto outros ficam lá resmungando que não dá para fazer.

QUALQUER UM QUE tenha me conhecido criança, quando falava talvez uma dúzia de palavras em inglês ao deixar a Croácia, pode ter imaginado que a minha carreira envolveria, provavelmente, varrer chãos de fábrica, como o meu pai. Bem, eles estavam errados. Se você enfrenta o mesmo tipo de obstáculo que ameaçava bloquear as ambições do Daymond, da Barbara e as minhas, você também pode provar aos incrédulos que eles estão errados.

Para isso, você terá de aceitar alguns riscos, mas essa é a natureza da vida. Nada que valha a pena é obtido sem riscos, de atravessar a rua a iniciar uma carreira em vendas... ou abrir a sua própria empresa.

A maior parte dos riscos sérios que corremos na vida existem não porque *queremos* enfrentá-los, mas porque *precisamos* enfrentá-los. Eu não abri a minha primeira empresa para fazer dinheiro suficiente para comprar uma ou duas Ferraris. Eu comecei porque havia sido demitido do meu emprego anterior e precisava pagar contas. Assumi o risco de colocar em prática as minhas habilidades de vendedor, tornando-me um empreendedor, para escapar à certeza de ficar falido e sem-teto. A escolha foi fácil. Riscos são inevitáveis na vida. O sucesso está em correr riscos em certa medida, evitando grandes riscos que possam destruir os seus sonhos de sucesso.

Colher as recompensas por ser um vendedor bem-sucedido envolve um nível de risco similar ao de iniciar a sua própria empresa. Por exemplo, você pode esquecer a segurança de um salário garantido ou de qualquer coisa garantida, aliás, no que se refere aos seus ganhos. A maior parte do dinheiro levado para casa pelos melhores vendedores é proveniente de comissões das vendas que eles fazem, e eles concordam com isso. Aceitam a regra do mercado de trabalho (e talvez da vida em geral): *quanto maior o risco, maior o potencial de recompensa.*

Escolher uma carreira em vendas também significa correr outro tipo de risco. Muitos empregos no mundo dos negócios facilitam o disfarce de um desempenho medíocre, porque é difícil medir com precisão o quão bem cada funcionário está fazendo a sua função. Gerentes usam indicadores de performance, avaliação entre colegas e outras várias formas de medir o desempenho dos funcionários, mas quando a responsabilidade principal do empregado é carregar papéis daqui para lá e de lá para cá, como fazer essa medida? Não estou querendo dizer que essas sejam funções pouco importantes; estou apenas mostrando como o quadro é cinzento no que diz respeito a medir o quão bem algumas funções são realizadas. A maioria dos medidores de desempenho é, basicamente, um trabalho de adivinhação.

Com as vendas, é diferente. Quando se trata de avaliar o trabalho de um vendedor, tudo se resume a medir o desempenho com base em sua meta de vendas.

> Você alcançou a sua meta de vendas este mês? Ótimo, continue trabalhando assim.
>
> Você bateu a sua meta este mês? Isso é maravilhoso, aqui está um tapinha nas costas e, talvez, um bônus.
>
> Você não alcançou a sua meta este mês? Talvez seja o momento para uma conversa.

Então escolher uma carreira em vendas significa aceitar o fato de que o seu sucesso será medido em dados exatos e mensuráveis. Alcance a sua meta todo mês, e o seu emprego estará seguro. Não alcance com frequência, e dê adeus ao emprego. Esse é o risco que bons vendedores e empreendedores aceitam. E tendem a se sair bem.

Esse risco todo vale a pena? Sim, desde que você entenda a diferença entre riscos bons e riscos maus.

Correr riscos bons me ajudou a construir a minha empresa. Bons riscos são baseados em pesquisas cuidadosas, no planejamento adequado e na expectativa de uma recompensa potencial que exceda as perdas caso o plano não funcione. Corre-se maus riscos quando se é impulsivo e há uma possibilidade de desastre, o que faz desses riscos mais uma aposta do que uma decisão sensata. Correr maus riscos pode significar a morte de uma empresa. Evito esses riscos porque a morte quase sempre é fatal.

Se você tiver mais interesse em pegar leve, desempenhando um trabalho sem riscos, em vez de ambicionar um sucesso que possa lhe trazer fortuna, vender não é para você. Mas, se soar atraente a ideia de uma carreira na qual o reconhecimento e a recompensa estarem diretamente ligados à quantidade de bom trabalho que você faz, você está provavelmente no lugar certo. E, se você quiser fazer tudo isso com tempo para distrações, como um jogo de golfe ou um tempo com a família e os amigos de vez em quando, pode ficar ainda melhor.

Esse último benefício parece uma contradição? Não, é a realidade de ser um bom vendedor.

Vender é um dos poucos trabalhos disponíveis em que o número de horas que você trabalha não está sempre relacionado à quantidade de dinheiro que você ganha. Alcançar a sua meta todo mês é como pagar o aluguel – você sabe o quanto de dinheiro produziu, e lá está ele para você. Então, se quiser, pode tirar uma tarde livre e ir fazer compras ou fazer uma longa caminhada no parque. Mas, se você gosta da ideia de ser um empreendedor e ainda ter tempo para a família, os amigos e os seus hobbies, uma carreira em vendas em uma grande empresa talvez seja o único caminho de se ter as duas coisas.

Para começar, você só precisa da ambição para alcançar o sucesso e da paixão por descobrir o que você mais gosta de fazer. Muitos de nós tem a ambição. E todo mundo que sonha com um nível mais alto de sucesso na vida possui uma reserva de paixão pronta para ser canalizada. A paixão pode transformar um sonho vago e aconchegante em uma realidade gratificante. E a paixão para iniciar e manter uma carreira gratificante pode ser uma força positiva, que nos estimule a aperfeiçoar o nosso papel na vida, provendo conforto e segurança para as nossas famílias e para nós mesmos.

Mas ela é eficaz apenas quando reconhecemos aquela verdade dura e fria de várias páginas atrás – a que dita que ninguém deve esperar que o mundo lhe deve algo.

Porque não deve.

DEZ

COMO SABER O QUE VOCÊ FAZ BEM?

Eu li uma vez, em uma revista, uma entrevista com um músico no aniversário dele de 85 anos. Ele era trompetista e havia ganhado a vida tocando jazz desde a adolescência. Uma alma sensível com um senso de humor espirituoso, ele sempre foi requisitado para tocar com bandas locais de jazz e de grupos de dança.

Quando o entrevistador perguntou ao trompetista o que fazia dele um músico tão bom, o homem pareceu confuso. Ele deu de ombros, sorriu e disse: "Não é que eu tenha sido um músico tão bom. É só que eu era muito ruim em qualquer outra coisa".

Suspeito que muitas pessoas seguem as suas carreiras de maneira similar. Elas vagueiam aqui e ali, incertas do que fazer com as suas vidas, até acharem algo que pareçam fazer bem o suficiente para lhes servir de sustento. Contrariamente, há outros que se fixam logo cedo em uma carreira e fazem o que for preciso para fazê-la acontecer. Tornam-se médicos, advogados, engenheiros ou outros profissionais, focados o sucesso desde o seu primeiro dia na faculdade. Em vez de vaguear, seguem uma linha preestabelecida em seu caminho para seja lá o que quiserem ser. Kym Johnson é uma dessas pessoas. Ela começou a dançar quando tinha três anos e seguiu o caminho do sucesso como dançarina com fúria e energia, até alcançar a sua meta de se tornar dançarina profissional.

A diferença entre pessoas como a Kym e as outras é a paixão da qual falei antes. As que têm uma paixão pelo sucesso seguem o seu sonho com entusiasmo e propósito. As que não possuem uma paixão similar acabam em empregos entediantes que não as satisfazem.

Aliás, eu acho que o trompetista estava brincando. Ele sabia desde cedo que a sua paixão era a música e foi atrás disso. Ele não se tornou o mais famoso trompetista do mundo, mas essa não era a sua meta. A sua meta, imagino, era tocar o tipo de música de que ele gostava o mais frequentemente possível e ainda ser pago para isso. Nesse sentido, ele foi bem-sucedido por toda a sua vida, longa e gratificante. Ele havia satisfeito a sua paixão.

Onde está centrada a sua paixão? E onde você pode encontrar uma fórmula para o sucesso?

A primeira pergunta é você quem deve responder. Com a segunda sou eu quem vou lidar, e aqui está:

Ninguém possui uma fórmula infalível para o sucesso. Ela não existe. O melhor que posso fazer é oferecer um plano de três passos que coloca as probabilidades a seu favor.

Comece identificando algo em que você é bom/boa. Deve ser um talento ou uma habilidade que lhe seja natural e que você goste de exercer. Se gostar de fazer isso o bastante – se, em um momento de total honestidade, você puder dizer que você faria isso independentemente de ser pago ou não –, você provavelmente encontrou a sua paixão.

Depois, trabalhe até ficar bom/boa nisso. Quando estiver bom/boa, continue trabalhando até ficar excelente. E, quando tiver alcançado a excelência, nunca pare de tentar ficar ainda melhor.

Por fim, esqueça as suas fraquezas e foque em suas forças. A parte da sua paixão que é mais fácil de exercer é aquela em que você deve trabalhar mais. Se você joga golfe e as suas tacadas são espetaculares, mas não consegue embocar bem a bola, concentre-se nas tacadas. Se for um pintor e a sua representação de colinas e vales for muito melhor do que os seus retratos, trabalhe nas suas paisagens. Pode parecer contraditório ao conselho popular: "Procure o equilíbrio", pode ser que você leia em livros de autoajuda e ouça de conselheiros de carreira na TV: "Trabalhe as suas fraquezas até que você fique tão competente nelas quanto em seus pontos fortes". Mas há um problema aí...

Não importa o quanto você trabalhe nos seus pontos fracos, é improvável que eles fiquem melhores ou até tão fortes quanto as suas competências naturais. Os seus talentos naturais não vão se aperfeiçoar porque você está passando todo o seu tempo e a sua energia naquele ponto fraco. Em vez de ficar "equilibrado", você vai ficar apenas medíocre. E sabe o que mais? O mundo não recompensa mediocridade. Ele recompensa excelência e resultados excepcionais.

A excelência quase sempre está não no quadro geral, mas em uma janela estreita, o lugar onde alguém se destacará acima das outras pessoas. Identifique a sua paixão, seja ela qual for – varrer chão de fábrica, desenvolver um código de computador, dançar chá-chá-chá ou participar de corrida de carros – e foque em ser o melhor nisso. O mundo é um lugar competitivo, e, em algum lugar, há alguém determinado a derrubar você. As pessoas mais bem-sucedidas que conheço são as que adoram vencer. Se você não se propõe a vencer em seja qual for a arena que escolher para a sua vida, ou se você se sentir simplesmente desconfortável com competições de qualquer tipo, é improvável que você ascenda, não importa em qual área.

DE VOLTA À parte em que você identifica a sua paixão.

Esse passo exige total honestidade de sua parte, porque você não está apenas procurando algo que *queira* fazer; você está procurando algo que *consiga* fazer. Pode ser que você sonhe em se tornar um grande estilista de moda ou um piloto especializado em zonas remotas, ou outra ocupação tentadora. Sonhos são coisas maravilhosas, e todos deveriam se sentir livres para se imaginar conquistando grande sucesso em qualquer coisa que desejarem. Mas lembre-se do alerta que apresentei no início do livro. Acreditar que você pode se tornar qualquer um ou qualquer coisa que desejar é a postura certa; escolher fazê-lo apesar de deficiências reais e inevitáveis que possam impedir você é um erro.

Você pode ter sido enfeitiçado quando era criança, assistindo a competições de patinação no gelo nos Jogos Olímpicos de Inverno. Pode ter até inspirado você a sonhar com as piruetas e com os saltos triplos das Olimpíadas, com todas os holofotes e as câmeras em você, e a plateia aplaudindo cada giro. É um sonho maravilhoso e um que vale a pena batalhar para alcançar... até a primeira vez em que você calça os patins e vive a experiência na realidade. Você deveria tentar, de qualquer maneira? Claro que sim, se a sua paixão for poderosa o bastante. E se aceitar a vasta diferença entre o que pode ser imaginado e o que pode ser de fato alcançado.

Há também o fator idade. Para tudo, somos lembrados, há um momento certo, e, se o seu sonho envolve algo fora do momento – se chega a ele tarde demais –, você precisa ser sincero consigo mesmo. Esse tipo de sinceridade pode ser doloroso, assim como o conselho que, em geral, advém dela. No fim, a honestidade dolorosa é mais importante do que a doce ilusão.

Tive uma amiga que, no fim da adolescência, decidiu-se por uma carreira no balé. Ela alimentava o sonho de se apresentar no palco, no qual ela simplesmente sabia que seria um retrato da graça e da beleza. As bailarinas, na sua opinião, representavam o máximo do que há em elegância e expressão artística. Elas também, como eu gentilmente lembrei a ela, iniciam o seu treinamento ainda muito pequenas. Depois, com ainda mais cuidado, questionei se a altura dela e o seu biótipo físico seriam ideais para o balé.

Não é de se surpreender que ela não tenha gostado das minhas observações. Virar bailarina era a meta dela, e eu não a estava apoiando. Não gostei de criticar o sonho dela, mas senti que ela precisava da sinceridade de alguém, pois ela era incapaz de ser sincera consigo mesma. Ela sentia que deveria tentar, e tentou. Os resultados foram agonizantes, fiquei sabendo. No fim das contas, a dor da realidade a convenceu a procurar outro sonho para seguir. Talvez ela sempre se lamente por não ter conseguido realizar o sonho de virar bailarina. Ela nunca deveria se arrepender da tentativa de tentar realizá-lo.

Na idade dela, eu tinha um sonho similar. Na faixa dos 20 anos, eu pensei em jogar futebol profissional como carreira. Adorava o esporte, e ainda adoro. Eu me dediquei ao máximo a um programa de treinamento e consegui entrar para um time de futebol semiprofissional, no qual eu jogava bem o suficiente para ganhar a chance de um teste para o time profissional. E foi aí que a realidade me bateu com tanta força quanto em minha amiga que sonhava em ser bailarina. Eu era bom, mas nem perto de ser bom o suficiente para competir com os profissionais. Disseram-me que eu poderia provavelmente me qualificar como jogador reserva de um time semiprofissional. Era um pouco lisonjeiro, mas nada perto do que eu almejava. Pensei que, se fosse para jogar algo, eu queria jogar para ganhar, e abandonei a ideia.

Desistir dos seus sonhos é difícil, especialmente se você ainda tem de descobrir todas as suas competências e habilidades especiais. Nós, humanos, somos criações incríveis, tão únicos quanto flocos de neve, e cada um de nós é excelente em alguma coisa. A tragédia está em nunca descobrirmos que coisa é essa. Ou nunca procurar seriamente por ela.

Em um mundo que acredita que *Você pode ser o que bem quiser*, a minha decisão e a da bailarina podem despertar a desconfiança de que desistimos. Essa é uma ideia sensata. Você não deve desistir. Você deve continuar batalhando até que os seus sonhos se tornem realidade. Essa é uma bela ideia, até a realidade lhe dar uma pé na bunda e você se tocar que é hora de achar outro sonho para seguir. Ainda assim, ouço pessoas pregando: "Nunca desista!", sugerindo que aqueles que mudam de objetivo não passam de desistentes. Talvez sejam. Exceto que dançarinas altas demais não servem para ser bailarinas, e jogadores de futebol lentos demais não servem para times profissionais. Em algum momento, todos nós precisamos reconhecer a linha tênue que separa o fanático do bobo. Quando isso acontecer, não mude a sua determinação rumo ao sucesso; mude a direção rumo ao sucesso.

Atualmente, no meio dos negócios, uma mudança de rumo é conhecida como virada. Você não está desistindo e, certamente, não está abandonando o seu sonho. Você está reconhecendo que o sucesso não se encontra no mesmo ponto em que já esteve. Ele se deslocou, e a única maneira de alcançá-lo é fazendo um movimento similar, virando para o noroeste em vez de para o norte.

Não há vergonha nenhuma em mudar o rumo quando se está em busca do sucesso. Pode ser tanto uma fonte de orgulho quanto uma demonstração de sabedoria.

ACEITAR O QUE você é capaz de fazer bem, baseando-se no seu físico e nas suas habilidades mentais estreita o seu horizonte. Esse é um bom primeiro passo. Porque uma lista mais curta ajuda a focar em coisas que estimulam você. Você pode parar de sonhar e começar a fazer.

Se a sua paixão é tocar música, aparecer em peças de teatro, fazer pinturas a óleo ou, em um nível mais pé no chão, montar e calcular tabelas de números (sim, existem contadores apaixonados), você sabe para onde virar.

É fácil se a sua paixão for forte e bem-definida. Mas a sua pode ser mais difícil de se identificar. Talvez você adore conhecer pessoas, descobrir as suas necessidades e encontrar maneiras de ajudá-las a atendê-las. Ou ensinar a diferença entre produtos e processos similares. Ou explorar aspectos da psicologia nas relações de negócios. Ou se envolver em negócios tratados pessoalmente, nos quais pode tomar decisões *in loco* para alcançar a sua meta. Ou que tal o seguinte: você brilha em desafios e competições. Talvez não no tipo esportivo ou atlético, mas na chance de se superar em algo, de aperfeiçoar a sua pontuação, não importa como seja medida. Na próxima vez em que vir uma maratona passando pela sua cidade ou na televisão, pergunte-se sobre quantos corredores têm seriamente o propósito de terminar em primeiro lugar. Eu diria que menos de duas dúzias, mais ou menos. O restante está interessado em bater o seu tempo pessoal, cortando alguns minutos das suas corridas passadas. Esse é um objetivo legítimo, que pode abastecer a paixão do corredor.

A maioria de nós se identifica com esses tipos de desafios. Eles nos definem como pessoas que aceitam a realidade de que tudo muda, inclusive nós mesmos. O crescimento pessoal envolve algo além da medida física. Afinal, o ato de se aperfeiçoar em algo – ficar mais rápido, mais exato, mais elevado, mais inteligente – é uma maneira de alcançar o sucesso evitando, ao mesmo tempo, o risco de desperdiçar a sua vida.

Preciso fazer uma pausa aqui e admitir que este capítulo envolve um salto de fé para muitas pessoas. Por quê? Porque venho falando da inevitabilidade das mudanças, e as mudanças podem ser assustadoras – em especial se envolvem a sua carreira ou a reflexão a respeito de procurar uma nova carreira.

Tememos a mudança porque ela tem a ver com o futuro, no qual se encontram as raízes de todos os medos. Nada no passado pode nos ferir, mas o futuro pode ser doloroso. Se carrega as cicatrizes de fracassos e frustrações na sua carreira e na sua vida pessoal, você pode temer que mais dessas experiências estejam no futuro. É compreensível. Mas a diferença entre o passado doloroso e o futuro desconhecido está bem na sua frente. É hoje, aqui e agora. Este pode ser o seu ponto de virada, o momento em que você assume as rédeas da sua vida, deixando o passado para trás e construindo o futuro à sua frente, livre de qualquer outra coisa que não seja realização e satisfação.

As minhas histórias neste livro podem motivar você a dar o primeiro passo rumo a uma vida mais gratificante. Espero que isso aconteça, embora o máximo que eu possa fazer nestas páginas é atiçar a sua ambição.

UMA DAS QUALIDADES mais importantes que podemos ter quando nos propomos a formatar a nossa carreira e a nossa vida é a crença em nós mesmos. Acreditar em si é essencial, mas você precisa reconhecer a diferença entre acreditar em si e se iludir. Um é vital. O outro é perigoso.

Nós já passamos pela ilusão. Ela ocorre quando os seus sonhos passam por cima da realidade. Uma explicação simples para isso é sonhar que você ganhará milhões na loteria. Continue sonhando e compre um bilhete de vez em quando, se quiser. Mas se o seu sonho ignorar a chance de uma em milhões de que os seus números serão sorteados, prepare-se para a decepção.

Evite iludir-se avaliando atentamente onde você está e quem você é hoje. Considere a sua idade, a sua educação, as suas responsabilidades pessoais, a sua saúde e o seu status econômico. Olhe para eles de maneira realista. Você ainda pode – e deve – acreditar em si mesmo. Mas agora você sabe onde está e o quão longe terá de viajar. É como as placas de um shopping center apontando com uma flecha para a localização e indicando *Você está aqui*. Se você não sabe de onde irá partir, como poderá dizer para que lado está indo?

Você também deve se apegar à crença em si mesmo porque a estrada para o sucesso não é pavimentada com estímulos. Está lotada de pessoas que partiram para a mesma viagem que você e se perderam, se desencorajaram ou se assustaram. Elas ficarão ansiosas para avisar que você passará pelo mesmo desencantamento que elas. Em vez de acreditar nelas, você precisará acreditar em você mais do que nunca.

Eu cruzei com algumas dessas pessoas anos atrás, quando troquei a minha carreira e, com ela, a minha vida. Toda vez que descrevia a minha intenção e como a alcançaria, diziam-me que eu era ingênuo e bobo, e que eu deveria desistir em prol de algo menos arriscado e mais seguro. Entre tantas observações, estavam a minha falta de dinheiro e os meus poucos contatos no meio. "Você precisa de dinheiro para fazer dinheiro", eu era lembrado, assim como: "Não se trata do que você sabe, mas de quem você conhece".

Esses clichês poderiam ter me desencorajado caso eu não tivesse uma crença tão forte em mim mesmo e nas minhas habilidades. Se era necessário ter dinheiro para começar, então eu começaria em outra área, outro tipo de trabalho. Se para se tornar bem-sucedido era preciso conhecer pessoas, eu me tornaria o cara que os outros querem conhecer. Finalmente, diziam-me com frequência que levaria muito tempo para alcançar o nível de sucesso que eu almejava. Se esse é o caso, pensei, é melhor começar *agora*.

Se você está pronto para começar, provavelmente não há melhor momento do que agora. Aqui estão algumas dicas para guiar você no caminho, seja qual for a sua escolha de negócio.

COMECE SENDO SINCERO consigo mesmo. Saiba o que é preciso para fazer você feliz e admita as suas limitações, assim como as suas metas e habilidades. Ter uma visão de futuro e procurar realizá-la é maravilhoso, mas se enganar sobre as suas chances de sucesso é arriscado. É ótimo desejar um emprego em uma grande empresa de advocacia, por exemplo, mas, a menos que você tenha um diploma de uma faculdade renomada, a sua chance é, provavelmente, zero. Então o que você faz? Você pode se virar na direção de um emprego com função e status similares, talvez trabalhando como estagiário em um departamento do governo ou em uma organização prestadora de serviços públicos, nos quais é possível construir uma reputação como alguém capaz de lidar com tarefas desafiados. A sua carreira pode não ser tema de um romance de John Grisham, mas você irá experimentar uma satisfação similar.

Você também terá de aceitar o medo e encontrar a coragem. A coragem não é a ausência de medo; é o poder de tomar atitudes na *presença* do medo, e boas atitudes. As pessoas com frequência me dizem que deve ser maravilhoso ter conquistado tanto sucesso, a ponto de não precisar temer as mesmas coisas que assustam os outros. Bem, elas estão erradas. Eu me preocupo com as coisas tanto quanto quase todo mundo – coisas com as quais tenho de lidar e coisas sobre as quais não tenho controle.

Você também terá de ignorar a síndrome do "se ao menos eu tivesse...", que fica lembrando você das chances que pode ter perdido e do tempo que pode ter desperdiçado. Fazer uma mudança na carreira com frequência envolve rejeitar grande parte da sua vida de trabalho até aquele momento. Não perca tempo lamentando o fato de não ter promovido essa mudança antes e recuse-se a se martirizar por isso. No caminho você ganhou conhecimento e experiência. Agora é hora de usá-los.

Mudar de carreira traz uma nova rodada de opções que vale a pena explorar. Vale a pena porque fazer uma grande mudança é naturalmente desconfortável no início. Você pode aumentar o seu grau de conforto mantendo-se consciente de todas as escolhas que você tem e selecionando as mais promissoras entre elas. Cuidado: não cometa o erro de ocupar-se por tempo demais com esse processo, o que pode levar à "paralisia por análise", que ocorre quando você se foca por tempo demais em coisas que podem dar errado. Em algum momento você precisará admitir que não pode antecipar todas as coisas ruins que podem vir a acontecer e começar a tomar atitudes. Não há, nunca, nenhuma certeza de sucesso em negócios ou na vida, exceto por esta única: se não fizer um esforço para realizar a sua ambição, você se juntará a todos os outros na história que, no fim de suas vidas, foram forçados a admitir: "Eu nem mesmo tentei".

Compartilhe as suas preocupações com pessoas que ouvirão você com atenção e levar a sério as suas dúvidas. Não se trata, necessariamente, de pedir conselhos (embora você quase com certeza os receberá). Se tem proximidade com alguém que já fez uma mudança similar à sua, converse com essa pessoa sobre como ela lidou com as suas preocupações. Conversar sobre os nossos medos é a melhor forma de afastá-los. Trancados em nossa mente, eles são mortais; aqui fora, sob a luz da realidade sincera, eles se enfraquecem e morrem.

Você também precisa se preparar para aceitar o lado bagunçado da troca de carreira. Coisas acontecem. Às vezes, são coisas bagunçadas, que você não esperava e das quais não precisa. Quando acontecem, arrume a bagunça e continue em frente. Boas coisas acontecem também. É para elas que você deve se preparar – uma oportunidade de ouro ou um golpe de sorte inesperados, os quais podem acelerar a sua carreira e o seu rumo ao sucesso.

Prepare-se para aprender a vida toda. Porque você precisa. E você precisará saber como recuar de tempos em tempos. Entre as coisas que acontecem quando se começa a empreender ou a se profissionalizar nas vendas, aqui está uma com a qual você pode contar: você cometerá erros. Ninguém os evita completamente nos negócios, ou na vida em geral. Erros ferem o seu orgulho e, às vezes, a sua carteira. Isso é ruim. Mas o lado bom é: erros são uma oportunidade para se aprender com a experiência, entender por que aconteceram e garantir que nunca aconteçam de novo.

Então, prepare-se para fazer a virada. O caminho para o sucesso raramente é reto e curto. Ele tem curvas, bifurcações e desvios. Faça as curvas quando precisar, volte à linha reta quando puder e mantenha-se sempre indo em frente.

Por fim, mais uma vez: seja realista com relação às suas chances de sucesso. Lidei com o meu sonho de ser jogador de futebol profissional quando estava com vinte e poucos anos. Não o realizei, mas ao menos escolhi o melhor momento para tentar. Dez anos depois, os meus esforços teriam ficado em algum lugar entre o cômico e o trágico. Não desista dos seus sonhos, mas sempre mantenha a cabeça no lugar.

UMA ÚLTIMA REFLEXÃO: se a ideia de deixar o seu emprego atual para começar uma nova carreira ainda soe como uma "desistência" para você, lembre-se de que não precisa ser uma virada total. Você pode mudar para uma função diferente na mesma indústria que está agora, encarregando-se de outra tarefa para o mesmo empregador. Ou talvez você queira promover uma mudança total de rumo na direção de onde você acredita estarem os seus interesses e o seu futuro. De toda forma, isso não deve rotular você como uma pessoa que "desiste" das coisas. Chame de virada, de um novo foco, de mudança de direção. Seja qual nome escolher, se as recompensas pessoais e materiais lhe atraírem, você estará perseguindo a sua paixão.

E não há nunca, jamais, algo de errado com isso

DEZ COISAS QUE VOCÊ PRECISA SABER QUANDO FAZ UMA MUDANÇA EM SUA VIDA

- SEJA DISCIPLINADO – desenvolva e mantenha uma ética de trabalho.

- **Seja focado** – concentre-se na tarefa do momento; quanto maior o desafio, mais afinado o foco.

- **Seja competitivo** – acolha a competição e aceite que a vida raramente lhe oferece algo valioso que outra pessoa não tentará conquistar para ela.

- **Seja engenhoso** – utilize-se de todo recurso que tiver disponível.

- **Seja apaixonado** – quanto mais acreditar no seu produto e em si mesmo, mais sucesso irá alcançar.

- **Seja aberto** – adote uma postura que lhe permita "pensar fora da caixa" quando necessário.

- **Seja persistente** – prepare-se para ouvir não, mas não deixe isso desencorajar você.

- **Seja curioso** – procure novos caminhos de aprender sobre os clientes, as suas preocupações, os seus negócios, as suas personalidades.

- **Seja confiante** – sem ser arrogante.

- **Seja feliz** – tente ser a fonte de alegria para os outros; mais do que quase qualquer outra qualidade, essa atrairá as pessoas a você.

ONZE

A REGRA 80/20 E COMO ELA SE APLICA À VIDA

JÁ CONTEI QUE, quando trabalhava para a empresa credora, eu descobri que 20% das pessoas que deviam dinheiro nunca pagariam a dívida, sob nenhuma circunstância. Fazia sentido, então, focar os meus esforços nos outros 80% que pagariam ao menos uma parte.

Mais tarde aprendi que a divisão 80/20 é quase tão previsível e universal quanto a lei da gravidade: o Princípio de Pareto (também conhecido como Lei dos Poucos Vitais), descoberto e nomeado por Vilfredo Pareto. Engenheiro italiano nascido em 1848, Pareto era um cara brilhante. Além de ser doutor em engenharia e de dar aulas de economia nas universidades de Florença e na Suíça, ele escreveu vários livros sobre temas diversos, de sociologia a ciência política. Sim, o clássico acadêmico hiperqualificado.

O que o tornou famoso foi o seguinte:

Em 1906, enquanto pesquisava o mercado imobiliário na Itália, Pareto descobriu que 20% da população detinham 80% das terras do país. Interessante, pensou ele, mas àquela época isso não parecia significar muita coisa. Alguns dias depois, enquanto cuidava de sua horta, Vilfredo percebeu que 20% das vagens de ervilhas produziam 80% das ervilhas. Seria uma coincidência? Tinha de ser. O que a produção de ervilhas poderia ter com a propriedade de terras?

Ainda assim, a similaridade o intrigou, e Pareto começou a cavar o aspecto econômico disso, que era uma das suas especialidades.

Ele ficou impressionado com o que descobriu. A relação 80/20 continuava a aparecer na economia, na biologia, na política e em quase todos os lugares para os quais ele olhava, e iam bem além das ervilhas e do mercado imobiliário.

O princípio foi fácil de ser descoberto, mas difícil de ser acreditado. Ele precisava de provas, então criou uma fórmula matemática para confirmar a sua existência e prever as suas consequências. Explicar a fórmula é complexo demais para mim e para a maioria das pessoas, mas o efeito do Princípio de Pareto pode ser descrito assim:

80% DOS EFEITOS DE QUALQUER ATIVIDADE RESULTAM DE 20% DA SUA CAUSA.

Colocando em termos práticos de negócios:

80% DOS NEGÓCIOS DE UMA EMPRESA SÃO OBTIDOS DE 20% DOS SEUS CLIENTES.

O que leva a:

80% DO LUCRO DA EMPRESA É RESULTADO DE 20% DAS SUAS VENDAS.

A proporção não é exata o tempo todo, mas é consistente o suficiente para ser aceita como realidade.

O Princípio de Pareto revela-se em lugares surpreendentes. Falando sobre a minha área de negócio, por exemplo, das milhões de empresas que operam em todo o mundo, apenas cerca de 22% possuem vendas anuais de acima de 1 bilhão de dólares, mas que representam 80% de todo o gasto relacionado à computação[*].

---

[*] Algumas indústrias sabiam sobre a proporção 80/20 antes de que as pessoas envolvidas se dessem conta de que ela poderia ser explicada por meio de uma fórmula matemática. A primeira coisa que publicitários e especialistas em marketing aprendem, por exemplo, é que 80% da cerveja produzida é consumida por 20% das pessoas.

Executivos que conhecem Pareto entendem a sua significância. Eles podem comprovar o seu impacto em seus registros de vendas:

80% DA SUAS VENDAS VÊM DE 20% DOS SEUS PRODUTOS.

80% DOS SEUS LUCROS SÃO GANHOS DURANTE 20% DO TEMPO DE TRABALHO DOS SEUS FUNCIONÁRIOS.

E assim por diante. Com esses fatos em mãos, as empresas podem encontrar caminhos de otimizar a sua produtividade e os seus lucros. A Microsoft, por exemplo, descobriu que, ao instalar 20% de *bugs* em seus programas, ela eliminava 80% de erros de sistema e invasões nocivas. Adivinhe onde os programadores passaram o seu tempo aprimorando os produtos da Microsoft? E, em 1992, as Nações Unidas, em parceria com a Universidade de Oxford, reportaram que 20% da população controlavam 80% das rendas do mundo todo.

O mesmo princípio se aplica às vendas: 80% das vendas das empresas são feitas por 20% de seu pessoal, e a isso se segue que 80% das comissões de vendas são pagas a 20% dos vendedores. Isso mostra a você para onde o dinheiro e o futuro vão – o dinheiro das comissões, e o futuro em forma de avanços e oportunidades para os 20% melhores vendedores. O restante da equipe de vendas pode ser encontrada entre os 80% que lutam pelas sobras deixadas pelos outros 20%. Por quê? Porque eles são menos eficientes. Ou preferem pegar leve em vez de pedalar. Ou talvez nunca tenham ouvido falar de Pareto.

Qualquer um que esteja determinado a fazer uma carreira bem-sucedida em negócios em geral, e em vendas em particular, nunca ficará satisfeito em ocupar a coluna dos menos eficientes. Na minha opinião, deve ou se determinar a entrar nos 20% que produzem 80% do dinheiro... ou partir para outra carreira.

Isso é duro demais? Acho que não. Como já disse antes, qualquer um que parta para se lançar nos negócios precisa saber quais são obstáculos para se obter sucesso, e que eles são muitos. Para empreendedores sérios, isso não importa. Se uma chance de sucesso existe e se acreditam que têm habilidade, energia e ambição para ganhar, eles não se sentirão intimidados pelos obstáculos. Não há recompensa sem risco.

Eu sabia disso quando abri a minha empresa e venci os obstáculos. Houve sorte? Há sempre sorte quando se trata de novas aventuras. Mas algo mais estava em jogo também.

Além de me tornar rico, um dos meus sonhos de juventude era me tornar um ator hollywoodiano de sucesso. Sim, ambos os sonhos estavam, obviamente, relacionados. Contratei um agente, fiz muitos testes e consegui alguns pequenos papéis em comerciais de TV. É assim que a maioria dos atores começa, e pode ser que eu estivesse rumo a uma carreira bem diferente desta em que estou agora no mundo dos negócios, mas nunca saberei, porque abri mão daquela ambição específica. Por mais surpreendente que possa parecer hoje, eu não gostava de ficar em frente aos holofotes.

A área produção da indústria de cinema me atraía mais do que trabalhar em frente às câmeras, então comecei a me mover naquela direção. Graças a um golpe de sorte, consegui virar produtor local de TV na cobertura dos Jogos Olímpicos de Inverno de Sarajevo, em 1984. À época eu só tinha 22 anos, o que fazia de mim o mais novo produtor trabalhando em Olimpíadas da história. Eu gostei do trabalho, fui elogiado por ele e comecei a sonhar em me mudar para Hollywood, onde eu passaria da produção para a direção e me tornaria o próximo Martin Scorsese. Logo, eu acreditava, eu estaria viajando rumo à Califórnia para flanar por Beverly Hills de óculos de sol e um sorriso milionário – eu podia *sentir* isso. Sem dúvida, o meu sonho de trabalhar na indústria do cinema se tornaria realidade. Mas não se tornou.

Usando a minha experiência nos Jogos Olímpicos para me alavancar, fui conseguindo pequenos trabalhos na produção de filmes até que fui contratado para trabalhar em um filme maior que, eu esperava, me catapultaria para Hollywood.

Esse filme seria dirigido por um ator chamado Tom Laughlin, que havia anteriormente escrito e estrelado um filme sobre povos nativos dos Estados Unidos. O nome do protagonista, Billy Jack, volta para a sua cidade natal como um herói da Guerra do Vietnã. Ele está exausto da guerra e quer apenas paz e justiça. Logo ele acaba sendo contratado para proteger hordas de cavalos selvagens, evitando que sejam mortos para virar comida de cachorro. Vendo-se como um novo tipo de herói, ele então defende uma comuna de artistas amantes da paz contra extremistas violentos de direita.

Era uma clássica história dos bons contra os maus, com muita luta de kung fu, que era uma novidade para a época. Talvez novidade demais. Quando *Billy Jack* não conseguiu promover muito impacto nas bilheterias, Laughlin culpou os estúdios de Hollywood, comprou de volta os seus direitos e decidiu distribuí-lo de forma independente. Graças a estratégias de marketing criativas, entre as quais demonstrações de karatê e o apelo a jovens contra o sistema, o filme se tornou um sucesso em seu segundo lançamento. Na verdade, com um orçamento gasto na produção de 800 mil dólares, o filme arrecadou quase 100 milhões de dólares[*], tornando-o um dos mais bem-sucedidos filmes independentes de todos os tempos.

Laughlin usou o que lucrou para produzir sequências de *Billy Jack*, com graus de sucesso variados. Em meados dos anos 1980, ele já estava se preparando para o quinto filme da série, a ser intitulado *O Retorno de Billy Jack*.

Fui contratado como terceiro ou quarto assistente do diretor nesse quinto filme, essencialmente uma produção glorificada

---

[*] Fonte: IMDB.

com um título pomposo. Mas eu trabalharia diretamente com Laughlin, que, eu imaginava, me ensinaria sobre o negócio e reconheceria os meus talentos e competências, além de abrir grandes portas para mim em Hollywood.

Do momento em que eu assumi a função, fui alertado de que Laughlin era "um tantinho excêntrico" e logo descobri que se tratada de um eufemismo. O homem era completamente imprevisível. Tinha dias em que ele me amava e outros em que ele me odiava. Fui demitido em um dia e recontratado no dia seguinte, várias vezes. Era um jeito maluco de se fazer um filme, mas eu supus que isso não era totalmente incomum na indústria do cinema (e não é). Também aprendi que trabalhar em filmes significava ficar meses sem trabalho e, do dia para noite, ver-se trabalhando, literalmente, sem parar. Eu não evitei trabalho pesado, mas isso me deixava louco. Ainda assim, imaginei que não tinha opção se fosse para eu me tornar o sucesso hollywoodiano que eu queria ser, então aguentei até o dia em que o Laughlin me demitiu pela última vez. Dessa vez, ele fez isso em frente de toda a equipe, me insultando em voz alta e com uma voz furiosa, até que eu disse: "Basta de carreira no cinema" e fui embora do set de filmagem. E nunca voltei.

Do set de filmagem, fui direto para o pequeno apartamento que dividia com o meu amigo Steve. Antes que eu pudesse dar a ele detalhes sobre o que me havia acontecido, o Steve começou a me contar sobre o péssimo dia *dele*. Ele me explicou que tinha ido fazer uma entrevista de emprego em uma nova empresa de informática e estragado a sua chance de ser contratado. Ele não disse por quê. Só que ele e o fundador da empresa não "tinham se dado bem". Seria um bom emprego, o Steve sugeriu, para alguém que queria entrar no mundo da informática a partir do nível básico.

Estávamos em meados dos anos 1980, quando a IBM e a Apple estavam introduzindo os seus primeiros computadores pessoais, ou PCs. Naquele momento, nem todo mundo entendia o impacto que os computadores teriam na sociedade, mas era claramente uma indústria promissora. Talvez, pensei, em vez de em Hollywood, o meu futuro estava nos computadores. Especialmente quando o Steve disse que o emprego pagava 30 mil por ano, um *potão* de dinheiro àquela época. "Qual é o nome desse cara", eu perguntei para o Steve, "e como consigo uma entrevista?".

Dizer que eu não sabia nada sobre computadores é um eufemismo. Eu sabia, porém, que aquele parecia um lugar melhor do que Hollywood para começar a minha carreira. Depois que o Steve me deu o nome e o número de telefone, consegui uma entrevista para a manhã seguinte.

O homem que estava abrindo a empresa de informática foi o primeiro empreendedor que conheci. Ele me disse que havia acabado de deixar um bom emprego na IBM, a bambambã do mundo da informática naquele tempo, para abrir a sua própria empresa. Ele abriu mão de um belo salário, de um escritório confortável e de muita estabilidade no emprego. Agora, ele tinha um escritório vazio, alguns móveis usados e um pouco de dinheiro para começar. Faltavam a ele muitas coisas, inclusive funcionários. Eu seria o primeiro membro da empresa se ele me contratasse. O que parecia pouco provável. Afinal de contas, eu não acrescentava nada para o negócio dele.

Ele, porém, tinha muito a acrescentar em minha carreira. Eu comecei a fazer perguntas sobre os planos dele e a sua determinação em obter o sucesso ao começar um negócio do zero. Quanto mais eu ouvia, melhor eu me sentia com relação a abandonar os meus planos de me tornar diretor de cinema. Eu não sabia para onde a indústria cinematográfica estava indo, mas eu sabia dizer que o futuro tinha a ver com a construção de computadores e queria estar lá quando isso acontecesse. Se eu não podia dirigir um *Taxi Driver* ou um *Apocalypse Now*, talvez eu pudesse criar uma empresa na área de informática e dar a ela o meu nome.

Sentado em frente ao homem que deixara a IBM com a intenção de criar e dirigir o seu próprio espetáculo, fui ficando apaixonado pela ideia. Aqui estava um legítimo empreendedor, com ambição e planos para se tornar um sucesso na indústria que crescia mais rapidamente no mundo. Enquanto ele descrevia a sua empresa e os seus planos, deixei escapar: "Você precisa me contratar!".

O meu rompante pareceu diverti-lo. "Você não é nada qualificado para o trabalho", ele disse, e estava sorrindo. "Você não tem experiência com vendas nem com computadores, e você precisa das duas para esse trabalho". Ele foi ficando em pé, sinalizando que a entrevista havia acabado e que era hora de eu ir embora.

Eu permaneci sentado. "Eu trabalho de graça", disse, falando sério. "Você está começando um negócio e precisa de ajuda. Eu vou fazer o que você precisar, e vou fazer de graça. Você não vai me pagar um centavo".

"Não posso contratar você de graça", ele disse. "Se eu não lhe pagar nada, não posso contar com você".

Esse se tornou um daqueles momentos de *ou vai, ou racha*. O raciocínio dele estava correto, eu sabia, mas a sua suposição estava errada, e eu queria provar isso. Estendi a minha mão para apertar a dele, olhei direto nos olhos dele e disse com toda a sinceridade que pôde sair de dentro de mim: "Ah, você pode contar comigo, sim".

As minhas palavras e a minha atitude o impressionaram. Ele hesitou, sorriu, assentiu com a cabeça e estendeu a mão para apertar a minha, e foi aí que eu retirei a minha mão. "Com uma condição", eu disse. "Se eu atender a todas as suas expectativas desde o início, em seis meses você passa a me pagar o que eu ganharia se tivesse aquelas qualificações no momento em que me contratou". Estendi a mão de novo e, para a surpresa de nós dois, ele concordou.

Eu saí do escritório dele determinado a me tornar o melhor cara da informática do pedaço. É claro que haveria o probleminha de não ganhar salário por seis meses para pagar itens básicos, como comida e aluguel. Dirigi até o restaurante mais badalado que eu conhecia, em um bairro descolado da cidade, os convenci a me contratar como garçom e comecei a trabalhar no turno da noite, das 18h00 à 00h00. Pelos próximos seis meses, aprendi sobre computadores durante o dia, fazendo seja lá o que precisasse ser feito no escritório, absorvendo o conhecimento como uma esponja. Às 17h00, eu saía pela porta e ia servir comida e bebida das 18h00 até altas horas, bem depois da meia-noite. Depois eu cambaleava para casa, dormia por poucas horas, e começava tudo de novo no dia seguinte.

Como eu conseguia viver dormindo tão pouco? Eu tinha decidido tempos atrás que eu preferia ser cansado a ser pobre. Eu também tinha lido em algum lugar que qualquer coisa que o seu corpo faça por 21 dias vira um hábito. Então, por 21 dias trabalhando nos dois serviços, eu usei três despertadores para ter certeza de que, independentemente do meu cansaço e da hora em que tinha ido me deitar, eu acordaria e levantaria na manhã seguinte para chegar ao meu emprego na informática na hora certa. O hábito ficou comigo desde então. Não é que eu não queira dormir mais. É só que eu não tenho tempo para isso.

O tempo é o grande equalizador da vida. Todo mundo ganha a mesma quantidade de tempo todos os dias. Cabe a nós usar essas horas de acordo com as nossas necessidades e as nossas vontades. Quando o usamos bem, nos beneficiamos de diversas formas. Quando o desperdiçamos, está perdido para sempre; tempo é uma fonte esgotável.

Seis meses depois, ganhei o salário pelo qual eu tinha condicionado o trabalho, e abri mão do meu bico noturno no bar e restaurante. Eu tinha algum dinheiro; tinha algum tempo para mim mesmo; e, o que é mais importante, eu tinha uma profunda suspeita de que o meu futuro estava em algum lugar da indústria da informática.

E estava.

DOZE

TODAS AS COISAS SOBRE VENDAS QUE APRENDI DANÇANDO – E VICE-VERSA

A LIGAÇÃO ENTRE a habilidade de vender e a habilidade de fazer manobras entre piruetas e as curvas da vida nunca ficou tão explícita para mim quanto na minha experiência no *Dança com as Estrelas*. Parece vago? Não quando você aborda as coisas um pouco mais profundamente.

Se o *Negociando com Tubarões* é um veículo de entretenimento que, por um acaso, trata de negócios, o *Dança com as Estrelas* é entretenimento que, por uma acaso, trata de dança. Isso não quer dizer que dançar não seja exigente – e mais fisicamente exigente para mim do que qualquer outra coisa que já tenha tentado. Mas nenhum dos dois programas obteria sucesso a menos que consigam entreter os espectadores desde o primeiro minuto em que aparecem na tela da TV. A ideia central de ambos é o compromisso com a competição. Todos que deslizam, andam ou escorregam no palco do *Dança com as Estrelas* devem sinceramente querer e acreditar serem capazes de ficar em primeiro lugar. Eu certamente acreditava. E o Mark Cuban, que participou do programa quatro anos antes de mim, também acreditava.

Algumas semanas antes da minha primeira aparição no programa, encontrei o Mark em uma festa do Super Bowl. "Estão dizendo que você vai participar do *Dança com as Estrelas*", o Mark me disse. "Fisicamente, foi uma das coisas mais difíceis que já fiz, então boa sorte".

"Na verdade", eu disse, incapaz de evitar uma alfinetada, "meu único objetivo é ir mais longe do que você foi". E acrescentei: "O que não deve ser muito difícil".

O Mark me dirigiu um olhar de *Você só pode estar brincando* e me informou de que ele e a Kym Johnson tinham chegado até a rodada 5 do programa. Depois de assistir a um vídeo da performance do Mark e da Kym, a minha confiança deu uma enfraquecida. Não ajudou também quando os outros Tubarões começaram a zombar das minhas chances de ser eliminado logo na primeira rodada. No fim, pararam as zombarias, e alguns Tubarões foram ao estúdio para me ver dançando e oferecer apoio. E o melhor de tudo para mim é que a Kym e eu conseguimos chegar mais longe do que o Mark, o que me deu direito de me gabar um pouco.

A intensidade da competição e a necessidade de se dar bem onde outros podem ter falhado, ou, nesse caso, não chegar tão perto do sucesso total como aconteceu comigo, estão no centro da minha abordagem de negócios. Sim, aparecer no *Dança com as Estrelas* foi divertido e, sim, foi educativo e, sim, a experiência foi gratificante para mim de diversas formas. Mas a atitude que levei comigo para a pista de dança estava intimamente ligada à que levo para uma situação de vendas: eu sei os meus passos, eu sei o que posso trazer para a negociação e estou pronto para fazer acontecer. Também estou pronto para me divertir, algo que tento injetar em todas as apresentações de vendas que faço.

A ligação entre dança e venda não é tão distante, uma vez que você percebe que as técnicas básicas de vendas aparecem toda vez em que expressamos as nossas necessidades, ou estamos em uma posição de satisfazer as necessidades dos outros. Como ocorre com muitas coisas, não sabemos qual é a mecânica das coisas até que seja apontada para nós.

Se você ama dançar ou mesmo se você só amar ver outras pessoas dançando, talvez você veja as ligações que eu descobri entre elas com base na minha experiência no *Dança com as Estrelas*. Aqui estão elas:

VOCÊ TEM 90 SEGUNDOS PARA SE APARECER.

Horas de ensaios para o *Dança com as Estrelas* resumem-se a um minuto e meio para cada dança em frente aos jurados, que observam todos os passos errados.

É tudo de que você precisa para mostrar a todos se domina ou não a pista de dança. Noventa segundos são mais ou menos o mesmo tempo que vendedores recebem para causar uma primeira impressão positiva em um cliente.

FECHE A BOCA E MANTENHA OLHOS E OUVIDOS ABERTOS.

Conversar com o seu parceiro durante a dança pode ser romântico, mas na dança competitiva você não conversa; você presta atenção na música, sente os movimentos do parceiro e tenta se lembrar dos passos que ensaiou. Esse é um bom paralelo entre a dança competitiva e a venda eficaz. Pode parecer "viajado" no caso de vendas – imaginar os clientes como parceiros de dança, e a música como as suas necessidades e os seus desejos. Mas faz sentido para mim.

VOCÊ PRECISA DE UMA HISTÓRIA PARA CONTAR E ENSAIOS PARA CONTÁ-LA COM CHARME.

No *Dança com as Estrelas*, cada dança precisa de uma história e de um cenário. No nossa coreografia de jive, a Kym sugeriu que começássemos com os dois sentados em um cinema tipo *dri-*

ve-in, dentro de um carro conversível dos anos 1950. Isso levou muito tempo para montar e ensaiar, mas se provou perfeito para a dança e valorizou a performance. A minha maior preocupação foi não tropeçar ao sair do carro.

Quando a minha equipe de vendas e eu fazemos uma grande apresentação de vendas, passamos um longo tempo planejando, ensaiando e nos preparando. E sempre nos preocupamos com tropeços.

Nunca demonstre dor ou incerteza.

Durante um dos nossos últimos ensaios do nosso tango, contraí os meus músculos dos ombros e do quadril. A dor foi agonizante. Não só eu não conseguia me imaginar apresentando a dança, como nem conseguia andar. No dia da performance, o meu corpo ainda estava doendo, e achei que não tinha jeito de eu me apresentar até que encontrei um médico que injetou em mim um analgésico. Foram necessárias quatro doses de cortisona para amortecer a dor.

Nenhum de nós mencionou isso aos produtores do programa ou para os outros dançarinos, porque sabíamos que não poderíamos contar com um tratamento especial ou com muita compaixão. É assim que o programa funciona. É também assim que a vida funciona.

Depois fiquei sabendo que outros dançarinos sofreram dores em algum ponto da competição, e os seus parceiros sabiam disso. Ninguém na plateia do estúdio e assistindo em casa conseguiria dizer. Uma vez que a câmera começa a rodar, todos mantemos os sorrisos no rosto. Ninguém tinha noção da nossa dor, do nosso nervoso e do desconforto que sentíamos. Estávamos *vendendo* as nossas performances, então tínhamos que fazer tudo parecer fácil. Principalmente, nós tínhamos de parecer confiantes. Qualquer dica de que estávamos desconfortáveis ou incertos iria enfraquecer a impressão. A mesma exibição de autocontrole é essencial para apresentar uma proposta de venda e para tantas outras situações em nossas vidas.

O TREINO É ÓTIMO, MAS O DESEMPENHO É TUDO.

De todos os concorrentes durante a temporada do *Dança com as Estrelas* do qual participei, nenhum era mais charmoso do que a Patti LaBelle, que me ensinou uma nova lição a respeito de vendas.

Eu estava me esgotando mental e fisicamente ensaiando até 10 horas por dia, diariamente. Daí descobri que a Patti se recusava a passar mais de duas horas por dia treinando. Ela começava toda sessão avisando ao seu parceiro profissional, Artem Chigvintsev: "Aqui está o passo que vou fazer. Você inventa o que fazer em torno de mim". Quando perguntei como ela estava ganhando os jurados e a plateia dessa forma, ela respondeu: "Querido, todo o treino e o ensaio não servem pra nada se você não consegue arrasar na pista quando a câmera começa a rodar".

Patti, claro, era uma intérprete experiente e de renome, que já havia sido indicada para o Emmy e para o Grammy, além de ter estrelado musicais na Broadway e aparecido em filmes de Hollywood e ainda ter publicado a sua autobiografia. Ela tinha até uma estrela na Calçada da Fama de Hollywood. A mulher entendia do *show business* e sabia se vender como dançarina.

A personalidade dela brilhava por meio dos errinhos que cometia. Na noite em que ela apresentou o quickstep, ela planejou atirar os dois sapatos para longe no meio da dança. Quando apenas um saiu do pé, ela ainda assim terminou a coreografia, o que encantou os jurados e os espectadores.

Quando a cortina sobe em alguma área da sua vida que lembre o *show business* e as câmeras começam a rodar, nada menos do que a sua melhor performance vai funcionar.

Claro, charme ajuda. Ajuda muito.

Segurança pode vender qualquer coisa — até um passo errado de salsa.

Em um intervalo de ensaio, pedi à Kym para me dizer a melhor forma de julgar a dança de um dançarino amador. Ela disse: "Você observa os olhos dele. Não os pés. Os seus olhos. As pessoas inseguras quanto à sua habilidade de dança ficam com um olhar perdido porque estão se perguntando *'Ai, Jesus, o que faço agora?!?!'*".

Quando você tem segurança de qualquer coisa que esteja fazendo, o seu corpo – especialmente os seus olhos – expressam esse sentimento. Bons vendedores vendem a sua segurança junto com aquilo que o cliente está pensando em comprar. Segurança, lembre-se, inspira confiança. E de todas as qualidades que vendedores devem construir com os seus clientes, nenhuma é mais importante do que a confiança.

Construir confiança em nós mesmos começa por nos convencer e, depois, convencer o resto do mundo de que *somos* seguros.

Quanto melhor você ficar, mais rápidos serão os movimentos.

Parece óbvio dizer que, quanto mais você realiza uma coisa, melhor você fica nela. Quanto melhor você fica em qualquer coisa na vida, mais curto será o tempo que leva para realizá-la. Tudo acontece mais rapidamente e com mais precisão quando você se aperfeiçoa a sua habilidade por meio de um foco mais afinado e de um treino frequente, que, combinados, constroem autoconfiança.

Há sempre um novo passo para aprender.

A Kym e eu não tínhamos tempo para pensar nos erros que cometíamos no programa. Tirávamos a memória das nossas cabeças porque tínhamos uma coreografia nova e totalmente diferente para treinar e apresentar na semana seguinte.

Vale a pena lembrar essa lição. Todos nós passamos por fracassos em nossas vidas; mas não podemos nos dar ao luxo de nos apegar a eles. Tudo que podemos fazer é identificar onde e como falhamos, optar pela melhor forma de evitar que isso se repita e seguir em frente.

Sempre haverá outra chance de dançar.

Saiba como você está sendo avaliado.

O *Dança com as Estrelas* é tanto uma competição quanto um programa de TV de sucesso. Os dançarinos esperam receber notas de acordo com a sua habilidade na pista de dança, mas o sucesso do programa, como de todas as produções de entretenimento de massa, é julgada com base na audiência que consegue atrair. E todos os públicos adoram uma boa história.

A Kym e eu garantimos uma ótima história para o programa pela primeira meia dúzia de episódios. Para qualquer um que assistisse, estava na cara que estávamos nos apaixonando, e os produtores tiraram o máximo proveito disso porque fazia sucesso com os espectadores. Isso sem dúvida influenciou o número de votos que recebíamos, especialmente nos estágios iniciais. Os espectadores gostavam da ideia de assistir à evolução do nosso relacionamento tanto quanto gostavam de assistir às nossas coreografias. Nós nos mantivemos realistas com a situação. Eu não era o dançarino mais talentoso da competição, mas eu estava me divertindo à beça! Por mais que quiséssemos vencer, e por mais que tenhamos trabalhado para tirar notas altas, levamos tudo na esportiva, nos dando conta de que estávamos ganhando algo maior do que um troféu em forma de bola espelhada.

É como dizem, o *show business* é assim. Mas há uma lição aqui: sempre que você estiver em uma situação em que a sua performance será avaliada, procure saber como se dá essa avaliação. E quanto ela pode ser influenciada por outras coisas além da sua performance.

NUNCA SE ESQUEÇA DA SUA MOTIVAÇÃO.

Há períodos em nossas vidas em que duvidamos de nós mesmos, especialmente quando estamos fazendo algo importante pela primeira vez.

O primeiro ritmo que a Kym e eu dançamos foi o chá-chá--chá, e decidimos começar com uma paródia do *Negociando com Tubarões*. A história começaria comigo sentado em um palco com outros quatro Tubarões, ouvindo a proposta de venda da Kym. De repente, seduzido por sua beleza e seu charme, eu jogaria o caderninho e o lápis, desceria do palco para a pista de dança, a puxaria pela mão e começaria a dançar.

Durante os ensaios, eu ficava me imaginando caindo da escada antes mesmo de chegar a dar um só passo de dança. Não haveria regravação, me disseram. Se eu tropeçasse, apareceria na televisão no mundo todo, de vários ângulos de câmera, e com efeitos de câmera lenta. Apesar de todo o meu pensamento positivo, eu não conseguia tirar a imagem da minha cabeça. Mas eu tinha de tirar, ou nunca seria capaz de dançar com segurança.

Sentindo o meu nervoso durante o intervalo comercial logo antes de a dança começar, a Kym me puxou de lado e cochichou para mim: "Eu sei que você está nervoso, mas apenas se lembre do porquê está aqui".

Eu sabia o que ela queria dizer.

Logo após nos conhecermos, eu havia dito à Kym o quanto a minha mãe gostava do *Dança com as Estrelas*. Era o programa de TV preferido dela. A minha mãe nunca tivera nenhuma experiência remotamente parecida com o programa em um vilarejo rural na Croácia. O programa era mágico para ela.

Imaginei como a minha mãe ficaria orgulhosa se me visse participando do programa. Tudo que eu alcançara nos negócios, no *Negociando com Tubarões* e como escritor não a impressionaria mais do que me ver participando do *Dança com as Estrelas*. Era a razão principal pela qual eu concordei em aparecer no programa.

Então lá estava eu por causa da minha mãe e de tudo que ela significava para mim. Foi isso que a Kym me incentivou a lembrar. Quando chegou a minha deixa, eu chutei as coisas com segurança, quase saltando pelas escadas até me juntar à Kym na pista de dança. Eu estampei um sorriso no rosto a cada passo, me lembrando de por que estava lá e de como teria deixado a minha mãe feliz.

Em meio a tantas coisas que fazemos nas nossas vidas, é fácil negligenciar as razões pelas quais nós fazemos o que fazemos, para começar. Precisamos nos lembrar da nossa motivação de tempos em tempos. Às vezes podemos fazer isso sozinhos. Às vezes precisamos de outra pessoa que compreenda e que se importe o suficiente para fazer isso por nós.

Sinta-se confortável.

As roupas não fazem o homem ou a mulher, mas podem deixá-los à vontade sob pressão. Se eu vou fazer uma apresentação para uma empresa do Vale do Silício que crie videogames, posso usar jeans e tênis. Ou não. Alguns jovens relacionados à internet esperam que os profissionais de fora da indústria tenham uma aparência mais tradicional, porque isso sugere estabilidade e experiência. Se eu aparecesse em uma reunião vestido como se eu estivesse em casa no fim de semana, eles suspeitariam de que não estou levando a reunião a sério. Então aqui está a minha regra: quando estiver lidando com um segmento específico da sociedade, vale a pena determinar a preferência de guarda-roupa condizente com ele. Vestir-se casualmente demais ou formalmente demais para o ambiente não me deixa confortável. Pior que isso, pode deixar os compradores desconfortáveis.

A pista de dança ditou uma abordagem diferente. Eu queria ter podido selecionar conforto em vez de estilo nas minhas aparições no *Dança com as Estrelas*. Saltos de 7,5 cm e calças justas fazem bonito durante um tango, e depois eu ansiava por trocar para um moletom e tênis. Mas eu estava vestido apropriadamente, o que colaborava para o meu nível de conforto.

Saiba quando seguir e quando conduzir.

A maioria dos passos de dança exigem que o homem conduza. Ou assim parece. Nas vendas, o vendedor precisa responder aos passos do cliente, seguindo-o (mesmo quando faz perguntas abertas) até sentir que é a sua vez de conduzir o fechamento do negócio.

Fique no momento.

Os vendedores e os dançarinos competitivos precisam afastar tudo o mais das suas mentes – aquela briga com o parceiro, a dor no ombro, a consulta com o dentista na próxima semana – e prestar atenção ao que está acontecendo ali, na frente deles. Perder o foco na pista de dança, no meio de uma coreografia complicada, pode levar a uma catástrofe. Assim como perder a linha de pensamento no meio de uma proposta de venda ou na resposta a uma dúvida do cliente.

Mantenha os pés no chão.

Dançarinos profissionais me dizem que muitos iniciantes tentam fazer coisas demais cedo demais. Em vez de manter os dois pés no chão durante um samba ou uma rumba, eles tentam uma pirueta ou outro movimento que os fazem parecer bobocas em vez de habilidosos. A mesma coisa pode acontecer com vendedores que tentam ir além do seu nível de experiência e de confiança, procurando impressionar o cliente com jargões e conceitos que não entendem completamente.

Saiba quando pedir ajuda.

Eu vi dançarinos profissionais no *Dança com as Estrelas* se ajudando de maneira calorosa e altruísta. Vendedores deveriam se sentir da mesma forma. Não com relação aos seus concorrentes, mas aos colegas de empresa que têm conselhos a oferecer. Iniciantes que não estão competindo diretamente um contra o outro devem se sentir livres para pedir orientação aos mais experientes quando for necessária, lembrando-se de que não aprendemos nada quando não perguntamos nada.

Sorria e divirta-se.

Com a exceção de coreografias sérias de balé clássico, todos os grandes dançarinos parecem se divertir enquanto percorrem a pista juntos. Levar essa mesma postura para o ambiente de trabalho é uma ótima ideia. "Talvez estejam se divertindo", ouço você dizer, "mas eles estão dançando, enquanto eu estou falando de *trabalho*. Estou falando do meu *emprego!* Como ele poderia ser sempre divertido?".

Se o conceito de se divertir no trabalho não lhe parece sensato, talvez seja a hora de repensar a sua lógica. Ou talvez repensar o seu trabalho. Sim, ele pode produzir estresse e insegurança. Mas demonstrar insatisfação ou impaciência e uma antipatia generalizada pelo seu trabalho é uma das melhores formas que eu conheço para garantir o fracasso. O que pode levar a uma demissão. Não presumo que você pode encontrar diversão em tudo que faz todos os dias no trabalho. Se o seu trabalho é tedioso e suga a sua alma, entretanto, a ponto de você nunca encontrar um motivo para sorrir e sentir um senso de orgulho pelo que produz, você está na função errada. Ou trabalhando na empresa errada. Ou aborda a vida como um todo de maneira errada.

Todo mundo gosta mais de fazer algumas coisas do que outras. Essa não é apenas a minha opinião como pessoa, mas como empregador. Eu quero pessoas na minha equipe que achem fácil sorrir no trabalho e que acreditem que o seu trabalho é fonte de boa parte de sua felicidade.

Se for o seu caso, ótimo.

Se não for, procure outro trabalho. Agora.

TREZE

CINCO COISAS QUE PROFISSIONAIS DE VENDAS DEVEM SABER

ANTERIORMENTE, EU DISSE que não existe vendedor nato. Ninguém "nasce" para começar a fazer uma venda, mas quase todo mundo pode aprender a colocar em prática regras básicas de vendas bem-sucedidas. Passar de iniciante a profissional de vendas requer algum conhecimento básico, e nenhum é mais importante do que o seguinte:

PARA OS COMPRADORES, A EXPERIÊNCIA DE VENDA — O RELACIONAMENTO E A TROCA ENTRE COMPRADOR E VENDEDOR — É TÃO IMPORTANTE E INFLUENCIA TANTO QUANTO O PREÇO E O DESEMPENHO DO PRODUTO.

As nossas vidas e a alegria que tiramos delas dependem do número e do tipo de relacionamentos que experimentamos. Nada em que eu consiga pensar trará mais cor para a sua vida, boa ou ruim, do que os relacionamentos que você constrói e aqueles que ou lhe escapam ou você destrói. E nós nunca superamos essa necessidade.

Alcancei muita coisa nos meus negócios e tenho muito orgulho disso. Mas a minha felicidade depende mais das pessoas cujo amor e cuja confiança valorizo do que o nível de sucesso financeiro que alcancei. Em momentos de verdade absoluta, espero que, no mundo dos negócios, todos concordem totalmente com essa declaração. Os negócios têm tanto a ensinar para a gente sobre a vida, acredito, quanto a vida tem a nos ensinar sobre os negócios. E nenhum pode existir e ser de fato gratificante sem os relacionamentos que construímos.

Vender envolve o estabelecimento de um relacionamento que leve à transferência do dinheiro do comprador em troca de um serviço ou benefício valioso. Isso se aplica igualmente à compra de um avião de 100 milhões de dólares e à de uma torradeira de 50 dólares. Os relacionamentos podem ser diferentes em número, tamanho e estilo, mas, no fundo, são os mesmos.

A comparação lembra dirigir um carro. Se eu vou ao mercado, há muitos contrastes entre esse percurso e a corrida de carros a 300 km/h na qual já competi. Mas, em ambos os casos, tive de girar o volante, frear quando necessário, tomar cuidado com outros motoristas e saber exatamente para onde eu gostaria de ir. Outras coisas foram diferentes, entre as quais a minha velocidade e o risco que estava correndo, mas ainda assim, nos dois casos, estou dirigindo um carro. Uma equipe inteira de engenheiros, especialistas em aviação, representantes comerciais e advogados podem estar envolvidos na venda de uma aeronave e apenas um vendedor que ganha um salário mínimo estar envolvido na venda de uma torradeira. A venda da aeronave pode levar semanas, meses ou até anos para ser finalizada, e a da torradeira, apenas alguns segundos. Mas algum relacionamento ou vínculo é sempre estabelecido antes que o dinheiro troque de mãos*.

Bons vendedores encontram um caminho de estabelecer e manter um relacionamento de acordo com a situação e com os produtos que estão sendo vendidos. Eles começam com coisas que precisam saber, e aqui estão cinco delas:

---

* E no caso da Amazon e de outros vendedores on-line? Eles estabelecem relacionamentos de maneiras diferentes, mas eficazes, incluindo propagandas no site e, graças aos cookies, lembretes frequentes de produtos sem os quais, eles suspeitam, você não conseguiria viver, baseados em seus padrões e histórico de compras. Isso também constitui um tipo de relacionamento.

1. Eles entendem o que estão vendendo e por quê.

É claro que os vendedores precisam saber mais do que os seus clientes sobre o produto ou serviço que está sendo vendido. Mas os melhores não param por aí. Eles também conhecem a concorrência com o maior detalhamento que conseguirem e todos os fatores que tornam os concorrentes mais ou menos atraentes do que o produto que eles estão vendendo. Poucas coisas hoje em dia são superiores a outras de maneira óbvia. Sabendo as vantagens dos concorrentes, eles ficam preparados para contradizê-los com os seus próprios benefícios exclusivos.

A vantagem de preço de um concorrente pode ser balanceada com um aspecto tão atraente quanto, como um período mais longo de garantia ou outro benefício não relacionado ao preço.

Tão essencial quanto conhecer as características do produto é entender a razão para tê-lo, em primeiro lugar. Já fiquei surpreso com vendedores que conheciam – ou diziam conhecer – todos os recursos do seu produto, mas nunca o tinham visto ou usado. Vendedores de carros novos em busca de compradores de veículos 4x4 não deveriam apenas fazer um test-drive na rodovia; deveriam pegar o volante e experimentar dirigir em uma variedade de condições de estrada. Eles podem até conseguir citar especificações e atributos dos produtos o dia todo, mas, se o comprador potencial perguntar como o carro se sai ao cruzar o leito de um riacho seco, descrever um passeio pela rodovia não ajudará. Na verdade, pode até se mostrar contraproducente. Dizer "Ah, ele cruzaria superbem um riacho seco" não é convincente. Já falar "Eu cruzei o leito de um riacho seco em Sunset Mesa, com 1,2 m de profundidade de um lado e cerca de 2 m do outro, e o carro passou por cima como se fosse asfalto" não apenas expressa vantagens como também pode dar início a um relacionamento de venda.

A mesma tática aplica-se a itens vendidos que tornam a experiência pessoal difícil de ser adquirida e explicada, mas o paralelo permanece verdadeiro. Se o produto é um programa para contadores complexo, bons vendedores aprendem a entender como os principais comandos funcionam, qual é a cara dos resultados na tela e como o programa pode ser comparado com outros da concorrência.

Conheço algumas pessoas que ainda acreditam que podem fazer uma venda apenas listando as especificações, usando um panfleto promocional como guia. Os vendedores dos "20%" – os que são responsáveis por 80% das vendas – vão muito mais longe.

Vendedores de varejo não têm como saber todos os recursos e benefícios de todos os produtos do seu catálogo. Mas entender e explicar ao menos uma característica – nem que seja a reputação de boa qualidade do fabricante – pode ajudar a fechar uma venda.

2. Eles sabem as diferenças entre atributos, vantagens e benefícios — e o poder da emoção.

Os atributos são as qualidades de um produto que o distinguem dos concorrentes. Em muitos casos, o atributo principal é a razão pela qual o produto foi desenvolvido. O iPod da Apple, por exemplo, armazena milhares de músicas em um pequeno aparelho, com acesso quase instantâneo. Essa foi a base para a sua criação e continua a ser um atributo-chave.

As vantagens descrevem a conexão entre os atributos e os benefícios que ele confere ao seu proprietário. O grande atributo do iPod, lembre-se, é a habilidade de armazenar uma coleção de músicas completa em um aparelho que cabe no bolso; a sua vantagem é ter a sua biblioteca musical sempre à mão.

Os benefícios dizem respeito àquilo que o comprador acha que lhe trará proveito quando tiver o produto. Eles medem a atratividade e o valor do produto. Compare os atributos e as vantagens do iPod. O benefício que ele oferece é a possibilidade de quem o possui de ouvir música a qualquer hora e em qualquer lugar – que, em última análise, é o que realmente importa para os proprietários.

Enquanto o vendedor ressalta as vantagens do produto, o cliente ouve os seus benefícios. Uma vez que os amantes de música de determinada idade entenderam os atributos do iPod, eles mesmos, por si só, já saltaram para os seus benefícios. Os produtos menos revolucionários exigem uma proposta de vendas ainda mais complicada. Voltando à venda de carros: qualquer um que venda veículos híbridos saberia dizer qual é o seu atributo mais óbvio, explicando como ele usa tanto gasolina quanto eletricidade como combustível. A vantagem dele, claro, é a economia por quilometragem; o benefício é o baixo custo para abastecê-lo.

O caminho entre atributo para vantagem e para benefício nem sempre é deslizante; às vezes pode ser desafiador segui-lo. Ainda falando de carros, imagine tentar vender um veículo cujo atributo principal seja o motor, que, com quinhentos cavalos de potência, consegue ir do descanso aos 80 km/h em menos de cinco segundos. Um atributo impressionante, certo? Mas qual é o benefício disso, e quem ele atrairia? Muitas pessoas não veriam essa força toda como um benefício; poderiam considerá-lo perigoso para dirigir.

Quando os benefícios de um produto ou serviço não são imediatamente óbvios, os vendedores precisam incentivar a decisão de compra em seu favor confirmando o que o cliente entende como benefício.

Se o produto for um celular cujos atributos incluem a acessibilidade ao design de última geração, o vendedor pode apontar como isso oferece um acesso a aplicativos da web mais rápido do que outros modelos mais baratos. Os fanáticos por tecnologia podem ficar suficientemente impressionados com esse atributo para fazer a compra. Outros responderão a essa acessibilidade com um "E daí?". É aí que o atributo e o benefício têm de ser explicados em termos básicos, ressaltando, por exemplo, que, quanto mais depressa o telefone se conectar à internet, mais rapidamente ele se conectará ao GPS caso o seu dono se perca.

Isso pode soar como um benefício relativamente pequeno, mas ele contém todos os benefícios necessários: um quociente emocional. Aqui está uma dica prática: *Quando se trata de finalizar uma venda, a emoção sempre triunfa sobre o intelecto.* O atributo da internet rápida do novo telefone pode parecer atraente, mas o benefício de acessar rapidamente o GPS para se localizar depressa no caso de se perder toca em um ponto mais profundo e motivador.

Explicar bem os benefícios ao comprador é quase sempre uma tática vencedora. Não fazer bem essa conexão pode ser um desastre. Fanáticos por tecnologia ficarão babando com a chance de ter um smartphone que opere com duas vezes a velocidades dos celulares dos amigos deles. Pessoas de meia-idade e mais velhas tendem a não gostar da ideia de ter um carro com um motor com quinhentos cavalos de potência.

Quando o cliente entende os atributos do produto, valoriza as suas vantagens e responde aos seus benefícios, o ponto crítico será a resposta emocional a essas qualidades. Bons vendedores sabem como o fator emocional impulsiona a venda e sabe quais palavras usar quando necessário.

Aqui estão algumas palavras-chave que servem como conectoras emocionais e a resposta que pode ser gerada entre os compradores:

- CONFORTO – os clientes experimentarão luxo e satisfação.
- CONVENIÊNCIA – terão um item importante à mão, de fácil acesso.
- EFICIÊNCIA – eles serão mais produtivos com o seu tempo e a sua energia.
- MODA – eles ganharão estilo e ficarão por dentro das tendências seguidas pelos amigos.

- **Diversão e felicidade** – irão desfrutar da soma de todos os benefícios emocionais associados ao produto.

- **Lazer** – eles terão mais tempo para relaxar e aproveitar a vida.

- **Paz mental** – eles não se preocuparão com algum aspecto da vida que ameaça atormentá-los.

- **Segurança** – eles e as suas famílias não correrão perigos, como crimes, estresse financeiro, ameaças climáticas etc.

- **Status** – os seus amigos os admirarão e sentirão até inveja depois.

- **Sucesso** – eles terão alcançado (ou parecerão ter alcançado) uma meta importante de vida.

3. Eles aprendem tudo que for possível sobre os compradores e os seus interesses.

Isso pode parecer meio exagerado para um vendedor do varejo. O cliente que entra em uma loja procurando por um jogo de louça ou uma nova impressora a laser pode não dar muita oportunidade para que o vendedor descubra os seus interesses, então por que tentar? E como? O "porquê" é fácil: a venda eficaz depende da construção de um relacionamento com o cliente, ainda que breve. O "como" pode ser um pouco mais desafiador, mas há sempre uma forma de conseguir.

Quando estava na universidade, trabalhei por alguns meses como vendedor em uma loja cara de roupas masculinas. Tínhamos grifes como Hugo Boss, Armani e Canali, com ótimo custo-benefício, mas acima do preço possível para muitos clientes. Nunca fomos aconselhados a ignorar quem entrasse e, à primeira vista, parecesse não ser um comprador dessas grifes. Mas ajudava quando conseguíamos superar rapidamente qualquer incerteza sobre a chance deles de se tornarem compradores potenciais. Era uma variação do Princípio de Pareto; se 80% das vendas fossem feitas para 20% dos clientes; era também uma certeza que 20% deles tinham salários acima da média e bom gosto para roupas. Tudo que precisávamos fazer era identificá-los o mais rápido e concentrarmos os nossos esforços de vendas neles.

Como se tratava de homens, nós logo olhávamos para o relógio e os sapatos deles. Se víamos um Rolex ou um relógio de valor similar em seus pulsos, logo concluíamos que eles estavam na cobiçada categoria dos 20%. Um par de sapatos de couro caros, e não um Nike batido, subia um pouco mais o seu valor. A ausência desses itens não os desqualificava, mas representavam um primeiro passo para conhecer os clientes e entender as suas necessidades e os seus interesses.

As vendas no varejo são desafiadoras no que diz respeito a adquirir conhecimento sobre os compradores e a construir um tipo de relacionamento com eles. Vendas corporativas são, ao mesmo tempo, mais complexas e acessíveis do que o varejo quando se trata de construir o relacionamento. Em geral, há mais tempo nas vendas corporativas, porque as compras são em geral maiores e mais complicadas do que no varejo. Em uma operação de varejo, pode haver apenas alguns segundos para que o vendedor estabeleça um vínculo e uma impressão positiva. No mundo corporativo, muitas reuniões podem permitir que o vendedor crie e cultive um relacionamento que pode conduzir a uma venda. Muita informação sobre o comprador corporativo é encontrada em relatórios anuais, na mídia e em outras fontes, mas boa parte é confidencial e de difícil acesso para alguém de fora.

Quando faço uma grande apresentação de venda em nome da minha empresa, o nosso sucesso ou fracasso na obtenção do fracasso pode ser medido em milhões de dólares. O tempo e o esforço que investimos na nossa apresentação para uma negociação desse alcance são extensos e exaustivos. Mas a recompensa potencial é considerável. Os melhores vendedores sabem quanto trabalho e esforço é justificável, e eles não investem apenas o suficiente para valer a pena, mas muito mais que isso.

Como em muitos outros aspectos das vendas, os melhores profissionais conhecem e aplicam alguns métodos para tornar as suas propostas de vendas mais eficazes. Às vezes se utilizam de alguns recursos para motivá-los.

Um vendedor que conheço começa a elaborar a sua proposta de venda partindo do princípio de que ele não estará fazendo uma venda para a empresa, mas tentando ocupar um alto cargo nela. Se ele estivesse se candidatando a uma vaga de executivo sênior na empresa, ele buscaria saber mais sobre a empresa do que sobre os seus produtos e os mercados em que ela trabalha. Ele estaria interessado nos concorrentes, nos sucessos e fracassos recentes, na trajetória dos seus executivos, as localizações das suas filiais, o desempenho na bolsa de valores – caso seja uma sociedade aberta – e assim por diante. Boa parte desse tipo de dados está disponível nas publicações da empresa, nos relatórios anuais e em reportagens publicadas na mídia, assim como na internet. Ele junta tudo o que pode encontrar, como se estivesse se vendendo para a empresa como um funcionário potencial, em vez de vender à empresa um produto ou serviço. No lugar de contratar esse meu amigo vendedor, o cliente assina uma ordem de compra para adquirir o produto que ele está vendendo. Esse jogo de vamos-conseguir-um-emprego que o vendedor está jogando não apenas o guia na direção de uma informação importante que ele pode usar; também lhe fornece uma nova maneira de abordar o que ele descobre sobre a empresa, talvez lhe oferecendo, também, um panorama de suas necessidades que ele não veria se seguisse uma abordagem puramente vamos-fechar-um-negócio.

É difícil acreditar que um vendedor não dedicaria algum tempo para se informar sobre o cliente antes de fazer uma apresentação, mas parece que ainda acontece. Eu me surpreendo com frequência com a pouca informação que alguns vendedores ficam satisfeitos em ter. Partindo do princípio de que o tamanho de uma venda potencial justifique o esforço, todo fato relevante disponível deve ser buscado e reunido. Quando se trata de se preparar para uma venda corporativa, não existe informação inútil.

Uma ótima ideia, talvez, mas o tempo e os recursos são limitados. Os vendedores talvez tenham um ou dois dias apenas para fazer a pesquisa, optar por uma estratégia e criar uma proposta de venda. Os melhores entre eles saberão quais são os fatores que é preciso dominar e usá-los ao preparar a sua apresentação. Entre esses fatores, estão:

- A HISTÓRIA DA EMPRESA COM O CLIENTE. Já vendemos para eles antes? Que categoria de produto? Que tipo de feedback – satisfação ou problemas – o cliente forneceu?

- AS LINHAS E CATEGORIAS DE PRODUTOS DOS CLIENTES. O que há de novo? Atendem a quais mercados? De que forma o seu produto será incluído entre os que já estão no catálogo deles? Quais são os atributos e os benefícios mais importantes dos produtos? Com relação à concorrência, como estão os preços?

- TENDÊNCIAS DE VENDAS QUE AFETAM O SUCESSO DO CLIENTE. Em que direção eles estão indo?

- AS ESTRATÉGIAS E AS METAS DE MARKETING DO CLIENTE. Como eles promovem os seus produtos? Para quem? Em qual área o nosso produto irá ajudá-los?

- REDES DE DISTRIBUIÇÃO. Como os produtos são distribuídos? Quem são os seus principais fornecedores, acionistas, atacadistas etc.?

- ALTOS EXECUTIVOS. Como eles se chamam, quais são as suas trajetórias e as suas funções principais? Quanto eles conhecem sobre os nossos produtos, serviços e principais representantes?

4. Eles descobrem o que os clientes podem saber sobre eles.

Quando se trata de conhecimento sobre vendedores, os compradores corporativos de hoje estão mais informados e mais bem-conectados do que eram há apenas alguns anos. Eles também são mais impacientes, mais atarefados e mais avessos ao risco. Só para complicar as coisas, decisões de compra são tomadas por mais pessoas, o que significa que mais pessoas têm acesso ao mesmo grupo de dados. E tomarão a decisão de compra em um estágio posterior do processo de compra. Até não muito tempo atrás, o primeiro passo dado por compradores potenciais em busca de um produto ou serviço era dizer: "Vamos ligar para quem vende esse produto/serviço e ver o que eles podem nos falar sobre ele". Hoje, é mais para: "Agora que reduzimos as nossas opções a alguns fornecedores que parecem bons, vamos abordá-los seriamente para fazer negócio".

Não importa quem ligue para quem primeiro – o vendedor faz o *cold call* para um comprador potencial, ou o comprador liga em resposta à divulgação promovida pela empresa –, os clientes irão, provavelmente, descobrir tanto sobre de quem estão comprando quanto os vendedores descobrirão sobre ele. Talvez até mais. Eles verificarão os produtos, os serviços, os preços, a história, a reputação. Especialmente a reputação.

Vendedores precisam começar reconhecendo que o comprador sabe pelo menos um pouco sobre os atributos do produto e os seus benefícios, e da empresa por trás dele. Provavelmente, eles conhecem os relativos pontos fortes da empresa vendedora e das suas fraquezas quando comparada aos concorrentes e ficarão, no mínimo, tão interessados nos pontos fracos da proposta de venda quanto nos seus pontos fortes. Se aí estiverem erros do passado, a equipe de vendas precisa estar preparada para lidar com eles rapidamente, tirando-os da frente logo de cara. Coisas ruins nunca devem ser ignoradas ou negadas; deve-se lidar com elas e conduzir para a construção de um novo quadro, baseado nas qualidades positivas do produto.

5. Eles revisam a sua apresentação de venda e visualizam o seu sucesso.

Após todos os anos no *Negociando com Tubarões* com o Kevin, o Daymond, o Mark, a Barbara e outros, continuo me surpreendendo, me chocando e me decepcionando – às vezes, a ponto de ficar revoltado – com a baixa qualidade de muitas das apresentações feitas para nós. Por que revolta? Porque essas pessoas estão atrás de centenas de milhares – até milhões – dos nossos dólares e, com frequência, comportam-se como se estivessem pedindo um trocado.

Nós somos pessoas de negócios em busca de boas oportunidades de negócios. Podemos tolerar uma proposta de venda que seja menos do que excepcional se a história prometer nos trazer dinheiro. Mas muitas propostas são feitas por gente que gagueja e se atrapalha ao apresentar os fatos, ou que não têm respostas para perguntas-chave, tais como: "Qual é a sua venda anual atualmente?", "Qual é a sua margem de lucro?" e "O que você pretende fazer com o dinheiro que dermos a você?".

As perguntas podem deixar o candidato agitado, zangado, na defensiva e, às vezes, as três coisas, e pode parecer que nós, Tubarões, estamos assediando-o. Mas não estamos. Odeio bullying. Sei como é ter alguém assediando você, e dar uma de valentão nunca é a minha intenção (não posso dizer o mesmo do Kevin O'Leary, claro...). Cada sessão do *Negociando com Tubarões* requer pelo menos doze horas de trabalho no estúdio. Após seis ou oito horas, nós, Tubarões, já estamos mal-humorados, com fome e impacientes. Quando alguém que parece ter montado a sua apresentação enquanto tomava café naquela manhã aparece diante de nós, ficamos irritados.

Sempre ficamos impressionados (e, muitas vezes, surpresos) com alguém que tenha antecipado as nossas preocupações e questões e esteja preparado para respondê-las de prontidão. Sem enrolação, sem promessas, sem desculpas – só uma resposta direta para todos os tipos de coisas que precisamos saber antes de pegar o talão de cheques. Uma ótima proposta pode transformar uma ideia medíocre em algo em que pensaríamos seriamente em investir? Pode apostar que sim. Conhecimento e entusiasmo entre empreendedores que estão apresentando a sua proposta têm um valor que não pode ser ignorado.

Ao elaborar uma apresentação, não é preciso partir do princípio de que o comprador estará cansado, com fome ou impaciente como nós, Tubarões, ficamos ao final de um longo dia (embora não seja uma má ideia se preparar). É essencial, porém, antecipar questões difíceis e estar pronto para respondê-las na hora.

Não sou aquele que vai explicar toda a psicologia que existe atrás disso, mas pesquisas revelaram que pessoas que estão enfrentando um teste importante das suas habilidades têm mais chance de sucesso quando se permitem visualizar o seu sucesso de antemão. Parece que funciona também com atletas profissionais e artistas, assim como com vendedores. Com frequência, reservo um tempo, antes de uma reunião de vendas, para me sentar tranquilamente e me imaginar fazendo a apresentação, antecipando as questões colocadas e as respondendo e, finalmente, dando o aperto de mão de negócio fechado. A minha apresentação pode não fluir como imaginei. Mas você se surpreenderia como isso me prepara para a hora do "vamos ver"...

E com que frequência finalizo a venda.

CATORZE

CINCO COISAS QUE TODO MUNDO EM VENDAS PRECISA FAZER

Você está no palco. O prelúdio acaba. A cortina sobe. A luz está sobre você. Todo mundo ali veio para ver você ou ouvir você, porque o papel principal é seu. É assim que podemos nos sentir quando fazemos uma proposta de venda para um grupo responsável pela decisão de efetuar compras para a sua empresa. Você sabe (ou deveria saber) a sua fala e a personagem que está interpretando. Medo do palco? Esqueça. Você é protagonista.

Eles estão esperando. Você sorri. Você assente com a cabeça. E você começa a falar. Isso não é Broadway nem TV ao vivo. É um negócio, e ninguém nunca saiu vitorioso de todas as decisões de negócios que fez. Ainda assim, bons vendedores entendem que o seu trabalho tem esse lado performático. Os melhores entre eles valorizam isso e se tornam estrelas adaptando a sua dramaticidade interna à situação. A maior parte disso envolve cinco atitudes a serem tomadas antes e durante a apresentação de vendas. Mais uma vez, o número de passos envolvidos depende do que você está vendendo e para quem está vendendo. As regras básicas, no entanto, aplicam-se igualmente.

1. Eles deixam o ego dentro da pasta.

À primeira vista, isso não parece sensato. Não seria um ego fortalecido uma parte importante do impulso de todos rumo ao sucesso, e da necessidade de todo ator de se apresentar? E todo vendedor não deveria se focar no sucesso?

Sim, sim e sim. Mas um ego avantajado é como um caminhão grande – às vezes você não precisa urrar ladeira abaixo com uma tonelada de carga na caçamba. Às vezes, você só precisa dirigir tranquilamente, economizar combustível e não incomodar os outros. Ou deixar de lado o caminhão e pedalar uma bicicleta. Ou simplesmente caminhar.

Vendedores que se permitem levar pelo ego em sua apresentação correm o risco de deixá-lo dominar tudo.

O ego é uma força impulsionadora na carreira de todo mundo, para não dizer na vida em geral. O ego define quem e o que uma pessoa é e está por trás do senso de autovalorização da pessoa. Todos nós precisamos do ego para nos empurrar para frente na vida com orgulho e identidade, desde que consigamos mantê-lo sob controle. Sem dúvida, nós o usamos quando fazemos uma proposta de venda, calmamente nos impulsionando rumo ao fechamento do acordo. Nós só não precisamos dele sentado na cadeira ao nosso lado.

Os problemas com o nosso ego surgem quando sentimos ou uma ameaça do outro lado ou uma fraqueza do nosso lado. Quando isso acontece, é trabalho do ego fazer o que for necessário para elevar a nossa segurança. Mas nós não estamos diante de compradores potenciais para elevar a nossa autoestima. Pelo contrário, na verdade. Deve fazer parte do objetivo elevar a autoestima dos compradores potenciais, mostrando-lhes como eles se beneficiarão ao tomarem a decisão de comprar. Também ajuda se eles acreditarem que se valorizarão mais com a sua decisão de compra, seja qual for o produto que estivermos vendendo – sem falar da autoestima deles nos olhos dos seus colegas e chefes, caso se trate de uma aquisição corporativa.

Quando um comentário feito pelo vendedor durante uma apresentação é questionado pelo cliente, ou quando o vendedor sente que a proposta não está causando a impressão correta, o ego quer interferir. Isso pode encorajar o vendedor a exagerar o desempenho do produto ou o seu valor. Pode levar a meias verdades, mentiras deslavadas e à manipulação, na tentativa de melhorar a chance de finalizar a venda. Elevar a autoconfiança do vendedor passa a ser o principal objetivo. Afinal, essa é a função do ego. Mas não é a função do vendedor.

As coisas podem facilmente sair dos trilhos.

Um ego avantajado não aceita a perspectiva de fracasso. Vendedores experientes contam com essa possibilidade a cada proposta que fazem. Eles não precisam passar por isso, não gostam de passar por isso e farão o que puderem para evitar. Mas permitir que o ego assuma o controle pode levar a mais do que um fracasso. Pode levar ao desastre.

Egos avantajados podem conquistar muitas coisas. Podem até tornar uma personalidade de TV famosa. Muitos espectadores do *Negociando com Tubarões* conversam comigo sobre o Kevin O'Leary, dizendo: "Ele tem um ego tão grande! Não irrita você?".

Respondo a eles :"Não, porque todos nós temos egos grandes. Você precisa disso para se sentir confiante diante de uma câmera de TV, sabendo que milhões estão ouvindo cada palavra sua e assistindo a todos os seus movimentos. O Kevin é só... diferente".

É preciso ter um ego saudável para se tornar uma personalidade de TV ou um vendedor bem-sucedido. Não necessariamente um ego gigantesco. Apenas um ego saudável, que diga *Eu posso fazer isso, e fazer bem*. O mais valioso benefício de um ego saudável é que ele reforça a sua segurança, e isso é transmitido para o cliente potencial. Esse é um ponto crítico – se os vendedores não parecerem confiantes consigo mesmos, com o seu produto e com a sua mensagem, os clientes terão pouca ou nenhuma confiança neles, e isso é morte certa quando se trata de fechar um negócio. O que eles não devem – o que eles devem evitar a todo custo – é dar qualquer sinal de arrogância.

Como bons vendedores controlam o seu ego? Eles começam sendo abertos sobre si mesmos e sinceros no que diz respeito às necessidades e aos desejos dos clientes. Eles realçam a sua curiosidade sobre as pessoas que estão do outro lado da mesa. Eles massageiam o ego do comprador potencial enquanto mantêm os próprios egos sob controle.

Nós valorizamos os nossos relacionamentos com as pessoas envolvidas em vendas tanto quanto os valorizamos em outras áreas das nossas vidas. É com pessoas que precisamos lidar. Ninguém está interessado em lidar com egos.

2. Eles trabalham para construir relações.

É fácil ser pessimista com os relacionamentos que vendedores constroem com os clientes, sobretudo no nível corporativo, no qual as vendas podem ser medidas em milhões de dólares. Na raiz, essa construção de relacionamento pode parecer manipulação. Na verdade, não é. Construir um relacionamento com potenciais compradores é uma maneira de reconhecer que empresas não compram simplesmente de outras empresas; pessoas compram de pessoas. A segunda parte dessa verdade é: elas compram de pessoas que conhecem e em quem confiam.

Não estamos procurando por um novo melhor amigo quando começamos a construir um relacionamento com o cliente. Estamos construindo confiança e conhecimento entre nós, nos quais o cliente irá se basear para tomar uma decisão inteligente. A confiança nos relacionamentos de vendas resulta de aspectos como valores compartilhados e entendimento comum, não em pressão.

Não há dicas infalíveis para se construir um relacionamento nesse contexto, porque cada um de nós é único. Há formas, entretanto, de começar a pavimentar o caminho rumo a um relacionamento com novos clientes. Elas devem ser usadas com parcimônia e de acordo com os valores, interesses e personalidades dos compradores potenciais, sabendo que o relacionamento fluirá facilmente entre ambas as partes e não pular estágios como em um videogame.

Como os melhores vendedores constroem relacionamentos com clientes-chave? Eles começam a reconhecer que todo mundo é um indivíduo único, o que significa que eles devem evitar estereotipar e aplicar uma abordagem padrão. Eles podem, porém, empregar algumas táticas conhecidas, ou uma combinação delas, entre as quais:

- BUSCAR INTERESSES COMUNS. Se o vendedor joga golfe e vê uma foto do esporte na parede (ou, às vezes, a bolsa com os tacos em um canto), ele ganhou uma dica de bandeja. Não é preciso descrever todas as partidas que já jogaram ou todos os buracos nos quais já embocaram. Basta estabelecer uma conexão, esperar uma resposta e deixar o resto fluir a partir daí.
- DAR UM PRESENTE. Essa precisa ser usada com cuidado. Ninguém pode comprar um relacionamento na vida ou nos negócios com um presente, e exagerar nisso, enchendo um comprador potencial de mimos, pode ser uma catástrofe. Então quando deve ser feito? Depende do relacionamento e do presente. Às vezes, reconhecer um objetivo pessoal que o cliente alcançou, dentro ou fora dos negócios, é um presente por si só.
- PEDIR-LHES UMA OPINIÃO SOBRE UM ASSUNTO NEUTRO. Valorizar as ideias de um cliente enquanto explora outras coisas que ambos têm em comum é uma boa maneira de desenvolver um relacionamento. Assuntos de política e religião, claro, devem ser evitados a todo custo.
- ELOGIAR COM CUIDADO. A confiança não é construída com desonestidade, mas um cumprimento sincero sempre será apreciado.

- **Demonstrar que se importa.** Isso é especialmente eficaz quando se discute um desafio nos negócios que os compradores potenciais e a sua empresa estejam enfrentando. Pode ser um conflito com funcionários, um problema legal ou outra situação que precise ser resolvida. Mesmo quando o desafio do cliente não é diretamente ligado à venda em questão, expressar preocupação e oferecer votos de boa sorte estabelecem uma conexão valiosa.

3. Eles fazem perguntas e anotações.

Um dos maiores erros por parte de vendedores é acreditar que cabe a eles falar o tempo todo. Bem, não cabe. Não tenho uma forma de medir essas coisas, mas eu volto ao Princípio de Pareto e à sua mágica divisão 80/20. Em transações empresariais, o vendedor não deve falar por mais de 20% do tempo. Durante os outros 80% do tempo, o cliente é quem fala, e o vendedor deve ouvir, anotar e se preparar para a sua próxima entrada.

Vendedores que começam a vender sem fazer perguntas são como médicos que escrevem uma receita sem antes perguntar o que aflige o paciente. Na medicina, isso é chamado de negligência. Nas vendas, é chamado de estupidez.

Ao fazer uma das primeiras ligações para apresentar a venda, é sábio pedir permissão para perguntar: "Será que eu poderia fazer algumas perguntas gerais sobre as operações da sua empresa?". Observe o uso de "gerais". Essa é uma maneira de assegurar aos clientes que você não quer acessar nenhum segredo corporativo ou de processamento.

Sempre é recomendável começar de maneira mais geral, estreitando as questões aos tópicos relacionados ao produto ou ao serviço que está sendo vendido. A primeira pergunta pode ser um pedido para o comprador potencial descrever as atividades da empresa em suas próprias palavras. Depois as perguntas podem ficar mais específicas, idealmente baseadas em informações que o vendedor obteve em sua pesquisa preliminar. Por exemplo: *A sua preocupação com o meio ambiente é muito alta. Como vocês pretendem manter ou até elevar esses padrões no futuro?* – supondo que o produto vendido tenha alguma ligação com a preservação do meio ambiente.

As perguntas devem ser específicas e abertas – isto é, que não possam ser respondidas com um simples "sim" ou "não", mas com frases completas que expressem a importância da informação. Os dados reunidos a partir dessas questões abertas fornecem o que gosto de chamar de *alimentação*. Em uma situação de vendas, a *alimentação* é composta pelas informações usadas para impulsionar a negociação; elas garantem ideias e dados e ajudam a empurrar a conversa rumo ao fechamento do acordo. Sem dúvida, algumas perguntas podem acabar cobrindo informações que já foram obtidas, mas tudo bem. Vendedores nunca devem supor que eles já têm tudo de que precisam saber.

Aqui estão alguns exemplos dessas perguntas abertas. De novo, não há regra infalível sobre a forma de usá-las, nem para saber se você deve usá-las ou não. Ganhando experiência, prestando atenção e mantendo o foco, as questões certas virão à sua mente na hora certa.

QUAL É A SUA EXPERIÊNCIA COM [A CATEGORIA DO PRODUTO OU SERVIÇO SENDO VENDIDO]?

QUAIS QUALIDADES VOCÊS PROCURAM [NO PRODUTO OU SERVIÇO SENDO VENDIDO]?

QUAL É O ATRIBUTO MAIS IMPORTANTE PARA VOCÊS?

QUAL É O SEU PRAZO INICIAL PARA COMEÇAR A TRABALHAR [COM O PRODUTO OU O SERVIÇO VENDIDO]?

Qual é o seu orçamento?
De quem mais depende a decisão de compra?

Durante a discussão, pode-se pedir para que esclareçam melhor as suas respostas:

Conte-me mais sobre isso.
Poderia ser mais específico?
Que efeito isso teve sobre vocês?
Poderia me dar um exemplo?

Essas perguntas fazem mais do que fornecer informações importantes. Elas indicam um interesse sério em ajudar os compradores potenciais a solucionar os seus problemas.

Nada é mais importante para uma venda bem-sucedida do que fazer perguntas – as perguntas certas, na ordem certa e com a ênfase certa. Aqui estão algumas regras que eu incentivo a minha equipe de vendas a seguir, assim como a entonação sugerida:

Pedindo permissão.	Você se importaria se eu fizesse algumas perguntas?
Começando com questões gerais.	Por favor, fale-me um pouco sobre a sua empresa.
Construindo a partir de respostas.	Você mencionou que estavam com um problema. Qual era?
Mantendo a simplicidade.	O que vocês acham dessa abordagem?
Seguindo uma sequência.	Compreendo o problema. O que aconteceu depois?
Usando um tom não ameaçador.	Posso perguntar como vocês lidaram com o problema?
Enfatizando os benefícios.	O que vocês mais gostariam de ver acontecer?

4. Eles tornam a experiência agradável para os dois lados.

Esse é um elemento vital em todas as apresentações de vendas que faço. Semanas após ir a uma apresentação de vendas, os compradores potenciais lembram-se de poucos detalhes do produto ou serviço sendo vendido. Mas se lembrarão do clima da reunião. "Aquela foi uma reunião divertida", eles se recordarão. "Eu gostei de ter tirado tempo para participar". Decisões de compra são feitas tanto pelo coração quanto pela mente e, quando for possível, é essencial criar uma atmosfera positiva, até "divertida" nas apresentações de vendas.

Eu não precisava de confirmação para isso, mas os meus anos no *Negociando com Tubarões* realçaram a importância de fazer uma apresentação memorável e divertida. Todos os candidatos que saem vitoriosos da sua proposta de venda televisionada têm uma coisa em comum: eles não são chatos. Podem ser engraçados, excêntricos, glamorosos, tagarelas, obesos, malnutridos ou têm quase qualquer outra característica que você pode nomear, mas chatos eles não são. Todo mundo se lembra de diversão e entusiasmo, mas ninguém se lembra de tédio, e a última coisa que um vendedor quer ser é esquecido pelos seus compradores potenciais. A chatice é a morte para a TV e, definitivamente, não é bem-vinda em uma apresentação de vendas.

Não são coisas como um chapéu engraçado e histórias hilárias que tornam uma apresentação divertida e envolvente. Seu foco deve ser em fazer os clientes não se sentirem como se tivessem perdido tempo; que a reunião foi mais um encontro entre amigos do que entre pessoas de negócios; em não distraí-los da mensagem da venda, de modo que tanto a mensagem quanto o vendedor não os entedie; e em deixá-los ansiosos por uma apresentação similar no futuro.

5. Eles podem considerar uma abordagem zen.

Esse pode ser um modo eficaz de cobrir os outros quatro passos de uma só vez. Pode até se provar útil para a descoberta de formas de tornar a venda uma experiência agradável. Mas eu suspeito de que essa abordagem não seja para todo mundo.

"Zen" não significa que o vendedor deva se sentar na postura de lótus, de olhos fechados, e meditar. Estou falando da versão mais abrangente do antigo enfoque oriental, aquele projetado para ajudar pessoas a "se ajudarem".

Ao usar a abordagem Zen para jogar tênis, por exemplo, parte-se do princípio de que o corpo do jogador sabe todas as técnicas básicas necessárias para bater a bola com precisão e de que ele jogou o suficiente para reconhecer a sensação de quando a raquete acerta a bola perfeitamente e vai exatamente para onde o jogador quer que ela vá. Em outras palavras, o jogador está em um nível no qual ele "sabe" onde estar quando a bola é batida, e o seu braço e a sua mão "sabem" como segurar a raquete e girá-la no ar. Problemas ocorrem quando o jogador conscientemente "diz" ao corpo o que fazer quando a bola está passando por cima da rede e vindo em direção dele. É aí que ele não "se ajuda". Outra forma de descrever isso: ele pensa demais no problema quando deveria confiar no seu instinto.

A abordagem Zen pode resolver o problema ocupando a sua mente com algo não relacionado à vitória na venda. Um método sugere que você conte as costuras da bola de tênis enquanto ela voa para a quadra do adversário. Isso é impossível, claro. Mas, mantendo a mente ocupada dessa forma, os pés e os braços podem ficar livres para fazer o que eles sabem fazer.

Os seguidores do Zen também defendem a ideia de que fazer qualquer coisa pela razão certa é mais importante do que fazer a coisa certa pela razão errada. Nesse sentido, há uma conexão com a ideologia do Karma, que acredita que todas as atitudes boas e altruístas que tomamos gerarão, em última análise, respostas boas e altruístas. De acordo com o Karma, tratar clientes, colegas, amigos, família e até estranhos com o mesmo respeito com que você deseja ser tratado por eles gratificará você de maneira semelhante. Isso me parece um bom caminho para construir relacionamentos com os clientes.

De acordo com aqueles que acreditam na abordagem Zen como técnica de vendas, colocar o bem-estar do cliente antes do seu conduzirá você ao sucesso. Quando você olha por esse ângulo, a abordagem Zen se parece bastante com outros argumentos que usei ao longo deste livro.

Sete características do vendedor

- Atitude – dedicado a atender ao cliente em primeiro lugar.
- Confiança – acredita em si mesmo sem se deixar dominar pelo ego.
- Curiosidade – aborda todas as situações de vendas com a mente aberta, preparado para aprender algo novo.
- Disciplina – pronto para trabalhar no sentido de atender às necessidades do cliente.
- Foco – nunca perde de vista os objetivos gêmeos de satisfazer o cliente ao mesmo tempo em que completa a venda.
- Honestidade – reconhece a necessidade de construir relacionamentos com base na confiança, tendo em mente que a confiança pode ser facilmente abalada pela decepção.
- Conhecimento – dedica tempo para entender todos os aspectos do produto ou serviço que está vendendo.

QUINZE

ÀS VEZES A PESSOA MAIS DIFÍCIL DE SER É VOCÊ

Leve isto no bolso: os melhores vendedores encontram um jeito de construir confiança com os seus clientes.

Construir confiança às vezes leva à construção de relacionamentos sólidos, e bons relacionamentos são vitais para boas vendas. Também são vitais – a menos que você escolha ser um eremita perpetuamente recluso – no que se refere às pessoas de quem você gosta e que gostam de você. Este, claro, é mais um momento para eu apontar como muitas das técnicas usadas nas vendas são quase idênticas à forma com que construímos e mantemos a vida social. Sem falar no casamento. A melhor maneira de construir a confiança com alguém é ser totalmente natural, sem pretensão nem falsidade. Em outras palavras, sermos nós mesmos. Isso pode ser difícil para algumas pessoas. Muitas coisas na nossa cultura moderna parecem contradizer esse conceito. Vivemos em um mundo em que fazer plástica é tão lugar-comum para algumas pessoas quanto uma ida ao dentista, em que medicamentos alteram o nosso comportamento, e em que muitas das nossas interações sociais não são diretas e pessoais – são de Facebook para Facebook. Tudo isso torna um desafio dizer: "Eu vou relaxar e ser eu mesmo" e conseguir fazê-lo de fato.

Todas as pessoas têm uma identidade desejosa, não porque precisem dela, necessariamente, mas porque é muito fácil de obtê-la. Alguns atletas dependem mais de esteroides e estimulantes para ganhar medalhas do que das suas características físicas, suas habilidades e o seu treinamento. Celebridades inventam histórias fictícias e promovem-as por meio de best-sellers autobiográficos. A fotografia digital permite que todos alterem a sua aparência para ficarem mais parecidos com o George Clooney ou a Jennifer Aniston do que com aquilo que eles realmente são. E os encontros de solteiros do tipo "speed dating" ("encontro a jato") tornam-se mais atraentes do que conhecer uma pessoa ao longo de um jantar tranquilo.

Quem é genuíno hoje em dia? É um desafio dizer.

O desafio se torna difícil para algumas pessoas que optam por uma carreira em vendas. A sua tentação é procurar por caminhos para impressionar o cliente imediatamente. O que pode ser um ótimo objetivo, mas uma péssima tática.

Podemos fazer de tudo para passar uma boa primeira impressão a estranhos. Vestir-nos bem é óbvio. Assim como boa aparência, educação e um aperto de mão firme. Além desses itens básicos, o próximo estágio fica fácil. Exceto que com frequência é difícil, porque depende de você ser você.

Ao construir relacionamentos com os clientes, com amigos e, principalmente, com parceiros de vida, nenhum de nós deveria ser ninguém além de si mesmo. Tentar ser alguém que não somos – mais extrovertidos, mais intelectuais, mais divertidos – é a receita para um desastre.

Seres humanos são naturalmente intuitivos. Nós nos tornamos desse jeito quando os nossos ancestrais da Idade da Pedra se aventuraram para fora das suas cavernas em busca de comida, sabendo que, a menos que ficassem ligados com o que estava acontecendo ao seu redor, eles podiam acabar virando o jantar de tigres-dentes-de-sabre, crocodilos ou de outros predadores.

Esses genes intuitivos continuam conosco. Às vezes eles disparam sirenes, luzes vermelhas e outros alarmes nas nossas mentes quando encontramos alguém que suspeitamos ser uma ameaça. Outras vezes, os genes são mais sutis, dizendo: "Tem alguma coisa nessa pessoa que não bate comigo", ou, contrariamente: "Gostei desse cara!".

Os nossos genes respondem à autenticidade – o senso de que o que vemos em outra pessoa (e ouvimos dela) é real e sincero. Mesmo quando a autenticidade não é perfeita (assim como nenhum de nós é perfeito), sensatamente nós preferimos defeitos autênticos à falsa perfeição. Bebês e filhotes provam essa teoria.

Por que ver um bebê, um cachorrinho ou um gatinho gera uma resposta suave e compassiva? Porque tudo neles é autêntico. Incluindo o fato de que eles são completamente autocentrados. Bebês choram quando estão com forme e gritam quando precisam trocar a fralda. Eles não se importam com o local ou o horário. Exigem a atenção de que precisam. Sabemos de toda a confusão que cachorrinhos e gatinhos podem criar, ainda assim eles geram respostas similares na maior parte das pessoas.

Parte dessa resposta vem do nosso entendimento de que criaturinhas jovens precisam de cuidado e de proteção. Mas isso ainda está relacionado ao fato de que bebês e outros filhotes têm um comportamento completamente natural.

Uma das coisas de que gostei na minha participação no *Dança com as Estrelas* foi descobrir como era a resposta do telespectador ao meu comportamento no programa. Sempre que eu sabia que estava sendo filmado, eu podia ter dado uma desapegada e agido como se tudo não passasse de um passeio no parque. Mas eu não fazia isso. Eu estava deslumbrado apenas de estar ali e fascinado com todo o talento que via ao meu redor. O garotinho dentro de mim continuava aparecendo com um entusiasmo do tipo *Iupiiii!*. Esse era o meu eu verdadeiro, em um momento em que eu precisava ser apenas isso – o Robert Herjavec real sendo ele mesmo e se esquecendo das dores emocionais que tinha enfrentado nos meses anteriores. Não planejei isso assim, mas eu tenho certeza de que isso conquistou votos dos espectadores.

Quem eu poderia ter fingido ser, se eu achasse que isso me faria ganhar mais votos? Não tenho a menor ideia. Todos os meus anos nos negócios me convenceram de que você não perde nada sendo natural, e você arrisca tudo quando é percebido como falso. Mas, ainda assim, isso acontece, especialmente entre vendedores iniciantes envolvidos com uma grande proposta de vendas. Eles começam se perguntando: "Mas e se eu estragar tudo?", "E se ele/ela não gostar de mim?", "E se eu disser a coisa errada, fizer a coisa errada, perguntar a coisa errada?".

Tudo isso está relacionado a querer que as outras pessoas nos aprovem e gostem de nós. Nós tememos que elas não aprovem nem gostem, por isso tentamos ser outras pessoas por meio de ostentações vazias ou da tentativa de mudar a nossa personalidade. Se formos bem-sucedidos (e há obstáculos para isso), não será nós que eles aprovarão; mas a pessoa que estamos fingindo ser. Se voltarmos no exemplo da venda bem-sucedida como um espetáculo, o estresse que sentimos nesse tipo de situação é medo do palco. Mas a analogia acaba aí. O ator pode assumir uma identidade fictícia – aliás, isso faz parte do seu trabalho. Para o vendedor, isso é desastroso.

PSICÓLOGOS, QUE RARAMENTE se preocupam em bater uma meta de vendas, têm as suas próprias razões para nos encorajar a sermos verdadeiros com nós mesmos. A autenticidade, eles sugerem, está relacionada ao bem-estar psicológico. Se você se sente realmente à vontade com quem você é – não necessariamente com o que você conquistou na vida, mas com os valores e os padrões que definem você – a sua autoestima é saudável, e assim você consegue lidar com a maioria dos desafios da vida.

Não é preciso ser psicólogo para entender como isso funciona. Tentar ser alguém que você não é – alguém que você ache que outra pessoa quer que você seja – requer muito esforço. Para os vendedores, esse esforço deveria ser investido em fazer uma apresentação de vendas eficaz.

Eu conheço pelo menos quatro benefícios de que os vendedores podem desfrutar quando se recusam a encarnar outros personagens e aprendem a ser eles mesmos. Também se trata de quatro benefícios para qualquer pessoa que queira passar pela vida desfrutando do máximo de felicidade e de autossatisfação possível, seja qual for a sua escolha de carreira:

1. São mais relaxados.

Não é necessária muita energia para ser você mesmo. Você não está ocupado em julgar como deve se comportar ou tentando se ver pelos olhos de outra pessoa. Você está confortável na nossa própria pele, agindo com o coração. Uma das melhores formas de ajudar os outros ao seu redor a relaxar é relaxando.

2. Evitam manipular.

Odeio ser manipulado ou ficar na presença de alguém que esteja tentando me manipular. Espero que você se sinta assim também. Qualquer um que tente escolher uma imagem outra, tentando ser alguém que não é, arrisca gerar um efeito completamente oposto: outros pensarão menos, não mais, sobre eles. E isso não é útil. A maioria das pessoas acolhem aqueles que são claros sobre si mesmos, mesmo se não concordam conosco completamente ou não nos admiram totalmente. Não podemos esperar que os outros nos respeitem quando nós mesmos não nos respeitamos, e isso incluir aceitar quem somos.

3. Eles ouvem melhor.

Nenhuma outra qualidade é mais importante para o sucesso nas vendas do que a habilidade de ouvir atentamente e entender o que o cliente está ou não está fazendo. Se nos ocuparmos em criar uma identidade artificial enquanto o cliente fala, não escutaremos. Quanto menos ouvirmos, menos vendemos.

4. Eles se tornam mais estimados.

Todos nós queremos ser estimados, dentro e fora de situações de vendas. Mas, sejamos sinceros: com mais de sete bilhões de pessoas no planeta, nem todo mundo nos admirará. Até a Madre Teresa, afinal, tinha quem a reprovasse. Uma vez que superamos a falácia de que podemos ser agradáveis por todo mundo, fica mais fácil sermos, simplesmente, nós mesmos. Aqueles que gostam da nossa companhia valorizam o fato de que somos genuínos e de que evitamos pretensões e não "fazemos tipo".

Anteriormente, neste livro, apontei que quase qualquer habilidade aprendida nas vendas pode trazer satisfação para a vida como um todo. É porque vendas bem-sucedidas têm tudo a ver com relacionamentos, e, quanto mais capazes formos no desenvolvimento e na manutenção dos relacionamentos, mais felizes nós ficamos na vida. Consequentemente, nós seremos melhores em situações de vendas. Nada é mais importante para as nossas vidas e para as nossas carreiras do que o autoconhecimento. E a maior barreira para alcançarmos os nossos objetivos são as nossas inibições.

Todos nós somos inibidos de diversas formas. Algumas delas são, na verdade, necessárias, como a que nos impede de bater o carro na traseira do veículo que acabou de cortar na nossa frente na rodovia. Outras nos impedem de atirar o objeto mais próximo – uma lâmpada, um prato de jantar, uma faca – no nosso parceiro no meio de uma briga. Outras inibições são sutis e limitadoras. Elas se desenvolveram como efeitos colaterais dos nossos papéis de animais sociais. As inibições que experimentamos nessas situações representam a nossa necessidade de nos incluirmos como membros de um grupo social. "Incluir-nos" significa sermos aceitos pelos outros, e sermos aceitos sugere que nos tornemos o mais parecidos que conseguirmos com os outros em aparência, valores e em medidas sociais em geral. É aí que nos moldamos de acordo com as qualidades das outras pessoas, o que nos impede de sermos nós mesmos. Para colocar isso claramente, nós tememos ser nós mesmos.

O "medo" é uma palavra poderosa. Caso seja preciso dizer, é também uma emoção muito poderosa.

Todas as nossas inibições são baseadas no medo, e aqui está o efeito do medo do qual ninguém pode duvidar...

O MEDO NOS TORNA BURROS.

Lembra-se da história dos nossos ancestrais da Idade da Pedra que saíram das suas cavernas em busca do jantar e arriscavam se tornarem o jantar, caso cruzassem com um predador pelo caminho? O desenvolvimento do nosso senso de proteção foi o que nos permitiu sobreviver durante todos esses milhares de anos. É o lutar ou fugir, que descreve as opções que os homens das cavernas tinham diante de uma ameaça séria de outras criaturas às suas vidas. Incluindo outros homens das cavernas.

Luta ou fuga significa que eles podiam ou permanecer ali e entrar na batalha contra a ameaça ou virar as costas e fugir, na esperança de conseguir escapar. A outra única resposta seria a de paralisia, tal qual conhecemos hoje. Quando ela nos toma, e não conseguimos nem lutar nem fugir, ficamos paralisados e mudos. Nós não sabemos o que fazer, porque já não temos mais as opções que nos foram dadas pela evolução, e nem a lógica nem a inteligência podem substituí-las. Agora é lutar, fugir ou paralisar.

Os nossos ancestrais que caminhavam em busca de comida sabiam a causa do seu medo. Algo podia pular de uma árvore, ou sair da água, ou emergir de trás de um arbusto com o intuito de atacá-los. Esses eventos são improváveis hoje em dia.

AS NOSSAS INIBIÇÕES nascem dos recônditos sombrios da nossa personalidade, tornando-nos inseguros. Superá-las é a chave para sermos aceitos e evitar a resposta de luta, fuga ou paralisia.

Se você se sente inibido diante do encontro com um grupo de desconhecidos, o medo é, provavelmente, ligado a uma das seguintes reações:

■ VOCÊ SOFRE DE TIMIDEZ – a resposta geral ao medo de não se adequar às situações. A timidez pode estar relacionada ao medo de rejeição; se você não conseguir se incluir em meio às outras pessoas, elas rejeitarão você.

■ VOCÊ NÃO SE COMUNICA BEM – você não sabe sobre o que falar ou como explicar os seus pensamentos e sentimentos aos outros.

■ VOCÊ TEME PERDER O CONTROLE – o que acontecerá se a conversa caminhar para uma direção que não lhe é familiar, ou abordar assuntos dos quais você ou não entende, ou sobre os quais prefere não falar?

- Você não tem empatia – compartilhar dos sentimentos expressos por outros membros do grupo é impossível porque você não consegue se relacionar com eles.

- Você não consegue expressar as suas emoções – você fica como uma pedra, reproduzindo a mesma resposta dos que estiverem à sua volta.

- Você se sente "menos" – todo mundo parece ser mais esperto, mais perspicaz e, de modo geral, mais seguro que você.

- Você sofre de insegurança e baixa autoestima – as pessoas ao seu redor jamais achariam você interessante ou divertido.

Para considerar essas ideias mais a fundo, considere o seguinte:

Toda inibição social é baseada em conjecturas.

No encontro com um grupo de estranhos em uma situação social ou de venda, os nossos medos aparecem porque nos preocupamos com o que as outras pessoas estão pensando sobre nós. Nos nossos medos, podemos imaginar a opinião deles sobre nós, mas não há jeito de saber o que estão pensando. Não temos essa informação, a menos que sejamos videntes. Se esse fosse o caso, este livro deveria ser sobre conseguir um trabalho em Las Vegas, não sobre uma carreira em vendas.

Não estou fazendo pouco caso da timidez em contextos sociais, porque isso pode ser fruto de um problema sério de saúde mental. Pessoas extremamente tímidas podem sofrer de antropofobia – medo de pessoas –, com frequência relacionada a um trauma de infância, que requer tratamento profissional.

A maioria de nós não sofre desse mal. Apenas nos encontramos diante de um medo com o qual não conseguimos lidar porque não sabemos qual é a sua origem.

Inibições geradas pelo medo tornam-se hábitos, o que significa que nós reagimos da mesma forma em situações similares. Mas hábitos, como a maior parte dos comportamentos, podem ser mudados. Se pudermos entender e reconhecer a base dos medos que nos inibem, e nos lembrarmos de que estamos apenas imaginando o que outras pessoas estão pensando, podemos superar as inibições iniciais.

Livres dessas inibições, nós podemos ser nós mesmos e reverter a curva descendente da nossa confiança decadente. Ser nós mesmos gera segurança em nós e nas pessoas ao nosso redor. Quando somos honestos conosco, e seguros nas nossas ações, paramos de nos centrar em nós mesmos.

Então, como bons vendedores se asseguram de que estão sendo honestos consigo mesmos em uma situação de vendas de alta pressão? Após conversar com vendedores que admiro, entre os quais muitos da minha própria equipe, identifiquei cinco caminhos pelos quais eles lidam com essa questão em uma situação de venda.

Eles começam pensando sobre os seus valores e padrões morais e sobre como querem viver. Ter consciência dos seus méritos enquanto aceitam também os seus defeitos leva a uma atitude honesta para com os outros que é instintivamente reconhecida. Pode ser: "Eu não consigo ser espontaneamente engraçado no meio da minha apresentação", ou: "Eu sei como demonstrar os dois benefícios mais importantes com muita convicção". As aptidões e inaptidões não são, por si mesmas, importantes; a honestidade total com relação a elas é que é.

Eles também prestam atenção ao que está acontecendo ao seu redor, não ao que está passando dentro deles, internamente. Reagindo com naturalidade a qualquer coisa que escutem, eles não analisam demais o que outros dizem e como estão agindo.

Aqui está outro truque: eles também deixam de lado a tentativa de agradar. Isso parece um pouco ilógico, talvez, mas é a base para ser natural e genuíno. Se têm de "tentar", não estão se apresentando honestamente. Por exemplo, ser cortês com os outros é importante, mas a cortesia tem de vir de dentro, não ser uma ferramenta para que outras pessoas aceitem você. Há uma diferença clara entre ser cortês e ser puxa-saco.

Pensar em como os outros os veem – *Será que estou sendo agressivo demais? Estão gostando do meu tom de voz?* – não deveria ser uma preocupação.

A coisa mais importante que devem querer que os outros saibam é que eles são honestas e autênticas. Todo o resto está fora do seu controle – você não pode ser alguém que não é e ainda assim ser genuíno – e é, provavelmente, irrelevante.

Conheço ao menos um vendedor que repete como um mantra: "A opinião das outras pessoas não é problema meu".

Ser honestos consigo mesmos e sobre si mesmos garante aos vendedores sucesso nas vendas? É preciso mais que isso. Mas, no caminho para uma venda bem-sucedida, eles podem retirar uma barreira para completar uma venda que tantas pessoas acham que não pode ser superada.

COMO TANTOS OUTROS aspectos da venda bem-sucedida, ser verdadeiro consigo mesmo pode ajudar em vários aspectos da sua vida. Todos nós somos inibidos por uma variedade de influências, da família e dos amigos à moda e às redes sociais. Aprender a ser nós mesmos parece bobo na superfície – bebês e gatinhos "aprendem" a ser eles mesmos? –, mas pode ser desafiador para algumas pessoas. Se você está entre elas, aqui estão algumas medidas do seu nível de autoconsciência. Você pode se perguntar quantas delas não se aplicam a você e o que você pode fazer sobre isso.

SETE SINAIS DE QUE VOCÊ ESTÁ SENDO VERDADEIRO CONSIGO MESMO:

1. VOCÊ SE SENTE CONFORTÁVEL EM SUA PRÓPRIA PELE.

2. VOCÊ NÃO SENTE A NECESSIDADE DE IMPRESSIONAR NINGUÉM COM NADA.

3. VOCÊ NÃO TEM NENHUM PROBLEMA EM FOCAR NO QUE PRECISA SER FEITO TANTO EM SUA VIDA PESSOAL QUANTO NA PROFISSIONAL.

4. VOCÊ ADMINISTRA SITUAÇÕES PESSOAIS COM SINCERIDADE E ABERTURA, SEM MENTIRAS NEM EXAGEROS.

5. A SUA VOZ INTERIOR SE AQUIETA QUANDO ESTÁ NA COMPANHIA DE PESSOAS DE QUEM VOCÊ GOSTA E CUJA COMPANHIA VOCÊ VALORIZA.

6. OS SEUS MÚSCULOS FICAM RELAXADOS E VOCÊ RESPIRA FÁCIL E NORMALMENTE.

7. VOCÊ SE SENTE BEM – COM RELAÇÃO A SI MESMO, À SUA VIDA E A TUDO QUE VOCÊ ALCANÇOU E TUDO QUE VOCÊ PRETENDE ALCANÇAR.

Vou deixar uma última palavra sobre o assunto com algo que, dizem, foi falado por Oscar Wilde. Oscar nunca foi outro que não ele mesmo. Isso o tornava menos atraente para algumas pessoas do que ele gostaria, mas ele não ligava. Era mais importante para o escritor ser ele mesmo do que tentar se tornar a pessoa que outros gostariam que ele fosse. De toda forma, a ideia, tenha sido falada por ele ou por outra pessoa, resume o meu argumento:

Seja você mesmo. Todos os outros já existem.

DEZESSEIS

O PARADOXO DO "ACORDO FECHADO": AS PESSOAS QUEREM COMPRAR, NÃO QUEREM QUE VOCÊ VENDA PARA ELAS

SE VOCÊ NÃO viu o filme *Sucesso a Qualquer Preço* e planeja vê-lo, prepare-se para instalar um filtro em sua mente para se lembrar a toda hora de que "não é necessariamente assim na vida real!".

Por um lado, trata-se de um filme espetacular, baseado em uma peça do ganhador do Prêmio Pulitzer David Mamet. Muito do seu sucesso se deve ao elenco estrelar: Al Pacino, Alec Baldwin, Jack Lemmon, Kevin Spacey e Alan Arkin. Quatro dos protagonistas são corretores de imóveis (no título original em inglês, *Glengarry Glen Ross* refere-se aos condomínios à venda na história) que enfrentam um esquema de vendas baseado em incentivos e punições. O melhor vendedor do mês ganha um Cadillac novo. O segundo melhor ganha um conjunto de facas para carne. Os outros dois são demitidos. Se você estiver preparado para um linguajar pesado e alguns sobressaltos no roteiro, vale a pena assistir a esse filme.

Mas não tem nada a ver com técnicas modernas de venda. Os vendedores do filme estão desesperados e esgotados, impulsionados pelo medo e intimidados por demandas revoltantes de seu empregador. Nada, o gerente sugere, deve interferir em uma venda. Cabe aos vendedores decidir como fazer a venda. A única orientação dada é o ABC das vendas constantemente repetido pelo mordaz personagem interpretado por Alec Baldwin: *sempre feche as vendas*.

Essa expressão tem sido um mantra entre treinadores de vendas e gerentes ao longo dos anos. No fundo, significa que os vendedores devem encontrar uma forma de convencer o cliente a fazer a venda no momento em que eles se encontram. Construir relacionamentos, descobrir necessidades e desejos, lidar com objetivos, tudo isso é o de menos. Tudo, diz a teoria, depende de achar um jeito de fechar o negócio.

Dezenas de livros foram escritos e centenas de apresentações de vídeo, produzidas, todos com a intenção exclusiva de ensinar vendedores a como fechar negócios. Muitos livros estão repletos de frases para ser memorizadas e ditas ao comprador potencial na hora certa, e repetidas diversas vezes, se necessário. "Faça isso", ensinam os livros e vídeos, "e você fará a venda. Não faça, e a venda será perdida".

Tenho um problema com isso, e não tem nada a ver com as regras e as sugestões para uma venda bem-sucedida – afinal, eu mesmo incluí algumas minhas até aqui. O meu maior problema tem a ver com algo que mencionei antes: vendedores não estão vendendo para robôs; estão vendendo para pessoas com muitas preocupações em suas cabeças, algumas relacionados ao produto que está sendo vendido e outras que não podemos nem imaginar quais são.

Todo comprador potencial é um indivíduo único, que vê o vendedor e o que ele está vendendo de uma forma única. Frases feitas para fechar negócio são como botões pressionados sempre que o vendedor ouve deixas como "Você tem isso em prata?" ou "Como vocês farão a entrega". Essas frases feitas podem de fato indicar o nível de interesse por parte do comprador, mas responder a ele com uma resposta feita e programada não é garantia de nada, a menos que um contexto adequado seja construído, o que inclui um nível razoável de confiança.

Aqui está outro problema:

Os clientes preferem comprar de pessoas com as quais conseguem se identificar e em quem podem confiar. O melhor método de se obter isso é por meio da conversa – a troca de comentários e observações não diretamente relacionada ao processo de venda. Isso envolve um pouco de jogo de cintura, admito. Ambos os lados conhecem os seus papéis; o de um é fazer a venda; o do outro, refletir sobre fazer a compra. A discussão compartilhada sobre o clima ou um concerto ao qual um dos dois foi tem pouco a ver com o produto que está sendo vendido e discutido. Tem tudo a ver com o vínculo pessoal forjado com o cliente. Mesmo quando se aborda os usos do produto e as suas vantagens, além de outras qualidades, o diálogo deve refletir esse relacionamento entre os dois lados.

Não estou questionando a necessidade de vendedores de darem dicas para que o comprador tome uma decisão. Só não fico satisfeito com essa simplificação exagerada do processo com uma frase ABC, que parte do princípio de que só isso já será necessário para fechar o negócio. Se a venda envolve um produto complexo e um acordo igualmente complexo, assim como um investimento substancial por parte do comprador, nunca é tão fácil. Soltar uma frase de fechamento precoce e abrupta durante a conversa coloca em risco o processo de venda inteiro, inclusive tudo que foi conquistado até aquele ponto. Se me permite usar outra analogia com a dança, saltar para uma frase de fechamento cedo demais é como encerrar a música no meio de um samba. Os pés param de se mover, os quadris param de requebrar, os dedos param de estalar. A dança acaba muito antes do momento em que deveria terminar.

Trata-se de uma situação desequilibrada. Como vendedor, a sua única expectativa após propor o fechamento do negócio é ouvir a resposta do cliente concordando com passar para você o dinheiro, o cartão de crédito ou uma ordem de compra. Mas o cliente pode ter outras opções. Algumas podem ser objeções com as quais se deve lidar – o preço está alto demais, não é a cor certa, é preciso obter aprovação de outros departamentos e assim por diante. Há formas de restaurar o equilíbrio, mas o caminho de volta, depois de propor o fechamento com todas as letras, pode ser pedregoso. Você pode desequilibrar a conversa propondo um fechamento cedo demais e arriscar o relacionamento com o cliente, por mais breve que tenha sido.

É por isso que eu digo que fechar uma venda é mais complexo do que sugerem os livros de "como fazer". Sim, vendedores precisam tomar a iniciativa e, sim, precisam ser exatos para não perder o *timing*. Mas ainda não há, nem nunca haverá, uma solução do tipo botão automático para fechar um acordo, nem para realizar outro aspecto da venda profissional.

A minha abordagem para fechar negócios é a seguinte:

Eu me lembro de que os clientes compram o vendedor tanto quanto compram o produto. O meu pessoal de vendas e eu sabemos mais sobre o nosso produto, o seu design e o seu uso do que as pessoas que possam vir a comprá-lo. Os clientes esperam isso, e eles precisam se sentir confortáveis no que diz respeito a alcançar uma decisão, confiando que o vendedor agirá de modo a lhe beneficiar.

Eu evito usar termos de fechamento abruptos que possam prejudicar o nível de conforto que me esforcei para estabelecer. Fechar o negócio cedo demais – ou tentar fechá-lo – muda o rumo da conversa de *relacionamento* para *transação*. Quando isso acontece, as coisas se concentram em torno do vendedor, e não em torno do comprador, que não é a direção que o cliente ou eu queremos seguir.

Eu rejeito a ideia de usar frases prontas para fechar negócios. Entre elas, estão "Para quando posso programar essa entrega para você? Você quer em vermelho ou cinza? Há algo que impeça você de tomar essa decisão agora?". Comentários assim supõem que a transação tem a ver sobretudo comigo, vendedor, e que a decisão do comprador é inteiramente racional; e que uma linha reta pode ser desenhada entre o momento em que eu me apresento e a assinatura do contrato. Mas isso não é verdade. A transação deve ser mais sobre o comprador do que sobre o vendedor, e uma linha reta pode ser a menor distância entre dois pontos, mas nem sempre é um caminho bem-sucedido para o fechamento de uma venda.

Eu tomo cuidado para não passar por cima do cliente, porque pode ser fatal para uma história de venda que poderia ter um final feliz. Isso tem tudo a ver com *timing*. Como apontei antes, é fundamental se lembrar de que os vendedores em geral são mais familiarizados com o produto e os seus recursos e vantagens. Os clientes, em geral, não o conhecem tão bem e podem levar mais tempo para chegar ao nível de conforto necessário para tomar uma decisão. *Eu tenho orgulho da minha habilidade em vendas e sei que, como todas as habilidades, ela precisa de competência e de experiência para ser exercida corretamente.* Eu não quero que a minha estratégia de finalização faça os compradores potenciais se sentirem desconfortáveis ou pressionados. Eles deveriam sentir que o relacionamento que construímos está se desenvolvendo naturalmente. Isso é mais difícil do que parece, sobretudo para vendedores jovens e inexperientes, porque pode desencadear uma rejeição, e ninguém gosta de ser rejeitado.

Na realidade, uma venda não é de fato fechada até que o dinheiro mude de dono. Uma ordem de compra ou outro documento da empresa que está adquirindo o produto ou serviço é ótima, mas não é tão sólida e definitiva quanto o cartão de crédito ou o dinheiro passados por cima do balcão, ou da confirmação de depósito na conta da empresa vendedora.

Digo isso porque muitos espectadores do *Negociando com Tubarões* imaginam que basta o aperto de mão entre os Tubarões e os candidatos vitoriosos no programa para marcar o fechamento do acordo. Mas não. Todo acordo que fazemos com as pessoas que procuram o nosso investimento é submetido a uma revisão. Se essa diligência atestar floreios ou mentiras deslavadas por parte do candidato, o acordo é quebrado.

Um negócio não dá certo, em geral, devido a números exagerados de venda e de lucro jogados sobre nós durante a proposta. Nós até perdoamos se a verdade for levemente floreada, partindo do princípio de que o saldo da história que ouvimos é positivo. Mas, em alguns casos, os números de vendas e de lucro que ouvimos quebram a nossa confiança e insultam a nossa inteligência. Outros fatores que matam o negócio são não nos dizer sobre parceiros e não possuir os direitos autorais ou a patente do produto.

A próxima vez em que você observar um Tubarão apertando a mão de um novo parceiro no programa, não caia na expectativa de que os dois lados estarão desfrutando de um aumento de sua renda nos meses seguintes. Sim, pode-se fazer dinheiro partindo de negócios assim, mas não até que os acordos sejam assinados, confirmando o que foi apresentado pelo candidato.

Poucas coisas nos negócios me dão mais prazer do que fechar uma compra desafiadora. Como isso poderia não ser divertido e gratificante? Finalizar vendas é o que importa, e isso pode ser mais recompensador do que a comissão ganha.

Isso sugere, ainda, outra analogia bem-humorada entre a vida e as vendas: *ser um vendedor habilidoso é como ser um bom pai ou uma boa mãe.* Você pode ler todos os livros de como criar filhos que quiser e ouvir todos os psicólogos infantis que encontrar, mas, no fim das contas, ser um bom pai ou uma boa mãe se resume a conhecer bem a criança e usar os seus instintos para alcançar o objetivo que você tem em mente. Se fizer isso muitas vezes, criando bons sentimentos para você e os seus filhos, parabéns. E, se você conseguir avançar de uma primeira introdução a uma apresentação de venda complexa, que envolva construir um relacionamento e lidar com as preocupações do comprador e finalizar uma venda que beneficie os dois lados, você valorizará esse vínculo.

Tendo dito tudo isso, concordo com a ideia original: ser bem-sucedido em vendas equivale a saber fechar negócios. Fechar uma venda é a razão de ser de um vendedor. Ele não quer ir embora nem com uma promessa – "Vou pensar" –, nem com uma rejeição. Querem sair com uma venda feita, uma ordem de compra ou um contrato nas mãos, e conseguir isso está nas mãos dele.

Como fazer isso sem perder o fio da meada?

Em vez de "parar a música" com uma pergunta abrupta para fechar a compra, o vendedor *muda* a música fazendo perguntas como "Qual é o próximo passo?".

Isso pede a coragem de se mover rumo a uma decisão que é tirada das mãos do vendedor e colocada nas mãos do comprador. Trata-se, também, de uma questão aberta (não pode ser respondida com um simples sim ou não), que não encerra a música que embala a conversa. Respostas para esse tipo de questão não são previsíveis, então os vendedores não têm como se preparar com uma resposta pronta. Deve-se ouvir com atenção para se obter respostas como as seguintes:

Teremos de submeter a decisão de compra para [nome de quem decidirá].

Eu poderia marcar outra reunião com a [nome da diretoria ou gerência]. Talvez eu deva pesquisar um pouco mais.

Eu precisaria de mais informações / preços mais detalhados / números de desempenho etc.

Parece ser a mesma coisa que obtivemos de outras fontes.

Ainda não tenho certeza dos benefícios que isso trará para nós.

Os vendedores também podem ouvir o temido: "Lamento, mas não tenho interesse". Essa não é uma boa notícia, mas move o processo adiante e evita o desperdício de tempo.

Dependendo do que os vendedores ouvirem (e eles deveriam pedir esclarecimento se ficarem em dúvida quanto à posição do cliente – "Desculpe, mas não entendi o que quis dizer. Poderia me explicar, por favor?" –, devem prosseguir com outras questões:

Como funciona o processo?

De que forma você está envolvido com os grupos de pessoas que tomarão a decisão? Quando a decisão será tomada?

De tudo que viu com outras empresas, você pode identificar diferenças em preço, desempenho ou serviço?

O que você gostaria que acontecesse?

Qual é o maior obstáculo para que aconteça?

Pense no que estão fazendo aqui – *estão pedindo ajuda ao comprador potencial*. Trata-se de um dos passos mais importantes a se dar quando se está fechando um negócio, e é quase sempre eficaz. A maioria das pessoas, quando estão lidando com uma companhia agradável, mesmo que por alguns minutos (este é o fator relacionamento), está disposta a oferecer auxílio se tudo que for preciso forem algumas palavras de conselho.

Essa técnica devolve a responsabilidade pela finalização para o comprador em vez de desencadear a fala "vamos fechar isso agora" do vendedor. A resposta para "Qual é o próximo passo?" deve conduzir a outra pergunta aberta: "Quando a decisão seria tomada?". Note que nenhum grande salto é dado – apenas uma série de pequenos passos. Assim, as objeções encontradas ao longo do caminho serão menores e mais fáceis de se lidar quando o processo de finalização do negócio é realizado dessa forma.

Por fim, uma das regras mais fáceis de se apreender – para algumas pessoas –, mas difícil de ser executada: quando o vendedor finalmente sente que está ha hora de fazer a pergunta final e faz essa pergunta, ele deve *calar-se* e não dizer nenhuma outra palavra até que o cliente responda. O silêncio é provocador. Encoraja ambos os lados a refletir sobre o que foi dito e sobre qual será o próximo passo.

Isso pode ser um desafio para alguns vendedores. Os clientes podem levar uma eternidade para falar nesse ponto da negociação. Provavelmente, são apenas alguns segundos, mas, quando uma grande venda está pendurada, os vendedores podem se sentir como se estivessem ficando carecas. É tentador preencher o silêncio com a própria voz, mas é um erro tentar. Eu já vi mais de um cliente desistindo de uma compra porque o vendedor não sabia simplesmente esperar e ouvir. Por quê? Porque não conseguiram entender o poder do silêncio.

Espectadores regulares do *Negociando com Tubarões* assistem a esse uso do silêncio feito por nós, e pode deixá-los desconfortáveis. Mais importante que isso, pode deixar o candidato desconfortável, que, com frequência, é mesmo o objetivo.

Um dos momentos mais temidos em um programa de televisão é esse em que nada acontece e não se fala nada. Produtores e diretores tentam evitar esses silêncios vazios porque têm consciência de que milhões de espectadores estão em algum lugar dizendo consigo mesmos: "Divirta-nos ou trocaremos de canal, ou vamos para cozinha fazer um café". Mesmo alguns segundos sem movimento, sem voz e sem música na televisão pode parecer um grande deslize, um erro amador em um programa de um canal comercial.

No *Negociando com Tubarões*, não se trata de um erro. É uma forma de gerar drama e tensão e de avançar o enredo. Por apenas alguns instantes – embora, na televisão, dois ou três segundos em que nada acontece possam parecer meio dia – quando nenhum de nós, Tubarões, fala. Nós simplesmente olhamos para o candidato em silêncio, sem expressar nada.

O silêncio gélido em geral ocorre depois de o candidato ter levado a proposta longe demais, em geral atirando ocorrências pouco realistas e promessas que são tão revoltantes que parecem nos deixar, literalmente, mudos (É preciso muito para deixar o Mark Cuban mudo, mas não é que às vezes acontece?). Quando os candidatos finalmente param de falar, não dizemos nada. Simplesmente o encaramos, com a fisionomia impassível, e esperamos que ele fale. A expressão deles, em geral, é de: "Alguém diga alguma coisa!", mas não dizemos nada. Ficamos sentados em silêncio, observando e ouvindo. Principalmente ouvindo. O resultado é um instante de drama e teatralidade.

Seja o que for que o candidato finalmente fale, as palavras serão ou dramáticas – "Vocês não estão entendendo?!?!" – ou informativas, em geral vindas de uma nova direção. Ambas dinamizam o programa e lhe garantem uma cota de entretenimento.

Estamos sendo cruéis e manipuladores com os candidatos? De jeito nenhum. Estamos, por assim dizer, dando-lhes a oportunidade de tomar conta do tempo e do espaço. Cabe a eles saber como fazer isso. Não se pode negar que o impacto é um pouco teatral, mas está dentro do contexto de um programa de TV de grande audiência. Em outras instâncias e em outras aplicações, como na venda, o que estamos fazendo é imensamente poderoso.

Tanto em relacionamentos pessoais quanto de negócios, as pessoas não têm noção do poder do silêncio ou não o valorizam. Não quero dizer um silêncio de desdém ou de virar as costas para alguém. Estou me referindo ao intervalo da conversa quando os dois lados podem absorver as informações e organizar os seus pensamentos antes de falar.

Durante uma proposta de venda, chega uma hora da apresentação em que o próximo passo dado pelo vendedor deve ser o de parar de vender, isto é, parar de falar. Nesse ponto, a única função do vendedor é *ouvir*. Ele já deveria estar ouvindo as respostas do cliente ao longo de toda a conversa, é claro. Mas, em algum momento – e isso só pode ser medido com base em uma mistura de conhecimento e de experiência construídos ao longo do tempo –, a melhor jogada é ficar em silêncio e deixar o outro falar. No *Negociando com Tubarões*, trata-se de um momento teatral eficaz. Em uma situação de venda real, pode ser um passo eficaz rumo à finalização da compra.

Sempre fiquei intrigado com o fato de que as duas palavras em inglês, "silent" (silêncio) e "listen" (ouvir), possuem as mesmas letras, mas organizadas de forma diferente. Saber disso, pelo menos, pode lembrar você de que, qualquer que seja o relacionamento em que você se encontra, a melhor maneira de ouvir é ficar em silêncio.

Como os vendedores devem lidar com o silêncio? Uma coisa que não devem fazer é imaginar que sabem por que o cliente está demorando para responder. Se tentarem adivinhar, provavelmente irão perder. O cliente pode estar pensando sobre as datas de entrega. Se o vendedor acreditar que o preço é o obstáculo e quebrar o silêncio oferecendo um desconto de 20%, quem ganha? O vendedor é que não. Baixar o preço repentinamente quando isso nem foi uma questão até aquele momento parece um ato de pânico. Se o cliente estava pesando um e outro lado para chegar a uma decisão, não ajuda se o vendedor exala desespero. É verdade, alguns clientes podem ver essa como uma oportunidade de atacar e reivindicar um acordo melhor do que o que vinha sendo discutido até ali. Mas outros ficarão desconfortáveis em situações assim. Ninguém gosta de lidar com vendedores desesperados, porque vendedores desesperados parecem fracassados, e ninguém quer se associar a gente fracassada. Também existe a chance de o comprador potencial sentir que o produto ou serviço está caro demais para o que é.

Permanecer em silêncio dá ao cliente a oportunidade de se opor ao preço, caso esse seja um fator, e dá ao vendedor a oportunidade de responder. Conclusão: o preço nunca deve ser baixado, exceto em resposta a uma reivindicação ou objeção por parte do cliente.

Fechar negócios com sucesso é mesmo uma habilidade de vendas, e muito importante. Os finalizadores de negócios mais bem-sucedidos, porém, são aqueles que dirigem o processo, enquanto deixam – ou até encorajam – o comprador a pensar que foi tudo ideia dele.

Qualquer um que aperfeiçoe essa habilidade tem uma sólida carreira à sua frente.

DEZESSETE

CALIBRANDO A SUA BÚSSOLA MORAL

DIRIGIR UMA EMPRESA de acordo com parâmetros morais bem-definidos não é apenas preferível – é essencial.

Preciso esclarecer isso logo de início porque é impossível esperar um comportamento ético dos funcionários quando a própria empresa apresenta demasiada flexibilidade moral.

Entendo que há quem defenda que corporações só obterão sucesso se "flexibilizarem as regras" aqui e ali. Nos anos recentes, tivemos vários exemplos de grandes corporações não apenas flexibilizando regras, mas as esmagando e passando por cima delas. Decidir que o bem-estar de uma empresa é mais importante do que o respeito aos limites legais resultará, no fim das contas, em um desastre, em vários sentidos. A reputação da empresa e a sua perspectiva de crescimento são as primeiras a sofrer. De um jeito ou de outro, isso significa perda de empregos para os seus funcionários, dos quais a maioria nem desempenhou um papel direto no mau comportamento da corporação.

Em grande escala, a conduta antiética de uma empresa impacta a percepção pública da ética dos negócios de outras empresas. A visão de que os negócios são corruptos aumenta o pessimismo com relação a todos os profissionais da área e da iniciativa privada como um todo.

O fato é que a vasta maioria dos negócios opera dentro dos limites da lei e de parâmetros morais largamente aceitos. Ninguém os nota, é claro. Mas todo mundo se lembra do que leu sobre empresas que ficaram conhecidas por suas ações questionáveis.

A história dos negócios nos Estados Unidos é marcada por desastres que fazem muitos de nós questionar "O que eles tinham na cabeça?!?!". O Google cita nomes como Prudential, Tyco, WorldCom e Enron, e você descobrirá que algumas das maiores e mais admiradas corporações do país caíram nessa vala. Em alguns casos, a reputação das empresas foi seriamente prejudicada. Em outros, elas desapareceram por completo, levando com elas bilhões de dólares de investimentos e as carreiras de centenas de milhares de funcionários.

Tudo isso pode ter sido resultado de ações questionáveis tomadas pelos executivos dessas companhias – ações cujos efeitos foram passando por gerentes, funcionários, clientes e, às vezes, até fiscais. Só o colapso da Tyco, da WorldCom e da Enron criou uma queda de 136 bilhões de valor de mercado*, enquanto 17 outras empresas perderam um adicional de 100 bilhões no mesmo período. Essas não são, aliás, "perdas de papéis" que não afetam você. Se investe na bolsa de valores, faz um plano previdenciário ou conta com um ambiente saudável e confiável de negócios para fundar a sua carreira, você seria afetado por essas ações.

O meu argumento é o seguinte... Nenhum desses desastres financeiros seria possível se as pessoas tivessem simplesmente dito a verdade. Em todos os níveis. Em todas as ocasiões.

EU NÃO SEI quantas pessoas mentem para mim durante negociações. Não acredito que nenhuma delas seja minha funcionária, mas não posso contar com isso.

---

* Corporate Fraud & Abuse Taxes. In: Public Citizen's Congress Watch. 10 set. 2002.

Digo isso porque sei que muitas pessoas bem-sucedidas que conheço não considerariam mentir para mim para fechar um negócio. Não posso falar sobre as suas vidas pessoais e não estou propondo que nenhuma delas seja indicada à canonização. Eu simplesmente sei – e confio profundamente nisso – que, quando o assunto são negócios, eles paralisam a sua bússola ética apontando para o norte e, raramente, se é que um dia o fazem, consideram mudar a direção do ponteiro ou ignorá-la.

Por que eles levam tão a sério os seus valores éticos ao fazer uma proposta de venda? Por uma razão simples: é bom negócio. Quando confiam que diremos a verdade em negociações, ganhamos a confiança e a lealdade dos clientes e o respeito dos colegas. Confiança, lealdade e respeito – esses são três bens que você não pode comprar de volta quando são perdidos, e cujo conserto custa enormes quantias de tempo e dinheiro quando são quebrados.

Profissionais de vendas iniciantes não são como a Prudential ou a Enron, ou outra corporação mergulhada em um mar de mentiras. Mas eles dependem da confiança dos outros para ascender ao sucesso. Eles correm o risco de macular a sua reputação em troca de uma comissão, porém, se fizerem isso, podem comprometer toda a sua carreira.

As empresas e os indivíduos mais respeitados que já encontrei no mercado seguem códigos de ética rígidos. Os códigos variam em algum grau, mas todos compartilham dos valores listados abaixo. Essas orientações gerais não são infalíveis e, no curto prazo, podem não parecer produtivas. Mas a sabedoria do seu propósito é inquestionável.

- A decisão de compra de um cliente deve ser baseada em preferência, não em pressão.

- O que os vendedores fazem é muito mais importante do que o que dizem.

- É muito melhor competir no mercado promovendo a própria reputação do que atacando a reputação alheia.

- Os clientes merecem e esperam honestidade e informações precisas.

VENDEDORES (E OUTROS, JÁ que a ética não é uma exigência exclusiva das vendas) podem se encontrar em situações nas quais uma mentirinha pode os levar a finalizar uma venda. Como eles brigam com a tentação de conferir a um produto algo que não podem provar, apenas para pegar o cartão de crédito do comprador ou a sua assinatura em uma ordem de compra?

Eu respondo a isso com duas outras perguntas:

QUANTO VALE A REPUTAÇÃO DELES?

E QUANTO ELES PAGARIAM PARA RECUPERÁ-LA?

A MAIORIA DAS pessoas não tem grandes problemas em manter a verdade ao fazer negociações. Seria necessária uma grande quantidade de dinheiro para convencer alguém que sinceramente acredita na honestidade a distorcer drasticamente a verdade para embolsar uma comissão de vendas.

As coisas complicam-se, entretanto, quando o seus superiores as ordenam a "fazer o que for preciso" para finalizar uma venda ou alguma tarefa. A implicação é clara. Se fazer "o que for preciso" envolve desonestidade ou ilegalidade deslavada e recusar a fazê-lo pode lhes custar o emprego, como poderiam reagir?

Para mim, é fácil dar o conselho de seguir a sua bússola ética e recusar-se a mentir para clientes e consumidores. Afinal de contas, não sou eu que precisa escolher entre seguir as ordens de um superior e arriscar o meu emprego. Eu dirijo a minha própria empresa e tenho insistido para que os meus funcionários sigam parâmetros altos de ética desde que a abri. Aqueles que trabalham para mim sabem que, se uma situação de venda chega a um ponto em que se deve escolher entre dizer a verdade e dizer uma mentira, a escolha é fácil e inflexível: você sempre diz a verdade aos clientes. Sem exceções. Sem desculpas.

Posso perder uma venda aqui e ali por dizer a verdade, mas não perderei o meu emprego. Outra pessoa, porém, poderia perder o emprego caso se comportasse assim.

Então qual é o meu conselho?

Mais uma vez, para mim é fácil dizer, e é tão coerente quanto sincero:

Recuse-se a mentir. Preserve a sua ética. Siga a sua bússola moral.

Na maioria dos estados norte-americanos, os funcionários não têm obrigação de obedecer a ordens que conflitem com práticas aceitáveis de negócios. Mentir intencionalmente a um cliente encaixa-se nessa categoria, então eles podem fazer uma reivindicação legal, com base na perda de renda, caso acabem indo parar na rua. Podem conseguir outro emprego. Mas não podem reparar uma reputação de indivíduo não confiável com facilidade.

Entendo por que as circunstâncias podem tornar difícil para alguém recusar uma ordem da chefia. Pode ser que sejam pais solteiros, por exemplo, com obrigações difíceis de contornar. Valorizar o seu caráter e a sua reputação pode soar como uma tarefa moral e prática. Mas reputações são intangíveis; pagar o aluguel e ter comida na mesa toda noite são coisas bem concretas. Em um caso eles comem, têm um lugar para dormir e mantêm o seu emprego... por um tempo. No outro, eles ganham um concurso de ética, mas o prêmio pode ser acabar sem emprego e sem casa.

A minha sugestão é agir desde o início de maneira que não encoraje os seus superiores ou outros a lhe pedirem qualquer coisa que não seja honesta. Isso é muito mais eficaz do que muitas pessoas imaginam. É possível criar uma aura que afaste qualquer sugestão de falta de ética. E não, isso não significa que o indivíduo precise parecer angélico e casto. A ética por si só não sugere pomposidade ou recato. No ambiente de trabalho e entre amigos, deixar claros os seus parâmetros éticos reduz a chance de que lhe peçam desonestidade.

EU TENHO MAIS orgulho do meu sucesso nos negócios do que de qualquer outra coisa que eu tenha conquistado na vida. Ele me assegurou um nível de fortuna e de reconhecimento que eu não ousaria imaginar quando saí da faculdade. O meu sucesso também garantiu empregos bem-pagos para centenas de colegas talentosos nas minhas empresas. Juntos, nós alcançamos muito para outros e para nós mesmos por meio das práticas "cafonas" da dedicação, do trabalho duro, da criatividade e da honestidade.

Quando ouço sobre empresas e indivíduos que acreditam ter o direito a níveis similares de sucesso ignorando essas práticas, a minha resposta fica em algum lugar entre a decepção e a revolta. Há negócios demais sendo desenvolvidos nos Estados Unidos do século XXI, por meio da inovação e da produtividade, para arriscá-los com desonestidade e parâmetros baixos de comportamento. Também enfrentam desafios demais, da concorrência externa aos problemas ambientais, para tolerar a corrupção em qualquer nível que seja. Esses tipos de ação ferem a nossa imagem pública; ferem o nosso relacionamento com o governo; e, no fim, ferem os nossos clientes, acionistas e funcionários.

Se um dia me pedissem para dar um conselho aos líderes de empresas dos Estados Unidos relacionado à confiança do consumidor e do investidor, eu diria o seguinte:

Seja honesto em tudo que fizer, em todos os níveis da empresa. Sem exceções. Sem promessas. Sem desculpas.

Quatro conselhos meus caso o seu chefe lhe peça para mentir:

- Diga não, educadamente. Esqueça a indignação declarada. Aja como se estivesse refletindo um pouco, assegure-se de que entendeu o pedido e a sua legalidade questionável e depois diga: "Eu me sentiria desconfortável fazendo isso porque parece antiético. Lamento".
- Pense em como poderia ceder. Há pouco lugar para negociação quando se trata de uma mentira deslavada, mas pode haver uma forma de injetar honestidade na situação. Por exemplo, em vez de oferecer uma "garantia" que não existe para um cliente como foi instruído pelo seu chefe, pergunte se uma promessa de "vou fazer o meu melhor" pode ser feita no lugar.
- Procure outro emprego. Se os seus parâmetros éticos e os do seu empregador estão seriamente fora de sintonia, não espere pelo inevitável. Comece a procurar outro emprego antes que o seu empregador procure alguém para ocupar a sua vaga.
- Reflita sobre fazer uma denúncia. Se o seu chefe é um gerente mediano em uma grande empresa, converse com alguém do RH sobre o pedido dele. Se a sua recusa em se utilizar de desonestidade lhe custar o seu emprego e nenhuma compensação for oferecida, consulte um advogado.

DEZOITO

A MELHOR FONTE DE ESTABILIDADE NO TRABALHO É... VOCÊ

EU SUSPEITO QUE a maioria das gerações acreditava que estava enfrentando desafios únicos em suas vidas. E elas estão quase sempre corretas. Eu não aceito, porém, que os desafios que enfrentamos sejam mais desastrosos do que os que foram enfrentados pelos nossos pais e avós. Enquanto escrevo isso, a situação econômica global não está das melhores, mas também não estava ótima na Grande Depressão, quando alguns dos nossos avós estavam tentando se virar.

O mundo muda e se desestabiliza um pouco conforme muda. A mudança afeta muitas coisas, entre as quais o modo de sustento das pessoas. As carreiras da moda de ontem tornam-se as ocupações comuns de hoje e a fila de desemprego amanhã.

Talvez, com uma exceção.

Apesar das expectativas de que muitas ocupações de hoje venham a desaparecer em um futuro próximo, acredito que a venda cara a cara continuará ativa e uma parte crítica dos negócios por algum tempo ainda. O fator emocional envolvido quando clientes fazem uma compra continuará sendo uma questão. Programas de computador são bons ao comparar especificações, mas não em todas as categorias. Muitas pessoas ainda querem se sentir acolhidas e envolvidas em suas decisões de compra, sobretudo quando se trata de bens caros.

Eu também acredito que os negócios estejam se tornando mais "faça você mesmo" a cada ano que passa. O movimento "faça você mesmo" talvez não tenha alcançado proporções avassaladoras, mas muitas coisas sugerem que esse é o futuro. Por exemplo, as empresas continuam a apoiar a ideia de funcionários-chave trabalharem de casa de tempos em tempos. Muitas empresas também estão incentivando o trabalho "freelance", que um dia já foi sinônimo de "desemprego".

Vários desenvolvimentos conduzem a essas mudanças nos hábitos de trabalho, e eu deixo a outros a responsabilidade de debater as suas origens e consequências. Está claro para mim, porém, que elas trazem um novo espírito livre, que inspira as pessoas a assumirem um maior controle das suas vidas. Muitas não têm escolha. Quando os trabalhadores já não podem confiar em sindicatos e em boas condições econômicas para lhes garantir estabilidade no trabalho, eles a procurarão em si mesmos. E, assim, talvez eles possam encontrar uma carreira bem-sucedida em vendas que lhes permita agir como empreendedores dedicados, sem ter de se comprometer a trabalhar 23 horas por dia. Estabelecendo o seu próprio horário e a sua agenda, eles se encaixarão perfeitamente no padrão "faça você mesmo" que se encontra em ascensão.

Essa é uma possibilidade real. Quanto mais bem-sucedidos eles se tornarem como vendedores, mais livres eles ficarão para encontrar uma maneira de bater as suas metas. Isso, preciso acrescentar depressa, não tem tanta relação com vendas no varejo quanto com vendas corporativas, entre empresas. A Amazon e o seu impacto em vendas de baixo valor não irão desaparecer, nem as vendas pela internet. Os processos de compra e venda nos negócios, porém, tendem a durar por mais algum tempo, não importa o que aconteça com o processo "compre com um clique" inspirado pela Amazon. É fácil comprar um livro e um filme de um site. É um pouco mais difícil tomar o mesmo tipo de decisão de compra quando vai se gastar milhões de dólares em linhas de robótica ou centenas de milhões de dólares em uma nova frota de jatinhos.

O objetivo de todo representante comercial de uma empresa deve ser se tornar tão bem-sucedido em seu trabalho, que opere quase como um empreendedor, livre para planejar a sua estratégia e organizar o seu tempo ao mesmo tempo em que colhe os benefícios de trabalhar dentro de um ambiente corporativo estável.

Empresas norte-americanas – e não apenas as do Vale do Silício – estão reconhecendo o valor de funcionários que cultivam a postura "faça você mesmo", sobretudo em vendas. A sua maneira de trabalhar permite que a empresa se torne uma máquina de fazer dinheiro enxuta, dispensando as camadas de pessoal redundante e de burocracia complexa.

Então o que é necessário para alcançar esse nível atraente de vendas corporativas? Habilidades de venda excepcionais, para começar. Além de atributos pessoais, muitos deles conscientemente desenvolvidos. Alguns exemplos das qualidades exibidas por pessoas nesse nível:

- Elas exibem segurança e autoconfiança. Quanto mais as pessoas se afastarem de debaixo das asas da cultura corporativa, mais elas terão de trabalhar sem uma rede. Isso leva a uma abordagem de "não desperdice nada" em seu trabalho, na qual 100% dos seus ganhos advêm de comissões de venda. Há quem se sinta desconfortável com a ideia e prefira um acordo de salário. Outras se sentem melhor com o conceito de autogestão porque sabem que, quanto maior o risco, maior será a recompensa.

- Elas possuem criatividade e a habilidade de se comunicar com rapidez e eficiência. Escolher trabalhar de forma independente pode torná-las "lobos solitários", mas elas não são as únicas feras da floresta. Essa abordagem não tem nada a ver com o velho clichê de não saber "trabalhar em equipe". É mais como dirigir em comboio por uma rodovia interestadual, manobrando o seu próprio caminhão na companhia de outros, preparado para acelerar ou mudar de direção quando necessário.

- **Elas entendem os limites do seu empregador e estão preparadas para respeitá-los.** É possível, quando se ocupa uma função de vendas corporativa, levar o conceito de "faça você mesmo" longe demais. Bons representantes comerciais lembram-se de que, mesmo fora das regras mais rígidas da estrutura corporativa, eles ainda assim precisam obedecer às orientações operacionais.

Alguns vendedores se tornam motivados e bem-sucedidos (os dois caminham lado a lado) o bastante para se convencer de que podem iniciar, gerenciar e construir a sua própria empresa em vez de se limitar a um papel comercial. Se trabalhar como um funcionário de vendas envolve os talentos necessários para se tornar um empreendedor bem-sucedido, por que não poderiam dar esse salto? É uma boa pergunta, que merece uma reflexão ponderada.

É verdade que alguém com habilidade de vendas suficiente pode ser capaz de iniciar a sua própria empresa em vez de se restringir apenas a vender. Afinal de contas, foi isso que eu fiz.

A minha empresa, a Herjavec Group, é líder na área de segurança da internet para outras empresas que trabalham com grandes quantidades de dados e de dinheiro entre várias localidades no mundo. As nossas operações e os nossos programas são complexos a ponto de parecerem quase incompreensíveis. Precisam ser, porque os nossos clientes nos contratam para que despistemos hackers, ladrões habilidosos e gângsteres internacionais do crime organizado. Fazemos isso com intrincados programas de multicamadas e sistemas projetados para identificar, monitorar e detectar esses crimes quase antes de começarem.

Eu não lancei a minha empresa como um programador ou analista de sistemas bem-sucedido. Não fui treinado para isso, nem me interesso por isso. A minha contribuição foi, e ainda é, identificar uma demanda crítica e elaborar uma solução eficaz, direcionar o serviço aos clientes potenciais, gerenciar as vendas e os projetos de marketing e guiar o crescimento corporativo. E tudo partiu do ponto de vista de reconhecer uma demanda, pesar as melhores formas de atender a essa demanda e convencer os clientes potenciais de que tínhamos a melhor solução possível – que, você irá concordar, é a alma das vendas entre empresas.

Qualquer um que alcance um ponto em sua carreira de vendas em que acreditem que têm o conhecimento, os contatos e o desejo de iniciar a sua própria empresa deve pensar seriamente em fazer isso. Eu não posso dizer a ninguém para esquecer a ideia porque, afinal, eu a fiz funcionar. Uma decisão assim merece um livro só para ela. Este não é o livro para isso, mas aqui estão algumas ideias de um cara que aprendeu na marra a como fazer.

A ABORDAGEM "BALDE DE ÁGUA FRIA" DE HERJAVEC SOBRE ABRIR A SUA PRÓPRIA EMPRESA

Cerca de 50% de todas as novas empresas fracassam em seu primeiro ano. Fracassam por várias razões, entre as quais:

- FALTA DE DINHEIRO – não há o suficiente para começar.
- FALTA DE EXPERIÊNCIA COM O MERCADO – não saber tudo que precisa saber de início.
- FALTA DE EXPERIÊNCIA GERENCIAL – não entender a complexidade do negócio.
- ADMINISTRAÇÃO DE DADOS E CONTROLE FINANCEIRO RUINS – não saber para onde o dinheiro está indo.

- Planejamento ineficaz – decisões intuitivas não levam você muito longe.

- Equipe ruim – o seu cunhado pode não ser a melhor escolha para administrar o escritório.

- Timing ruim – o seu produto ou serviço não pode chegar cedo demais nem tarde demais.

- Condições econômicas – pular em um mercado em baixa sem a habilidade de tirar vantagem disso.

- Status pessoal – a juventude traz energia, a idade traz sabedoria; quando você dispõe das duas em quantidades suficientes?

- Falta de parceiros qualificados – pode ser que você não consiga fazer tudo sozinho.

Algumas outras coisas a saber antes de abrir o seu próprio negócio:

Empreendedores raramente desfrutam de uma vida equilibrada. As necessidades da empresa virão antes de aniversários, férias, jantares, concertos e outros eventos sociais.

E, depois, há o desafio das multitarefas. Pelo menos no primeiro ano de existência da empresa, empreendedores precisam ser minimamente preparados para desempenhar uma grande variedade de tarefas, entre as quais cuidar da contabilidade, do gerenciamento de pessoal, da agenda da empresa, do marketing e talvez de dezenas de outras coisas. Eles não precisam dominar essa tarefas em detalhes, mas precisam saber o básico sobre elas. Ter um contador competente é uma boa ideia; ser capaz de ler um balanço e um extrato de lucros e perdas é essencial. Não dar atenção a isso pode acabar em desastre.

Por fim, pode ser muito solitário. Mesmo.

Eu ESTAVA CIENTE dessas questões quando abri a minha primeira empresa, mas isso não me deteve. Conforme o tempo passou, consegui me livrar das demandas dos negócios para desfrutar das coisas que não estavam disponíveis no começo. Entre elas, está praticar hobbies como o golfe e a corrida, viajar com a minha família e participar do *Negociando com Tubarões*.

Vendi a minha primeira empresa para uma companhia internacional de tecnologia de comunicação, transformei uma segunda empresa de uma máquina de gastar dinheiro em uma entidade lucrativa e dei início a uma empresa completamente nova com apenas dois funcionários. Hoje, a empresa é líder em seu segmento e tem centenas de funcionários, uma lista crescente de clientes *blue chip* e uma presença gradualmente maior na América do Norte, no Reino Unido e na Austrália.

As melhores medidas de sucesso para qualquer empreendedor são as ofertas de outras companhias para comprar a sua empresa. O tamanho dessas ofertas marca o grau de sucesso que alcançaram, especialmente se a sua empresa tiver sido criada com centavos e as ofertas forem de milhões. Recebi esse tipo de oferta de tempos em tempos, e é lisonjeiro ouvir aquela quantidade de dinheiro sendo oferecida. Até agora eu recusei e espero continuar recusando por algum tempo. Mas, seja qual for a que eu venha a aceitar, a oferta contará para o orgulho pessoal e a satisfação que obtive com essa conquista.

Isso não tem preço.

DEZENOVE

A CANDIDATURA A UMA VAGA É COMO UMA CAMPANHA PUBLICITÁRIA

O PRODUTO MAIS importante que as pessoas venderão em suas vidas é a habilidade de conseguir uma vaga de emprego.

E com frequência fico surpreso com quanto elas se saem mal nesse quesito.

Todos os dias, todos nós nos vendemos em nossos papéis de amigos, colegas de trabalho e outras dezenas de relacionamentos e trocas. Fazemos isso com graus variados de habilidade e sucesso, mas nunca pensamos que se trata de uma venda. Para nós, significa "se dar bem com os outros", apresentar uma identidade para o mundo que nos trará respeito, amizade, amor e, às vezes, negócios. Entre as tarefas mais importantes e claramente definidas está se candidatar a uma vaga de emprego. Muitas pessoas que tendem a criticar vendedores incompetentes podem refletir sobre o próprio sucesso – ou falta dele – em vender as suas habilidades para um empregador.

QUAL É O SEGREDO para passar a melhor das impressões quando nos candidatamos a um emprego? Aqui está uma ideia: comece a se olhar não como um corpo pronto para ocupar um cubículo, mas como um produto ou serviço (porque você é, na verdade, os dois) que você está vendendo. Depois, comece a pensar como Don Draper, da série de TV *Mad Men*.

Na série, Draper era o diretor de criação em uma grande agência de publicidade nova-iorquina, encarregado de criar a maneira mais eficaz de vender os produtos dos seus clientes. Se for um fã da série, você sabe que ele era metódico quando se tratava de elaborar as campanhas. Ele não usava slogans bobos, nem enfatizava a perspicácia em detrimento da venda. Ele aprendia tudo que podia sobre o produto, identificava os seus compradores mais prováveis e decidia quais atributos atrairiam esses compradores potenciais para adquiri-los. Só aí ele inventava alguma maneira de propagandeá-los em comerciais de TV ou anúncios de revista. O cargo de Draper podia até ser diretor de criação, mas, basicamente, ele era um vendedor.

Diga o que quiser sobre agências de publicidade, mas as pessoas que trabalham lá são, em geral, muito espertas e impressionantemente criativas. As melhores entre elas também são metódicas quando se trata de preparar campanhas para os seus clientes, e elas as sintonizam para causar o máximo de impacto. Por mais sutis que possam ser algumas propagandas, elas são pensadas para empurrar o público rumo a uma decisão de compra. O público pode não ter consciência do seu impacto psicológico, mas especialistas em publicidade sempre têm. Eles sabem o que funciona e sabem como usar isso. Muitas e muitas vezes.

Assim, aqui vai uma ideia:

Por que candidatos a um emprego não usam o mesmo método? Por que não conseguem fazer um planejamento similar e, assim, ajudar a empurrar o seu nome rumo a uma entrevista e, na entrevista, "fechar a venda", por assim dizer?

Eles podem.

Abaixo se encontram cinco passos que aplicam táticas clássicas de agências de publicidade na candidatura a um emprego. Os passos espelham os métodos usados por profissionais de ponta dessas agências, que trabalham para clientes que exigem números de venda maiores a cada nova campanha.

Para seguir esses passos, imagine-se interpretado vários papéis.

Primeiramente, você é o produto (você está se vendendo para o empregador potencial). Depois, você é a agência de publicidade (você criará uma campanha e a colocará em prática); e, finalmente, você é o cliente da agência (você ganhará um emprego se a campanha funcionar). A chave para a campanha é a carta de apresentação que você mandará e toda a estratégia e preparação que existe atrás dela. Estou partindo do princípio de que você incluirá um currículo bem-estruturado junto com a sua carta de apresentação. Então, esqueça o estilo "cigarro e uísque" da série *Mad Men* e nem esquente com gravatas fininhas e saias lápis. Aqui está como fazer a sua candidatura refletir as mesmas técnicas empregadas pela Coca-Cola, pela GM, pelo McDonald's e pela Clairol.

Passo 1: defina o seu público-alvo

Publicitários não fazem nada até identificar com quem querem falar sobre o produto. Definir público-alvo por tentativa e erro não funciona. Você precisa saber tanto sobre o seu público quanto puder. Quando o conhecer bem, saberá como atingi-lo e o que dizer.

Don Draper pergunta: QUEM É O MAIS PROVÁVEL COMPRADOR DO PRODUTO/SERVIÇO?

Você se pergunta: ONDE EU ENCONTRO UM EMPREGO PARA FAZER TAL COISA PARA TAL EMPREGADOR — E O QUE SEI SOBRE ELE?

Uma agência de publicidade promovendo um produto de limpeza para a casa sempre procurará formas de atingir mulheres, porque, seja isso justo ou não, nos Estados Unidos são as mulheres ainda que se responsabilizam pela maior parte da limpeza da casa. Se são as mulheres que tomam a maior parte das decisões de compra quando se trata de produtos de limpeza, por que você falaria com outro público? Publicitários atingem mulheres com propagandas durante séries de TV vistas por uma proporção maior de mulheres do que de homens (você não verá muitos comerciais de sabão para a máquina de lavar nos intervalos de jogos de basquete) e em revistas de culinária e decoração. Isso é um machismo deslavado? Sim, é. Também é assim que o mundo funciona. Aliás: você também não verá propagandas de ferramentas na *Cosmopolitan*. Tenha isso em mente quando estiver preparando a sua candidatura a uma vaga.

Muitos candidatos falham ao não dar esse passo básico de descobrir quem está na posição de contratá-los. Seja qual for o tipo de emprego que você esteja tentando, sempre se enderece a sua candidatura a alguém que possa entender você e as suas qualificações. Seja o mais específico possível. Não mande a sua candidatura para alguém com título generalista, como administrador do escritório ou departamento de programação. Uma busca na internet ou um telefonema podem revelar o nome da pessoa que ocupa a posição certa, e alguns minutos no Google podem mostrar a sua trajetória. Podem levar, por exemplo, à descoberta de que vocês frequentaram a mesma faculdade e que gostam de esquiar. Adicionar essa informação de maneira sutil à sua carta de apresentação separa você do resto das pessoas, e esse é um objetivo-chave na sua campanha.

Não pare por aí. O que você sabe sobre a empresa em si? Você conhece os seus produtos, a sua história, os seus principais clientes, a sua posição no mercado etc.? Pesquise sobre tudo isso e prepare-se para conversar sobre esses temas caso venham à tona.

Agências de publicidade gastam quantidades massivas de dinheiro para descobrir tudo que podem sobre o público-alvo ao qual a mensagem do cliente deve chegar. Elas chegam a esse público no lugar certo e no contexto certo. Invista o seu tempo para fazer a mesma coisa.

E, caso eu precise reforçar isso, esqueça cartas de apresentação genéricas. Dedique-se a elaborar uma carta para cada empresa que contatar. Insira dados específicos da indústria ou atividade da qual a empresa faz parte. *Eu tenho especial interesse em participar dos projetos de proteção do meio ambiente nos quais a sua empresa é pioneira.* Ou: *O recente artigo sobre a sua empresa publicado em* The Wall Street Journal *foi uma inspiração a mais para que eu construa uma carreira na sua área.* Escreva um texto curto, sincero e relevante. Especialmente relevante.

Quando fala com todo mundo, você não está falando com ninguém.

Passo 2: crie o seu próprio USP

USP é a sigla em inglês de "proposta única de vendas" [*unique selling proposition*]. Trata-se de um atributo de um determinado produto trabalhado pelo publicitário que a concorrência não consegue bater. A USP representa a principal razão pela qual os consumidores comprarão o produto, por isso precisa ser distinta e atraente.

Don Draper pergunta: Que USP convencerá o consumidor a comprar este produto?

Você se pergunta: O que eu posso trazer a esse emprego que outros não podem?

Publicitários gostam de comunicar a sua USP com um slogan. A Disneylândia se autodeclara "O lugar mais feliz do mundo", e, há anos, a M&M tem lembrado as pessoas de que os seus confeitos "derretem na boca, não nas mãos".

Não tente moldar a sua USP com um slogan a menos que você esteja se candidatando a um emprego de redator em uma agência publicitária. Quando se trata de tentar um emprego, é melhor apresentar a sua USP ao conversar sobre a sua educação, a sua trajetória e sobre alguma habilidade ou experiência que diferencie você dos outros. Se você pode dizer honestamente "Eu sou um ávido nadador, qualificado para competir em todos os estilos de natação no primeiro ano da faculdade" ou uma conquista similar, acrescente isso à sua candidatura. Conquistas assim demonstram que você tem uma natureza competitiva, e o seu sucesso representa uma USP.

Idealmente, tente relacionar a sua USP ao negócio da própria empresa. Se a área dela é saúde, por exemplo, pode ser que ache interessante que você tenha passado as suas férias da faculdade trabalhando com jardinagem, mas não será uma USP persuasiva. Se a sua mãe for enfermeira, porém, e você tiver trabalhando como voluntário em um hospital por algum tempo, essa combinação pode se tornar uma USP eficaz para a empresa. Apresente o dado com um pouco de estilo publicitário, por exemplo:

Fui criado em uma casa onde a saúde era quase um assunto cotidiano, graças à carreira da minha mãe, que é enfermeira. Será que isso me inspirou a ganhar experiência nessa área? Com certeza! Os seis meses em que trabalhei como voluntário no Hospital Memorial estão entre os mais gratificantes da minha vida.

Se estiver de acordo com a sua realidade, realce ao máximo uma distinção que, sem dúvida, produzirá uma resposta positiva:

Acredito que eu produza melhor entre 7h e 8h da manhã, antes de os colegas chegarem ao escritório.

Insira uma observação como essa no seu currículo (mas tem de ser verdadeira), e você terá comunicado de maneira sutil, mas poderosa, uma ética de trabalho que chamará a atenção de qualquer empregador.

Mas só faça isso se for verdade.

Passo 3: Que mensagem você quer criar?

A "mensagem" é a impressão que a sua candidatura deixará quando o empregador terminar de ler a sua carta de apresentação ou estiver lembrando da entrevista que fez com você. Resume o tipo de pessoa que você é e os benefícios que você oferecerá como funcionário ou sócio.

Don Draper pergunta: QUAL É A MENSAGEM QUE QUEREMOS DEIXAR COM O NOSSO PÚBLICO-ALVO APÓS A PROPAGANDA?

Você se pergunta: QUAL É A MEMÓRIA MAIS FORTE QUE EU QUERO QUE ELES TENHAM DE MIM?

MENSAGENS SÃO MAIS bem-expressas não em termos claramente definidos (*ela tem um diploma de ensino superior e dois anos de experiência na nossa área*), mas em sentimentos e impressões. A sua mensagem pode ser tanto negativa quanto positiva, dependendo do conteúdo da sua candidatura ou do seu comportamento na entrevista. Obviamente, você precisa de mensagens positivas, tais como:

ELA É UMA PESSOA POSITIVA, COM UMA BOA MEDIDA DE AMBIÇÃO E AUTOCONFIANÇA.

Ele parece estar bem atualizado em relação aos aspectos técnicos da função.

Ela parece ser amigável e solícita, aberta a uma variedade de opções de emprego.

Ele trabalha bem em equipe e tem iniciativa, então não precisaria de muita supervisão.

O QUE VOCÊ não quer fazer é criar uma impressão "Blá" de quem e o que você é. (Lembre-se da minha observação de que você pode ser qualquer coisa na televisão, exceto chato? Isso se aplica aqui também.) Tente criar algum aspecto da sua identidade que diferencie você dos outros de maneira positiva. Ou você será só mais um rosto na multidão (ou, no mundo do Don Draper, outra lata de ervilha na prateleira). Você precisa injetar algo na sua candidatura que, ao menos, plante a ideia. Eu não tenho como lhe dizer o que é, porque eu não conheço você – obviamente –, mas posso oferecer duas ideias das quais se pode partir.

- Primeira ideia: você é único. Vou evitar usar aqui filosofia de botequim, mas é verdade. Um dos conceitos centrais da vida moderna é que, entre os cerca de sete e meio bilhões de pessoas que existem no planeta, nenhuma é exatamente igual a outra, e isso inclui gêmeos idênticos. Às vezes, esse é um pensamento reconfortante. Se conseguir identificar alguma parte sua que seja diferenciada e comunicá-la de maneira natural em uma carta, você não será mais um rosto na multidão. Você será uma pessoa na multidão abanando os braços e gritando "Ei! Aqui!". Pense um pouco sobre como fazer isso de uma maneira que será atraente para a pessoa que receberá a sua candidatura. O que me leva à próxima ideia.

■ Segunda ideia: amplifique a qualidade que mais os impressionará. Não minta, não exagere, não se gabe e não faça promessas que não possa cumprir. Encontre uma forma de expressar, do modo mais persuasivo, a melhor qualidade que trará ao emprego. Para deixar as coisas menos complexas e desafiadoras, volte à primeira ideia e encontre uma faceta da sua personalidade, algum aspecto da sua educação ou algum evento da sua história pessoal que você possa relacionar à função.

Está se candidatando à recepção de um resort ou um restaurante? Você deve adorar conhecer pessoas, e poderia apresentar uma história sobre isso do seu passado. Conte-a de forma breve e sincera.

Buscando um emprego como jardineiro especialista em gramados? Talvez, diferentemente de outros candidatos, você tenha se divertido cortando a grama aos sábados de manhã. Essa é uma boa USP. De olho em uma vaga de cuidador? Fale sobre o relacionamento de carinho que tinha com um dos seus avós.

Empregos complexos requerem diplomas de ensino superior e o perfil profissional deve envolver exemplos mais específicos, talvez, mas o objetivo permanece o mesmo: você quer se destacar em meio a todas as latas de ervilha.

Isso vai além de criar uma marca, como já abordei anteriormente. A sua marca é o que você mostra para todo mundo do mesmo jeito. Destacar-se em meio a uma multidão na disputa por um emprego é o que você tem que mostrar às pessoas específicas de um modo particular. O meu melhor exemplo? Kevin O'Leary.

Se já assistiu a um episódio do *Negociando com Tubarões*, você não precisa da minha ajuda para escolher adjetivos que descrevam a personalidade dele. Palavras como agressivo, materialista, durão, teimoso e mal-educado não são descartadas quando se trata do Kevin. Essas são as qualidades que o Kevin sabia que seriam atributos em sua performance no programa, então ele as realçou no teste com os produtores. Ele é tudo isso, mas não se resume a isso. (Ele é um violonista maravilhosamente talentoso, que toca com grande sensibilidade, e tem outros talentos que se recusa a revelar.)

Kevin não tentou se vender ao *Negociando com Tubarões* como um cara legal que é educado com os mais velhos e compassivo com todos. Isso não o teria ajudado a conseguir a vaga. Ele mostrou um traço único da personalidade dele que se adequava ao papel e o realçou. A mensagem dele para os produtores: esse cara podia ser o Darth Vader dos *reality shows*, um cara que que traz três qualidades-chave para o programa: sucesso e inteligência com certa medida de intimidação. E funcionou.

UMA VEZ QUE você tiver decidido a sua mensagem, expresse-a de forma marcante e incomum. Isso pode exigir criatividade, eu admito. Se criatividade é uma parte importante do emprego – e a USP que você quer estabelecer –, alguns dos melhores exemplos que conheço vieram de (surpresa!) agências de publicidade.

Conheço uma moça que se candidatou a um emprego como redatora trainee de uma agência de publicidade. Ela sabia que a agência receberia, talvez, centenas de cartas e imaginou que todos os candidatos saberiam compor cartas persuasivas. Ela tinha pouca experiência para comentar, e promover só a sua inteligência e a sua percepção a faria parecer metida e egocêntrica. Além disso, essas características nem sempre garantem talento criativo. Então, se ela não conseguiria competir com uma carta de apresentação padrão, ela não mandaria carta. Em vez disso, ela enviou pelo correio um grande balão cor-de-rosa. Na parte de fora do balão, ela desenhou um rosto de mulher com canetinha. Amarrou a ele uma etiqueta com o nome dela, endereço, e-mail e número de telefone. Um grande alfinete estava colado na etiqueta.

A etiqueta dizia: NÃO HESITE E USE – VOCÊ SABE QUE ESTÁ COM VONTADE.

Quando o diretor de criação da agência explodiu o balão em forma de cabeça com o alfinete, caíram centenas de papeizinhos com a palavra IDEIA. A moça tinha passado a sua mensagem: *Esta é uma pessoa muito criativa, com senso de humor e muitas ideias* – ela ganhou facilmente o emprego.

Você não precisa ser tão criativo. Mas deve refletir sobre a mensagem da sua carta de apresentação.

PASSO 4: CONVIDE ATITUDES

É perguntar pela ordem de compra. É fechar a venda. É encorajar o público-alvo a dar o próximo passo. Nesse caso, é deixar o seu empregador potencial saber que você tem sério interesse no emprego e está ansioso por uma entrevista.

> *Don Draper pergunta:* COMO COMUNICAMOS A ELES SOBRE A OFERTA POR TEMPO LIMITADO / ONDE COMPRAR O PRODUTO / NOSSO PLANO ESPECIAL DE PAGAMENTO ETC.?
>
> *Você se pergunta:* ONDE EU COLOCO O MEU ENDEREÇO / NÚMERO DE TELEFONE / E-MAIL ETC. COMO EU OS ENCORAJO A ENTRAREM EM CONTATO COMIGO?

OS CONVITES PUBLICITÁRIOS de atitudes são *Procure por nós na seção de laticínios do seu governo* ou *Ligue para a gente e descubra detalhes dessa grande oferta*, e assim por diante. Eles falam diretamente com o cliente. Ou, nesse caso, com o empregador potencial.

Fornecer maneiras de contatar você para marcar uma entrevista deve ser uma parte básica de toda candidatura, mas não use um fechamento padrão como *Agradeço antecipadamente pelo seu retorno*. Finalize a sua carta de apresentação com uma frase que comunique entusiasmo, confiança e, talvez, um pouco de urgência. Escreva de forma assertiva, mas não agressiva – você quer soar confiante, não arrogante. Plante a ideia em suas mentes com frases de fechamento como:

Espero conhecê-lo pessoalmente e assim poder expressar plenamente o meu entusiasmo em me juntar à sua equipe.

Estou à disposição para ajudar a sua empresa a alcançar e exceder as suas expectativas de sucesso.

Obrigado por me dar a oportunidade de relatar o meu interesse e as minhas qualificações nesta carta. Por favor, entre em contato comigo pelo número [seu telefone] para marcar uma entrevista, para que eu possa apresentar as qualificações pessoalmente.

Passo 5: certifique-se que o produto cumpra a promessa

Don Draper pergunta: O produto cumpre o que prometemos na campanha?

Você se pergunta: O que há no Facebook, no Twitter etc. que prejudique a minha imagem? E na mensagem da caixa postal do meu telefone, ou no meu endereço de e-mail?

A PUBLICIDADE ESTÁ repleta de casos de grandes campanhas que fracassaram porque eram melhores do que os produtos que anunciavam. Ou porque detalhes importantes eram mal-explicados. Há alguns anos, no Japão, a agência responsável pela conta do McDonald's elaborou uma promoção que distribuía 10 mil tocadores de MP3 pré-carregados como prêmios. Era uma ótima campanha, que atraiu o público-alvo. Infelizmente, os dispositivos foram infectados por um vírus que contaminaram os computadores aos quais eram conectados. Adivinhe que impacto isso teve para a imagem e as vendas do publicitário?

O que isso tem a ver com a candidatura a um emprego?

Se você enviar a sua carta de apresentação ou currículo via internet – a maioria das empresas realiza hoje processos seletivos on-line –, o seu endereço de e-mail é a primeira coisa que o seu empregador potencial saberá sobre você. Você e seus amigos podem achar divertido o endereço sacodearroto@quark.com, mas o que o recrutador achará disso? E que tal SenhoritaPoposuda@vmail.com? Quer imaginar que espécie de primeira impressão você passará?

As redes sociais tornam mais fácil para os empregadores potenciais rastrearem o "você" que não é revelado na carta de apresentação e na entrevista. Empregadores sabem (ou imaginam que sabem) que você está mostrando o seu melhor lado quando conversa com eles. Mas a cara que você mostra ao resto do mundo pode revelar o "você" que você preferiria que eles não conhecessem.

UMA ENQUETE DA Microsoft revelou que 70% dos gerentes de RH rejeitam candidatos com base em algo que descobrem sobre eles na internet*. No material colhido, há dados sobre o estilo de vida, fotos inapropriadas, discurso panfletário e revolta contra pessoas

---

* KANG, Cecilia. 70 Percent of Hiring Managers Say They Reject Job Applications Because of Info They Find Online". In: *Washington Post*, 28 jan. 2010.

e organizações, além de outras descobertas do lado mais sombrio da sua personalidade.

Todos nós temos múltiplos aspectos em nossas personalidades, mas, quando quero contratar alguém, não estou interessado em baladeiros inveterados, preguiçosos de plantão, campeões de concursos de quem bebe mais na faculdade ou anarquistas enrustidos – nem, eu posso quase garantir a você, outros empregadores. Ter muitos aspectos diferentes na sua personalidade não é o problema. As suas opiniões políticas podem ser o oposto das minhas, mas, em geral, isso é irrelevante. Nós vivemos e trabalhamos em uma democracia, e diferentes pontos de vista entre as pessoas devem ser esperados e incentivados, nem que seja para mostrar que cada um consegue pensar de forma autônoma. Não estou procurando alguém que espelhe perfeitamente os meus pontos de vista; estou em busca de um *tom de voz consistente*. Se o seu tom de voz for reflexivo e ponderado, ficarei impressionado. Mas, se for assim quando nós nos encontramos pessoalmente, mas no Facebook, no Twitter ou em outra rede social ele fica estridente, misógino, ofensivo e salpicado de palavrões, vou me perguntar qual das suas personalidades está se candidatando à vaga.

Você pode reivindicar que o conteúdo que postou entre amigos não era para ser levado a sério e não reflete o seu "verdadeiro eu". Mas como eu vou saber?

Aqui está outra dica: se você já tem um emprego, nunca se candidate a outra vaga usando um endereço relacionado ao seu trabalho atual. A impressão imediata é que você está atrás de um novo emprego usando as suas horas e o seu ambiente de trabalho atuais, o que é dissimulado e injusto. Claro, todo mundo faz isso. Mas por que divulgar o fato? Isso dá ao seu empregador potencial uma razão para rejeitar a sua candidatura antes mesmo de abri-la. Sempre use um endereço pessoal de e-mail, um que pareça maduro e profissional. Se você precisar abrir uma nova conta só para enviar currículos, provavelmente valerá a pena.

Algumas outras dicas para garantir relevância e elegância à sua candidatura:

- A sua página no Facebook, se tiver uma, deve ser a sua primeira entrevista. Revise-a e também outros lugares onde você ou seus amigos possam ter postado fotos ou comentários constrangedores. Se encontrá-los, apague-os.
- Observe com cuidado a sua foto de perfil. Se você fosse um produto anunciado – e, nesse momento, você é – essa seria a sua embalagem, aquela que os consumidores procuram quando fazem compras. Certifique-se de que a foto seja lisonjeira, realista e atualizada. Se a foto tiver sido tirada no seu aniversário de 21 anos e você chegar à entrevista aos 38 anos, a primeira impressão não será das melhores.
- Nunca use o truque de postar uma foto de outra pessoa no lugar da sua. Pode parecer bobo, juvenil, ou simplesmente burro, mas acontece. Um sócia da Scarlett Johansson ou do Ryan Gosling pode se sentir lisonjeado por você fingir que é ela ou ele, mas a reação das pessoas com que você se encontrar não será nada lisonjeira.
- Peça para um fotógrafo profissional ou um amador experiente tirar a sua foto de perfil. É melhor que seja uma foto de busto, não de corpo inteiro. Você está mostrando a sua cara e a sua expressão, não os seus sapatos. Vista-se para o trabalho que deseja. Sorria naturalmente. Mantenha a cabeça ereta e os olhos abertos.
- Prepare-se adequadamente para a ligação telefônica que quer receber. Apague a mensagem da caixa postal ou do aplicativo do seu telefone em estilo comédia stand-up que o seu amiguinho fez para você. Grave uma saudação com uma voz moderada e dê a informação necessária para que quem ligar consiga deixar uma mensagem. Reserve a comédia e o drama para outro lugar. Faça o mesmo com o seu site, se tiver um. Coloque-se na posição de alguém em busca de um funcionário. Você está interessado pelo indivíduo que aparece ali no site? Acha-o admirável? Interessante? Divertido? Ridículo?

■ Mude o que for preciso para dar uma impressão positiva. Se a sua reação a essa sugestão for: "Eu posso até ter defeitos, mas sou o que sou, e o mundo vai ter de me aceitar desse jeito", tudo bem. O McDonald's ou outra empresa ficará feliz em contratar você para grelhar hambúrgueres.

■ Se divide a casa com alguém, avise-o sobre a possibilidade de receber um telefonema de um empregador potencial. Insista para que atendam sem fazer gracinhas. Idealmente, peça para não atenderem. Use uma voz profissional na secretária eletrônica e passe uma boa impressão.

MUITAS DESSAS IDEIAS podem sugerir que a melhor forma de se candidatar a um emprego é se transformando no tipo de pessoa que o empregador procura. Isso não é totalmente verdadeiro. Se você se tornar "outra pessoa" no processo de seleção, deixa de ser você, e nós já vimos os perigos de deixar de ser você mesmo em um capítulo anterior. Então não se sinta como se estivesse se encaixando no ideal de outra pessoa do que você deveria ser. Empresas atualizadas e progressistas – você iria querer trabalhar para outro tipo de empresa? – preferem indivíduos de carne e osso a robôs.

Volte à analogia com a publicidade. Eu tenho certeza de que há pelo menos diferenças sutis entre as dezenas de xampus de cabelo que eu vejo nas prateleiras dos mercados, mas, sejamos sinceros – todos eles fazem a mesma coisas de formas similares. Ainda assim, imagino que você prefira um a outro ao fazer compras. Por quê? Desempenho, claro. Mas, tão importantes quanto são o nome da marca, a embalagem e outras coisas que o distinguem dos outros.

É isso que você precisa fazer com a sua candidatura. Ou será apenas mais uma lata de ervilha na prateleira.

VINTE

APRENDA A NADAR COM TUBARÕES SEM SER UM TUBARÃO

O NOME DO nosso programa é *Negociando com Tubarões*, não *Nadando com Peixinhos* ou *Pescando com Amigos*.

Todos nós somos pessoas de negócios cabeças-duras. Sorrimos mais do que as pessoas esperam, brincamos uns com os outros ou nos elogiamos quando é apropriado, e alguns de nós até socializamos fora do estúdio. Mas, quando começamos a disputar um negócio ou criticar a decisão de negócio de outro entre nós, mostram-se os dentes, e as águas ficam turbulentas. Mas tudo bem, pois somos todos iguais ali naquele ambiente. Não há nada que Mark Cuban, Daymond John e Barbara Corcoran possam dizer ou fazer que vá me intimidar, nem eu posso ameaçá-los. Quando expressamos a nossa discordância com gritos e ameaças, é real e espontâneo, mas não é pessoal ou uma crise de carreira – apenas bom drama para um *reality show*.

No ambiente de trabalho, a coisa muda de figura. Para começar, as relações são assimétricas, o que significa que, quando duas ou mais pessoas estão envolvidas, um lado tende a ter mais poder e influência do que outro. Isso não é novidade, mas é um desafio sério para muitas pessoas quando os que detêm mais poder o usam para intimidar os outros. Às vezes, eles veem isso como uma maneira de avançar as suas carreiras. Às vezes, trata-

-se de uma parte inerente de sua própria personalidade, marcada por defeitos profundos. E, às vezes, eles são até estimulados por livros de negócios e consultores a se tornar algo que considero tão desagradável quanto a palavra usada para descrevê-lo.

Para ser direto, esses livros estimulam pessoas ambiciosas a agirem como bundões. A palavra – que eu não me sinto à vontade para usar – aparece até no título dos livros. Tem a intenção de chocar e, em geral, choca. Mais especificamente, propõe que pessoas não apenas ajam de acordo com aquela palavra, mas se gabem disso.

Na essência, a filosofia prega que o mundo consiste em dois tipos de pessoas: as que não se importam com quem possam vir a machucar ou por quem possam passar por cima para alcançar o sucesso; e o resto, em geral definido como um bando de fracassados.

Mergulhe nesse tipo de pensamento, e você descobrirá misoginia, escárnio, ganância e insensibilidade entre pessoas que se rotulam dessa forma. Tudo ecoa aquela velha expressão pessimista "gente boazinha acaba em último", sugerindo que as pessoas verdadeiramente bem-sucedidas na vida são insensíveis machos ou fêmeas alfa. A sensibilidade para elas, por consequência, é uma fraqueza, não uma força. A ganância parece boa para elas, como parecia boa para o Gordon Gekko. Em suma: ter um coração não leva você a lugar nenhum, ao menos é o que os valentões acreditam.

Ao lidar com esse tipo de comportamento, você honestamente acredita que conseguirá sobreviver apegando-se ao seu senso de justiça e caráter? Trata-se de uma questão-chave dos negócios de hoje. Nós ouvimos sobre como lidar com valentões na escola. Quem está lidando com o *bullying* em reuniões corporativas e no ambiente de trabalho como um todo? E qual é a verdadeira diferença entre ser agressivo e ser um valentão? Mark Cuban já confessou que acorda toda manhã sabendo que alguém, em algum lugar, está tentando derrubá-lo antes de o dia acabar. Nos negócios, é claro. Sinto a mesma coisa, e também sinto uma necessidade de reagir. Quando se trata de conduzir as nossas empresas rumo ao crescimento e ao lucro, eu dou os passos considerados moral, legal e eticamente aceitáveis, mas eu evito agir como um valentão tanto como uma pessoa jurídica quanto como pessoa física.

Tenha em mente que eu acredito na importância de criar um crescimento estável, seja no caso de uma empresa ou de um indivíduo. Nada, nem mesmo um dente de leão, cresce na sombra. A sua empresa não crescerá se achar que os concorrentes vão dar trégua, e você não crescerá dentro de uma companhia partindo do princípio de que o seu chefe só quer que você seja bonzinho.

Então o que você faz se for um empreendedor que acredita em justiça, honestidade e respeito aos direitos de todos ao seu redor? Isso pode ser um problema para alguns. Por definição, empreendedores estão preparados para assumir riscos, sempre buscando novas formas de obter resultados e constantemente se lembrando de por que eles trabalham tanto e por tanto tempo. Eles também têm consciência – ou deveriam ter – de que a cada dia do ano os seus concorrentes estão planejando ganhar uma fatia do seu mercado, assim como eles estão tentando fazer o mesmo. Concordo com essas ideias e as coloquei em prática ao longo dos anos, construindo o meu negócio a partir de uma ideia maluca até transformá-lo em uma corporação internacional. Mas decidir se comportar brutalmente em um nível pessoal não é para mim, e nunca foi. Ser implacável no que diz respeito à estratégia, porém, é mais do que aceitável. Às vezes é necessário.

Qual é a diferença? Pense na Starbucks.

Cerca de uma geração atrás, a Starbucks era uma pequena cafeteria de Seattle com um desafio pela frente. O objetivo da companhia era se expandir rápida e massivamente, evitando que os concorrentes explorassem as características particulares do seu negócio, de servir café a um preço *premium* em uma atmosfera tranquila, em estilo biblioteca. A sua estratégia era colocar a maior quantidade possível de filiais em áreas movimentadas, ocupando localizações-chave antes que os concorrentes conseguissem acompanhar essa mudança no mercado. Como todas as decisões imobiliárias, os três aspectos mais importantes da escolha de lugares para abrir filiais eram localização, localização e... localização.

Operações gigantes de lojas de comida, como McDonald's, gastam milhões de dólares na busca pelas melhores localizações, baseando a sua decisão em estudos detalhados (e caros) de fluxo de pessoas, infraestrutura, acesso, nível de renda local e outros. A Starbucks não tinha dinheiro para isso àquela época.

A solução encontrada por eles foi procurar cafeterias lucrativas e abrir uma Starbucks próxima a elas, preferencialmente do outro lado da rua ou até adjacente. Moradores do bairro que frequentavam a antiga cafeteria de repente descobriram uma nova fonte, que servia café melhor e mais padronizado, e em vários sabores diferentes. Além disso, o serviço era amigável, e as mesas e cadeiras confortáveis os convidavam a ficar e bater papo com os amigos.

A estratégia mostrou-se altamente bem-sucedida. Mas foi justa? A concorrência não achou. A Starbucks era uma intrusa, eles falaram, dedicada a roubar a lealdade dos clientes que a cafeteria local construíra por muitos anos. O que era verdade, embora "roubar" não seja um termo totalmente preciso. Antes da Starbucks, a maioria das cafeterias nos Estados Unidos fazia litros de café de uma só vez, em uma tina de ácido inoxidável, toda manhã. E lá ficava o café até ser vendido ou jogado fora no fim do dia, o que viesse primeiro. A abordagem da Starbucks – fazer café melhor, garantir que esteja fresco, cobrar um preço mais alto e fornecer um ambiente confortável – mudou o cenário. Ainda assim, a empresa foi rotulada de "impiedosa" devido à sua política agressiva.

A tática da Starbucks resultou na falência de algumas cafeterias, mas não porque a Starbucks tenha esmagado concorrentes pelo preço. Bem ao contrário, na verdade – os fãs do café deles pagavam um bônus por sua dose de cafeína diária e ainda assim acreditavam que estavam obtendo um custo-benefício maior na loja nova do bairro.

Então, em última análise, foi impiedoso por parte da Starbucks desbancar os velhos concorrentes dessa forma? Eu chamo isso de bom negócio. Algumas empresas, graças ao seu tamanho e ao seu posicionamento no mercado, não conseguem evitar essa acusação de serem "valentonas". São gorilas de uma e meia tonelada em uma sala pequena e lotada – toda vez que sacodem os braços e movem os pés, alguém ou algo é derrubado.

Toda indústria tem o seu gorila de uma e meia tonelada. Não importa como ele aja ou o que faça, as criaturas menores encontrarão formas de chamá-lo de valentão. Se você lida com o varejo de equipamentos e ferramentas para a casa, a The Home Depot é o seu gorila. Tente competir com o Google em quase qualquer área da internet e prepare-se para ser derrubado. A Microsoft continua sendo o macaco gigante dos programas de computadores, a Exxon Mobil domina os negócios relacionados ao petróleo, o Wal-Mart desempenha esse mesmo papel entre os supermercados e assim por diante. Seja o que for que essas e outras empresas de tamanho similar façam, alguém pode, no mínimo, alegar perda e prejuízo decorrentes de suas ações. Podem levar essa alegação para a Justiça, mas companhias grandes e poderosas tendem a contratar firmas de advocacia grandes e poderosas. Gorilas contratam gorilas, e o resultado é, com frequência, previsível.

A minha empresa não é um gorila de uma e meia tonelada na nossa indústria, então não me preocupo com a possibilidade de ela agir assim nessa escala. Eu procuro, porém, garantir que o *bullying* não seja tolerado em nenhuma instância da companhia, e não seja praticado por nenhum funcionário.

Isso começa com o tipo de pessoa que você opta por contratar. Eu não estou nem aí para etnia, gênero, religião ou qualquer outro aspecto desse tipo quando escolho funcionários. As únicas qualidades nas quais eu foco são a habilidade de desempenhar a função, o desejo de competição e de avanço pessoal e a total ausência de comportamento antissocial, não importa como você o define.

Valorizo esses aspectos nas pessoas da minha empresa porque eles refletem os meus próprios valores. Todos nós preferimos ficar perto de pessoas parecidas conosco ao nosso redor, e todos nós nos beneficiamos da construção de confiança entre nós, dentro e fora dos negócios. Construímos a confiança dentro dos nossos muros e nos asseguramos de que o mesmo nível de confiança seja passada aos nossos relacionamentos com os clientes. A confiança é perdida sempre que um membro do grupo deixa de tratar os seus colegas com respeito.

Sempre me dizem que os clientes consideram os nossos funcionários pessoas "legais". Outras palavras como "competentes", "dedicados" e "bem-informados" aparecem quando converso sobre a nossa equipe com clientes, mas eu gosto, especialmente, do "legais". E não é acidente. Junto com outras qualidades, estou interessado em tornar um funcionário, basicamente, uma boa pessoa. Se eu contratar um gerente que possa operar eficazmente apenas quando se comporta como um tirano impiedoso, como posso confiar que ele ou ela não usará esse mesmo comportamento comigo? Não posso. Então evito pessoas assim.

Manter essa prática não é fácil. Às vezes, encontro um funcionário potencial cujas conquistas são impressionantes demais para ignorar, mas que exibe uma atitude de "Sucesso a qualquer custo" que conflita com a minha. Quando isso acontece, eu me lembro de que relativizar os princípios do meu negócio para contratar essa pessoa significa relativizar a pessoa que eu escolho ser. Isso não é aceitável.

A minha abordagem nos negócios não é rara, mas nem é disseminada como eu gostaria que fosse. Eu ainda encontro pessoas que mentem para mim, seja direta ou indiretamente, e cujos planos conflitam com os meus, mas que ainda assim querem trabalhar comigo em alguma empreitada. Com o tempo, estou ficando melhor em identificar essas pessoas e "garimpá-las" para fora.

Uma questão que algumas pessoas experimentam nos negócios é o medo de serem assertivas demais, e isso pode se tornar um problema ao maximizar as suas perspectivas de carreira. Para elas, o conceito de serem "boazinhas" significa evitar conflitos, trabalhar duro para conciliar os pontos de vista de todos e "movendo-se com todos para se dar bem com todos". É compreensível. Mas não é a única forma com que as coisas devem ser feitas.

Ser "legal" é um objetivo pessoal, não uma solução profissional. Ajudará os outros a "gostarem" de você, mas essa não é a única qualidade que as pessoas buscam nos relacionamentos com as outras, sejam elas clientes, amigos ou parceiros amorosos. Isso me leva ao argumento que já expus anteriormente, de que as pessoas querem se sentir importantes, e que elas gravitam em torno das que lhes permitem sentirem-se assim.

Ajudar pessoas a se sentirem importantes é uma ótima forma de construir relacionamentos pessoais e fazer vendas.

QUANDO UM CHEFE ou um colega trata você de maneira abusiva e desrespeitosa, a sua resposta pode ser esquecer o incidente e seguir em frente com o seu dia. Essa nem sempre é a sua melhor escolha. O *bullying*, ou assédio, dói. É emocionalmente doloroso, e fingir que nunca aconteceu ou que não teve um efeito sobre você não fará parar a dor nem o assediador.

O assédio moral no trabalho é uma das cinco principais razões pelas quais funcionários perdem o interesse em seus empregos e o entusiasmo pelo seu trabalho. Em um nível estritamente profissional, essa é a justificativa para eu eliminar o *bullying* sempre que acontece e onde quer que aconteça na minha empresa. O que, eu fico feliz em dizer, é raro.

Não é raro em outros lugares, porém. Algumas empresas de recursos humanos têm atacado o problema com vontade e determinação, a ponto de categorizar os tipos de assediadores encontrados no ambiente de trabalho. Cada um desses tipos tiranos se utiliza de técnicas diferentes, mas todos têm o mesmo efeito naqueles ao seu redor... E é preciso lidar com eles de uma forma eficaz.

A seguir, veja como uma renomada profissional de Recursos Humanos categoriza os "valentões" mais comuns no ambiente de trabalho*. Espero que você consiga evitar cruzar com eles durante a sua carreira, mas as descrições podem lhe soar familiares:

- O INTIMIDADOR. Utiliza-se de palavras e ações ameaçadoras para garantir que a sua antipatia por alguém seja ouvida e sentida. Usa o poder do seu cargo para justificar o seu comportamento.

- O SEXISTA. Trata pessoas do sexo oposto como inferiores. Faz comentários dirigidos para diminuir os outros funcionários, minando a sua autoconfiança.

- O ESCANDALOSO. Fala alto, é antipático e abusivo com um único objetivo: repreender e humilhar outros em público. Gostam de imaginar que os outros o temem.

- A SERPENTE DE DUAS CARAS. Diz uma coisa na sua cara e outra pelas costas. Tenta destruir reputações e levam o crédito por trabalhos que não fizeram.

Já é péssimo que "valentões" como esses trabalhem com você. Mas fica pior ainda quando se trata do seu chefe ou gerente, o que os torna difíceis de evitar.

---

* ROSS, Ruth K. "The Dirty Little Secret Corporate America Doesn't Want Out". 22 out. 2015 (www.ruthkross.com).

Então, o que você faz? Algumas dicas da mesma fonte:

- Lembre-se de que você é um alvo, não uma vítima. Ver-se como vítima é um derrotismo.
- Lide com o assediador como se fosse uma tarefa diária. Seja metódico no seu comportamento, desempenhe a sua função da melhor maneira possível e documente cada incidente.
- Mantenha-se calmo e não emotivo.
- Preserve e exiba a sua autoestima, assim como uma atitude positiva. Não dê ao assediador a satisfação de saber como as ações dele têm atingido você.
- Evite ser isolado pelo assediador. Mantenha as conexões com os outros ao seu redor; converse com eles evitando fazer referências diretas às ações do assediador e do seu impacto sobre você.
- Nunca responda na mesma altura ao assediador, nem demonstre respostas emocionais à situação. Peça licença e diga que tem de ir a uma reunião, uma tarefa para fazer, ou que precisa ir ao banheiro.
- Inicie a sua estratégia de "partida". Assediadores, em geral, não modificam o seu comportamento; é melhor para você assumir o controle da sua vida do que esperar que os outros mudem.

Você pode encontrar tubarões onde quer que seja, não apenas no mar e nos estúdios de TV. Às vezes, eles não são de fato "valentões" como os das categorias descritas acima, mas os seus comentários e as suas ações podem magoar e fazer os outros se sentirem diminuídos. Lembre-se de falar com tranquilidade, evite fazer ataques pessoais e prepare-se para conversar sobre o que incomoda você. Isso não é só bom para os seus relacionamentos pessoais e a sua carreira, também é bom para a sua saúde. Guardar raiva e frustração não beneficiará a sua pressão sanguínea, a sua digestão e outras tantas questões de saúde.

Situações difíceis, com ou sem a presença de um "valentão", podem surgir de discordâncias sobre coisas que você tenha dito ou feito, uma opinião expressa. Não tem como: por mais que tente, você não agradará a todos o tempo todo. Ninguém consegue. Aceite esse fato, lembre-se de que a única pessoa que você precisa mesmo agradar é a si mesmo e siga em frente.

Às vezes, o problema é decidir quando e como ser assertivo. Ser assertivo não significa pressionar ou ser agressivo – significa ter confiança suficiente para responder com honestidade, gentileza e firmeza em situações que ofendam você. Muitas pessoas querem evitar confrontações, o que é compreensível. Mas, se evitá-las significar que você guardará raiva e rancor, isso não é bom.

Tornar-se assertivo pode significar alterar o seu comportamento, o que nem sempre é fácil, mas é sempre possível. Se você se ressente do mendigo que estende a mão e você não quer lhe dar um dólar com má vontade, olhe-o nos olhos, deseje a ele um bom-dia e continue andando. Ou, se alguém falar asperamente com você como um modo de se sentir bem, mostre que não é necessário usar esse tom de voz. A primeira vez em que você faz isso é difícil. A segunda já fica muito mais fácil. Muito mais.

Quando você muda o seu comportamento dessas maneiras, você faz algumas pessoas se sentirem desconfortáveis. Isso não significa que não elas não gostem de você. Significa que elas têm de ajustar a sua reação a você. Podem lhe perguntar se há algo errado com a sua vida.

Assegure-as de que não há e siga em frente sorrindo.

VINTE E UM

NÃO É UM BAILINHO DE ESCOLA
(MAS ÀS VEZES PARECE)

Alguém já descreveu a vida adulta como "Ensino Médio com dinheiro". Mesmo quando adultos, muitos de nós estão sujeitos aos mesmos desafios e crises emocionais que enfrentamos algumas semanas antes do baile da escola, quando ainda não tínhamos encontrado um par. Ou quando não tínhamos sido escolhidos para fazer parte de uma grande peça de teatro ou de um musical. Ou outro evento traumático cujas cicatrizes ainda coçam às vezes, só para nos lembrarem da dor.

Se você não passou por esse tipo de agonia quando estava no colégio, que bom. Só aceite que você escapou de algumas lições importantes sobre como lidar com os dias chuvosos pelos quais passamos. A vida pode ser maravilhosa e gratificante, mas nunca é perfeita, e não há tanto a se aprender com o sucesso quanto se aprende com o fracasso. Você não ganhará todas as competições nas quais entrar, nem terá um relacionamento ideal com todos os seus amigos e todos os membros da sua família. Quando você lida com fracasso, tente se lembrar de que não há jeito melhor de aprender sobre si mesmo e sobre como tirar o melhor da vida do que dar uns tropeços de vez em quando.

Você nem precisa confiar na minha palavra. Bill Gates, que, sob qualquer critério, seria considerado uma das grandes histórias de sucesso de sua geração, disse: "É ótimo celebrar o sucesso, mas é mais importante aprender com as lições do fracasso".

Eu concordo com Bill.

VENDEDORES MADUROS E eficazes lidam com fracassos em dois passos. O primeiro é *superá-los*. O segundo é *entender o que aprendeu*. Suspeito de que isso conte mais para vendedores do que para qualquer outro profissional.

SUPERANDO

Quando você era criança, os seus pais podem ter-lhe aconselhado a "superar" crises pessoais que o deixavam triste. Eu duvido que o conselho deles tenha funcionado, mas era, provavelmente, baseado na dor similar que eles mesmos sentiram em sua infância. Da perspectiva da maturidade, eles entendiam que a crise não era nem de perto tão traumática quanto parecia naquele momento. Se eles superaram, você também consegue superar. Claro, àquela época, eles eram indivíduos maduros e você, um adolescente vulnerável, o que tornava difícil aceitar o conselho. Quando você está magoado, dizerem-lhe para "superar" não ajuda muito.

Na vida, a rejeição faz parte do crescimento de criança para adulto, ou, para iniciantes nas vendas, parte do processo de se tornar vendedores confiantes e bem-sucedidos. A única maneira eficaz de qualquer um aprender sobre o seu relacionamento com o resto do mundo é colocando-se na posição em que o sucesso nunca está garantido; é quando se pode julgar tanto a resposta à derrota quanto a reação aos outros ao redor dela. Você pode eliminar ameaças de rejeição trancafiando-se na sua zona de conforto, livre de desafios e de riscos, mas, se essa for a sua escolha, você não só não crescerá como não viverá.

Então, como vendedores profissionais lidam com a perda de uma venda? É fácil dizer "aprender" com isso, embora eles geralmente aprendam, mas nem todas as lições precisam ser dolorosas.

A primeira coisa que precisam fazer é relativizar. Uma venda perdida dificilmente equivale a um sucesso, mas também não é uma rejeição pessoal. Apesar disso, essa é, com frequência, a primeira resposta de vendedores iniciantes e, dependendo da situação, de experientes também. Há muitas razões pelas quais se pode perder uma venda, e aprender quais são elas é onde a lição começa. A menos que os vendedores saibam que a perda da venda foi o resultado direto de algo que fizeram, ou deixaram de fazer, eles devem evitar levar as coisas para o pessoal. E, se a perda *tiver sido* culpa deles, eles devem reconhecer que aprenderam uma lição direta e dolorosa, o que reduz a chance de isso se repetir.

Comportar-se profissionalmente diante do fracasso é uma necessidade indiscutível. Telefonemas desligados na cara, balanços duvidosos de cabeça e reações de desdém são para crianças. Bons vendedores mantêm-se educados quando são informados de que perderam uma venda na presença do cliente potencial. Podem expressar decepção (uma resposta natural); perguntar a razão que levou à decisão (uma pergunta justa); depois pedir para permanecer em contato com o cliente (sábia estratégia). Eu não conseguiria contar quantas vezes essa resposta madura a uma venda perdida pavimentou o caminho para um convite a uma futura oportunidade de venda.

Com frequência, ganhamos a segunda rodada porque estabelecemos um relacionamento e, talvez, corrigimos aquilo que havia feito a venda falhar na primeira vez. Suspeito que, em alguns casos, nós ganhamos uma segunda chance porque tínhamos deixado o cliente se sentindo bem, em vez de se sentindo culpado quando perdemos a primeira chance.

Lidar com a resposta emocional a uma venda perdida nos ajudam de outras formas também. As emoções são uma forma de energia e, quando a mente se enche de sentimentos negativos liberados ao saber que todo o tempo e o esforço para fazer uma venda funcionar falhou, a lógica fica confusa, e a pressão emocional começa a subir. Essa é uma resposta natural. Quando você realiza algo com paixão e todos os seus esforços falham, a paixão e a pressão têm de ser liberadas de alguma forma. Há muitas formas de fazer isso. Uma sugestão que faço à minha equipe é redigir uma carta sobre como estão se sentindo, mas não postá-la. Isso, em geral, funciona. Assim como fazer uma caminhada, malhar na academia, fazer compras, ver um filme ou conversar com os colegas e ouvir as suas experiências. De muitas formas, não importa o que se faz, desde que se encontre um caminho de se livrar da pressão para que ela não exploda dentro de você.

Vendedores precisam se lembrar de que a mesma grande sensação de que eles desfrutaram quando obtiveram sucesso no passado irá retornar em uma próxima venda muito merecida. E o melhor jeito de chegar a ela é planejar a próxima proposta de venda para um cliente promissor.

ENTENDENDO O QUE VOCÊ APRENDEU

O primeiro passo que um vendedor deve dar após um fracasso é retornar à fonte, perguntando com educação ao cliente por que outro produto ou serviço foi escolhido no lugar do seu.

Porém, não se trata de um momento de "Sim, mas", no sentido de "Sim, mas podemos fazer [isso ou aquilo]", na esperança de salvar a venda. Isso nunca funciona. Se o "Sim, mas" incluir a diminuição do preço, o cliente sentirá, compreensivelmente, que o preço antes estava inflacionado, o que fica com cara de ganância. A menos que a compreensão do cliente esteja seriamente falha, já não há mais o que fazer sobre essa venda, então o vendedor tem de abandonar a esperança de tentar reformular a situação.

Uma vez que a razão-chave para a derrota esteja entendida, a lição aprendida e uma descrição de como e por que a venda deu errado deve ser registrada. Com o tempo e a experiência, registros assim ajudarão a medir o progresso feito e a evitar fracassos similares no futuro.

Por fim, vendedores devem revisar a sua meta para se certificar de que estão sendo realistas. Alguns vendedores se forçam a ir além dos limites responsáveis no que diz respeito ao volume de vendas que eles querem alcançar. Adoro quando a minha equipe de vendas olha longe, mas ela arrisca fracassar quando vai além das suas habilidades. Toda tentativa perdida custa tempo, e tempo, lembre-se, não é um bem recuperável. Eu preferiria obter 75% de sucesso em 50 apresentações do que 25% de 100 apresentações.

NÃO SOU ESPECIALISTA na cultura japonesa, mas eu encontrei um provérbio japonês que resume uma boa abordagem do sucesso nos negócios:

CAIA SETE VEZES, LEVANTE-SE OITO.

Ok, é muito simples. Talvez ofensivamente simples. Mas é eficaz se você entender como isso se relaciona com muitas outras coisas, entre as quais a persistência, a coragem e a crença em si mesmo. E o número de vezes não importa. O conceito funciona até se você cair mil vezes, porque toda vez você se levantará. A única maneira de perder, como o provérbio ensina, é não se levantando de novo. Enquanto você for capaz de se levantar de novo, há esperança. Enquanto tiver esperança, você não estará derrotado.

Isso pode parecer idealista demais à primeira vista. Como alguém conseguiria ficar em pé de novo depois de cair mil vezes?

Eu aposto que você já ficou.

Aposto que, ainda bebê, aprendendo a andar, você caiu muitas vezes. Talvez centenas, talvez até milhares. Talvez tenha chorado às vezes, talvez tenha precisado da ajuda da mãe ou do pai para se levantar. Mas foi isso que você fez – *levantou e seguiu em frente*. Muitas e muitas vezes. E foi assim que você aprendeu a andar.

E, quando finalmente foi ao bailinho... Você dançou.

VINTE E DOIS

COMO PEDIR UM AUMENTO

DE TODAS AS coisas que as pessoas têm de resolver com os seus chefes ou gerentes, provavelmente nenhuma é mais crítica do que pedir um aumento. É compreensível. Todo mundo prefere ser gratificado o bastante por seu trabalho, e todos gostariam de acreditar que o seu valor é tão óbvio, que nem deveriam ter de negociar um pagamento justo. Acham que parece mendicância. Quando sentem que são insuficientemente pagos, precisam tomar uma iniciativa. E, como com muitas outras coisas na vida, podem fazer isso bem ou mal.

A maioria das pessoas faz mal.

Pedidos fracassados de aumento se parecem com as propostas de vendas fracassadas no *Negociando com Tubarões*. Até aí, surpresa nenhuma, já que as duas situações envolvem dinheiro. A grande diferença é que os funcionários já têm um relacionamento com a pessoa para quem estão pedindo dinheiro, mas nós sabemos pouco ou nada sobre as pessoas que aparecem no *Negociando com Tubarões*. Se recusamos as suas propostas, não imaginamos que os veremos de novo. Mas se recuso um pedido de aumento de salário de um funcionário que eu admiro e quero que fique na empresa, estou numa posição diferente. De muitas formas, eu quero que eles mereçam um aumento, porque isso confirma ou talvez revele o seu valor para a minha empresa e facilita a minha justificativa para o seu aumento de salário.

Mas isso nem sempre acontece. Como no *Negociando com Tubarões*, alguns pedidos também me fazem revirar os olhos, perguntando-me como o funcionário acredita que ele merece um aumento, e onde encontraram a coragem de vir pedir um. Nos dois casos – empreendedores no *Negociando com Tubarões* e funcionários esperançosos no meu escritório –, as mesmas fraquezas aparecem. Aqui estão algumas:

Mau preparo

Conseguir um aumento nunca é: "Peça e você obterá". É como fazer uma venda. O que significa que ter boas habilidades de vendas e instinto compensa em mais um sentido que talvez você não imaginasse.

Como funcionário, você não está implorando por uma caridade ou contando com uma doação – ou não deveria estar. Você está em uma negociação profissional, e deveria pensar nela nesses termos. Um relacionamento pessoal pode existir com os seus superiores, mas não deixa de ser uma negociação como qualquer outra: são eles que têm o controle do dinheiro (ou acesso ao dinheiro por meio de superiores a eles), e você quer uma parte maior desse dinheiro. Como fazer a abordagem? Vendendo o seu valor para a empresa, o que envolve justificar a qualidade do seu trabalho e o seu desempenho. Você precisa fazer isso no contexto certo e na hora certa. E precisa se preparar para rever as suas reivindicações.

A maior diferença entre as habilidades de venda que venho discutindo e a habilidade de pedir um aumento está na questão da construção do relacionamento. Como funcionário, você já tem, imagino, um relacionamento com o seu superior, então não é preciso construir um. Nem essa é a hora para realçá-lo ou ajustá-lo. O valor do relacionamento é a habilidade de vocês falarem casual e, ao mesmo tempo, honestamente um com o outro.

Muitas vezes no *Negociando com Tubarões* nós encontramos pessoas que pedem centenas de milhares de dólares estritamente com base em sua invenção ou no seu plano. Elas, claro, acreditam que inventaram uma inovação maravilhosa que não falhará jamais. Nós não acreditamos. Não de cara. Precisamos de evidências. Então pedimos para ver números de vendas e de lucro e perguntamos sobre a natureza específica do seu produto, ou questionamos como eles pretendem gastar o dinheiro que estão nos pedindo. Se eles não conseguem nos fornecer respostas sensatas, a nossa resposta em geral consiste em duas palavras: Estou fora.

Não caia nessa armadilha ao pedir um aumento. Prepare-se para vender o seu valor para os superiores com base em fatos sólidos e de maneira respeitosa.

Expectativas insensatas

Você realmente acredita que vale o dobro do dinheiro que está ganhando agora? Que bom que você tem expectativas altas; mas a má notícia é que elas não serão atendidas se você não conseguir justificá-las.

A maioria dos orçamentos de empresas levam em consideração cerca de 5% de aumento em salários anualmente. A única maneira de esperar com os pés no chão um aumento superior a 5% ou mais de um aumento de salário por ano é conseguindo uma boa promoção. Pedir dinheiro demais sem apresentar um esforço sério é sinal ou de falta de pé no chão ou de ganância. Talvez os dois. Nenhum impressionará os seus superiores.

Falta de confiança

Nervoso para pedir um aumento? Isso não é de se surpreender. As pessoas que veem nos pedir investimento no *Negociando com Tubarões* também estão nervosas. Preferimos não ver esse nervosismo, nem como chefes nem como Tubarões.

Ficamos mais relaxados e mais atentos quando alguém nos faz uma apresentação com confiança e segurança. Isso reforça o seu pedido ao tentar convencer os seus superiores que você merece um aumento. Se você conseguir encontrar uma maneira de disfarçar o seu nervosismo e encontrar um equilíbrio entre confiança e arrogância, aumentarão as suas chances de sucesso.

EXECUTIVOS DE EMPRESAS bem-sucedidas concordam que bons funcionários representam o seu bem mais valioso. Esses executivos não se ressentem de ter de lidar com pedidos de aumentos, desde que os funcionários que fazem o pedido estejam preparados para justificar o seu valor. Mantenha isso em mente.

Eu não posso prometer que os dez passos seguintes garantirão a você um aumento toda vez que usá-los. Mas posso prometer que eles adicionarão confiança ao pedido e até ajudarão a impressionar os seus superiores.

DEZ MANEIRAS DE PEDIR UM AUMENTO

1. O TIMING É IMPORTANTE

Não peça um aumento durante o encontro anual de avaliação da sua performance. A não ser que você precise seguir o planejamento estabelecido pelo seu empregador para pedir um aumento, faça o seu pedido três ou quatro meses antes da avaliação, quando um aumento possa ser orçado de acordo com a sua performance. Outra dica: tente pedir o seu aumento mais para o fim da semana, preferencialmente na quinta ou na sexta-feira. Gerentes tendem a estar mais abertos logo antes do fim de semana. Tente, também, fazer o pedido depois do almoço, se possível. A maioria das pessoas se sente mais relaxada no início da tarde. Deixe isso claro quando pedir por um encontro no qual você queira conversar sobre o seu nível de remuneração (note "conversar", não "pedir por um aumento"). Ninguém gosta de ser enganado com um desafio repentino ou uma demanda.

2. Não implore

Sinto muito se o seu gasto com a creche tenha subido ou se o seu cônjuge perdeu o emprego, ou se outro evento desastroso tenha impactado as suas finanças. Mas isso é problema seu, não meu. Como gerente, eu vou ouvir a sua história triste, pagar um almoço e considerar um empréstimo ou adiantamento, talvez encaminhar você para uma consultoria de finanças. Mas não deveria haver conexão entre os desafios da sua vida e a operação da empresa para a qual você trabalha. Qualquer assistência oferecida por seus superiores ou pela emprexsa deve ser encarada como uma caridade, não como uma remuneração pelo seu trabalho.

Então não inicie o seu caso com histórias de adversidades. Comece convencendo os seus superiores de que você merece um aumento. Se uma oportunidade de mencionar as suas dificuldades pessoais aparecer na conversa, sinta-se à vontade para comentar com eles se ambos os lados se sentirem à vontade para isso. Apenas se lembre de que você está pedindo por um aumento justificado, não por compaixão corporativa.

3. Adicione ao seu valor um comprometimento

Ganhar um aumento não tem a ver com o passado; tem a ver com o futuro. Você está propondo que o aumento de salário ou de comissão de vendas que você ganhar ao longo dos próximos 12 meses estarão mais de acordo com o aumento do seu valor para a empresa. Apresente esse argumento de maneira eficaz e terá maior chance de obter o dinheiro.

Reserve tempo para refletir sobre como aumentar o seu desempenho. Com um novo treinamento? Assumindo novas responsabilidades? Não precisa ser uma mudança radical da sua função. Apenas a confirmação de que você é um bem valioso para a sua empresa.

4. Procure demonstrar diferenciais

Tente encontrar algum aspecto do seu trabalho que seja valioso e único, e prepare-se para saber descrevê-lo bem. Se é o único funcionário qualificado para um aspecto-chave do negócio, ou for responsável por gerar vendas ou lucros substanciais, e o seu salário estiver incompatível com a sua contribuição, não imagine que os seus superiores saibam disso. Faça com o que eles saibam.

5. Mantenha os três Ps em mente

Pratique a sua proposta até saber o que vai dizer em resposta às perguntas que, provavelmente, lhe farão. Entenda a perspectiva da empresa quando se trata de recompensar você com um salário ou uma comissão maior. E seja proativo, perguntando o que seria necessário para você obter o aumento.

6. Seja confiante, não arrogante ou metido

A menos que você esteja falando sério e estiver preparado, nunca ameace procurar outro emprego se a sua demanda não for atendida. Ameaças vazias não ajudam a obter o que está pedindo. Na verdade, qualquer ameaça desse tipo pode acabar com a sua carreira com esse empregador. Sempre que ouço um funcionário dizer algo como "Aceite a minha oferta ou vou para outro lugar", eu sei, na minha cabeça, que ele já se decidiu a ir embora.

Como eu respondo a pedidos de aumento sob ameaça? Eu não respondo. E nem, eu suspeito, responderá o seu empregador.

7. Leve provas do seu desempenho

Procure formas de provar que o seu trabalho melhorou ao longo do último ano. Sugira que o aumento do seu desempenho se estenderá pelos próximos meses e adiante, alinhado com as metas da empresa. Registre as suas conquistas no papel, ou use uma apresentação em PowerPoint, se necessário. Uma síntese por escrito das suas expectativas e razões será mais persuasivo para os seus superiores; será útil também se eles precisarem consultar superiores a eles para obter uma aprovação do aumento.

8. Nunca leve para o pessoal

Trata-se de negócios, não da injustiça da vida ou de uma suposta injustiça por parte dos seus superiores. Pegue leve e tenha calma durante a conversa. Lembre-se de que seu gerente tem de seguir uma política corporativa, consultar os superiores dele, ou as duas coisas. Se você achar que o seu chefe está sendo injusto ou que ele não valoriza o seu trabalho, lide com isso separadamente, não no contexto de um pedido de aumento.

9. Supere a diferença de gêneros

Espero que os chefes na minha empresa não façam diferença entre gêneros quando se trata de definir salários. As mulheres representam as nossas maiores vendas e são as maiores líderes técnicas. Não são menos assertivas os agressivas do que os colegas do sexo masculino, e já está na hora de acabarmos com estereótipos históricos no mundo dos negócios. Não há mais espaço para uma diferença entre gêneros. Se você tem a habilidade, a atitude, o treinamento e a ambição para desempenhar a sua função no nível que o seu empregador deseja, o seu gênero nunca deveria ser uma questão na busca por uma faixa salarial adequada.

10. Se tudo mais falhar, uma mudança pode ser bem-vinda

O meu alerta a respeito de não ameaçar a deixar o seu emprego atual se as suas expectativas de salário não forem atendidas ainda está valendo. Se você tiver certeza de que a recusa ao seu pedido é injusta, talvez seja melhor procurar outra colocação. Mas não deixe de se preparar para a mudança e evite tomar uma decisão precipitada.

Comece respondendo a algumas perguntas que vão além da recusa por parte da empresa em lhe dar um aumento. Houve uma promessa de uma futura promoção ou de um aumento de salário? Se sim, quão sincera você acredita que foi essa promessa, e o quanto ela vale para você? Reflita sobre o valor do seu relacionamento com colegas de trabalho – se eles representam uma parte importante da sua vida social, será fácil abrir mão disso? Ou quanto você está perdendo de oportunidades futuras de trabalho ficando onde está, onde não se sente valorizado e apreciado? Se a resposta negativa ao pedido de aumento for uma decepção muito grande para você, se dê a liberdade de dar uma olhada no mercado, em busca de outras oportunidades. Você pode descobrir algo muito mais recompensador com relação ao salário e à satisfação no trabalho.

Claro, você pode também se dar conta de que a sua situação atual não é ruim como você estava imaginando.

VINTE E TRÊS

SE VOCÊ NÃO CONSEGUE VER, NÃO CONSEGUE PEGAR

O ARTISTA MICHELANGELO tinha uma visão impressionante a respeito do funcionamento humano, o que pode ter tido a ver com o gênio artístico dele. De forma, achei uma citação atribuída a ele, ao mesmo tempo relevante para este livro e em sintonia com o nosso tempo. Aqui está, com o nome dele inteiro (você sabe que está lidando com uma pessoa interessante quando o mundo a conhece apenas pelo primeiro nome):

> "O maior perigo para a maioria de nós não está em traçar um objetivo muito alto e ficar aquém dele, mas em traçar um objetivo muito baixo e alcançá-lo."
> – Michelangelo Buonarroti

JÁ ENCONTREI MUITAS pessoas que alcançaram grandes coisas nos negócios, na música e nos esportes. Nenhuma dessas pessoas que chegou ao topo, de Celine Dion e seu produtor David Foster a Oprah Winfrey e ao campeão de UFC George St-Pierre, nunca reclamaram de ter traçado um objetivo alto demais. Mas conheço outras que, na meia-idade, arrependeram-se de nunca terem se dado conta de todo o seu potencial porque satisfaziam-se muito facilmente. Eles eram aqueles que, nas palavras de Michelangelo, traçaram objetivos muito baixos e os alcançaram.

Não quero dizer com isso que todo mundo deve desejar o nível de sucesso da Oprah, ou que deveria investir dinheiro até ficar rico como o Warren Buffett. Mas acredito que todos nós herdamos habilidades que nos diferenciam dos outros. Muitos de nós levam muito tempo para reconhecer quais são essas habilidades. Pode acontecer cedo, ainda na adolescência, ou mais tarde, na faixa dos 40 anos, mas, em algum momento, nós descobrimos quais são elas. Daquele ponto em diante, a maior parte da nossa satisfação interna derivará de como usamos os nossos talentos e as coisas que podemos alcançá-los com eles. Nem todas essas coisas, aliás, são bens materiais e fama.

As nossas vidas são governadas por muitas coisas que estão além do nosso controle. Nós enfrentamos desafios econômicos, de gênero e outros que não podemos evitar porque nascemos com eles. Muitos desses desafios podem parecer massacrantes para as pessoas que traçam objetivos altos. Mas eles não são insuperáveis. Eles certamente não o foram para Michelle Obama, para a antiga CEO da Xerox, Ursula Burns, ou para a presidente e CEO do Sam's Club, Rosalind Brewer ou, ainda, para dezenas de milhares de outras mulheres norte-americanas que conseguiram quebrar as barreiras econômica, de gênero e de cor.

Foi muito mais difícil para essas mulheres alcançarem esse nível de sucesso do que posso imaginar, e eu concordo que elas sejam exceções que comprovam a regra. Mas elas quebraram a regra, de toda forma, e não foi fácil, tenho certeza, o que tornou a experiência ainda mais gratificante para elas. Em algum momento, suspeito, elas também ouviram que estavam traçando objetivos altos demais, dadas as suas circunstâncias de nascimento. Se isso aconteceu, elas não deram ouvidos. Ótimo para elas.

Quando chegamos a esse mundo para iniciar as nossas vidas, não temos controlar onde desembarcamos. Mas podemos controlar para onde vamos daquele ponto para frente, e cada passo que damos é uma medida do tipo de pessoa que somos.

Não sou qualificado para abordar tópicos da psicologia e não fico confortável em cuspir frases motivacionais, então não vou me aprofundar mais, a não ser oferecer este pouquinho de sabedoria:

O QUE VOCÊ TEM É O QUE VOCÊ TEM.
MAS O QUE VOCÊ FAZ COM O QUE VOCÊ TEM É O QUE VOCÊ É.

O que me leva à questão de traçar metas.

ALGUNS ANOS ATRÁS dois jovens chamados Nick Morton e Evan Mendelsohn ouviram sobre uma festa anual na qual as pessoas usavam pulôveres natalinos feios, com estampas de rena, flocos de neve, Papai Noel e outras representações cafonas dessa época do ano. Todo mundo então votava para o pulôver mais feio de Natal, e um troféu ou outro prêmio era dado ao ganhador. Quando esses dois colegas de faculdade decidiram dar uma festa desse tipo, não encontravam blusas de acordo. O melhor que podiam fazer era garimpar blusas femininas feias em brechós… E as luzes de Natal se acenderam.

A indústria da moda é sempre um ótimo lugar para novas pessoas construírem a sua marca, mas esse foi um caso único. Em vez de competir com grifes como Ralph Lauren e Calvin Klein, Nick e Evan seguiram o seu próprio rumo. A moda não contava, só a feiura original. Sabendo pouco sobre como administrar o seu próprio negócio, os dois jovens juntaram o seu dinheiro para abrir a Tipsy Elves (algo como "Elfos Alegrinhos"), dedicada à ideia de que um número grande de pessoas gastaria dinheiro em pulôveres de Natal feios, bem-feitos e a preços razoáveis.

Funcionou, até certo ponto. Os jovens chegaram a acumular 600 mil dólares em vendas por ano. Para ir mais longe, eles sabiam, eles precisariam de dinheiro e de aconselhamento de gestão, então eles venceram os obstáculos e conseguiram aparecer no *Negociando com Tubarões*. Gostei de tudo a respeito de Evan, Nick e a sua empresa. Gostei do seu entusiasmo, da sua segurança e do fato de que eles tinham construído um negócio grande o bastante para provar que tinham um bom produto e um mercado substancial. Convencido de que eles tinham futuro, investi 100 mil na Tipsy Elves em troca de uma parte da empresa e de uma participação na gerência. Em 2015, a empresa estava rumo aos 12 milhões de dólares de vendas anuais.

Seria fácil dizer que Evan e Nick abriram a sua primeira empresa pelo mesmo motivo que abri a minha: eles precisavam de um trabalho. Nesse caso, não é verdade. Evan trabalhava como advogado de uma companhia, e Nick era um endodontista qualificado. Eles podiam ter pegado leve, aproveitando os seus bons salários e, na maior parte do tempo, deixando outras pessoas comandarem o navio. Em vez disso, eles tiveram uma ideia que lhes traria diversão; assumir mais controle das suas vidas e das suas carreiras; fazer algo que ninguém nunca tinha feito da mesma forma; à base de sorte e suor, fazer ainda mais dinheiro com o seu esforço.

Diante de metas como essas e um mercado substancial, virtualmente não explorado, como eu poderia resistir?

A MAIORIA DE nós traça várias metas ao longo das nossas vidas. Elas começam com coisas como entrar para o time de vôlei ou passar no vestibular. Enquanto alcançamos as coisas que a sociedade espera de nós e que nós esperamos para nós mesmos, as metas coincidem. Procuramos estabelecer relacionamentos, encontrar um emprego, criar filhos e assim por diante. No fim, a ideia de traçar metas únicas para nós e para os nossos interesses começa a enfraquecer. Mas não deveria.

Sempre que eu escuto pessoas dizendo que um dia elas abandonaram uma meta que tinham, eu sei que é porque elas cometeram ao menos um dos seguintes erros:

Não trabalharam duro o bastante.

Não traçaram uma meta realista.

Não mediram o seu progresso e reagem mal a situações de mudança.

Se a sua única meta na vida a essa altura é conquistar todas aquelas expectativas da classe média de conseguir se sustentar, manter um relacionamento estável, começar uma família e ser "um bom cidadão" ou "uma boa cidadã", está ótimo, claro. Mas eu me pergunto quais metas são essas: suas ou da sociedade.

Gosto de pensar que cada um de nós tem habilidades e expectativas únicas. Se concorda com isso, e se pretende tirar o máximo de proveito dos anos da sua vida, você precisa traçar objetivos. Aqui estão algumas maneiras de começar a alcançá-los.

Torne-os descritivos.

Lembre-se de quando você era jovem e sonhava em ter um carro esportivo vermelho, ou de se mudar para Paris e trabalhar na indústria da moda? Esses talvez fossem mais sonhos do que objetivos, mas eram reais para você porque eram específicos e você conseguia vê-los. Torne os seus objetivos de carreira vívidos dessa mesma forma. Não trace um objetivo de ganhar mais dinheiro, ou de ser promovido no próximo ano; identifique quanto dinheiro você quer fazer, e que cargo você quer assumir na sua próxima promoção.

George Lucas, criador da série *Star Wars* e uma dúzia de outros filmes de sucesso, disse uma vez: "Sonhos são extremamente importantes. Você não consegue fazer o que não consegue imaginar".

MANTENHA-OS SENSATOS, ALCANÇÁVEIS... E SEUS.

Os seus objetivos de carreira devem ser coisas que você realmente acredita que pode alcançar em um ou dois anos. Depois de alcançá-las, você pode traçar metas novas e mais altas.

O número de objetivos que você escolher pode ser infinito, mas o tempo e a energia que você tem são limitados. Esqueça a quantidade e foque na qualidade. Sugiro que você defina três e, no máximo, cinco. Mais do que isso não é um plano, é uma lista de compras.

Outra dica: tenha certeza de que os objetivos que você definir são os seus objetivos, não os do seu parceiro, da sua família, dos seus amigos e dos seus superiores. Outros podem achar que conhecem o que é melhor para você, e a sua motivação pode ser sincera. Mas você não pode esperar trabalhar tão duro para alcançar os objetivos traçados por outras pessoas quanto para os seus. Ouça educadamente, agradeça-os pelas sugestões, pense seriamente nos conselhos dados, depois escolha o que você, e só você, acreditar ser o melhor para você.

CERTIFIQUE-SE DE QUE OS SEUS OBJETIVOS SEJAM POSITIVOS.

Sempre que ouço uma pessoa dizer que o seu objetivo é perder peso, sei que ela tem um problema. Porque a frase se refere a algo que ela não quer – o excesso de peso – em vez de se referir ao que ela quer, que é ficar magra e mais saudável. Esse é um objetivo positivo para se traçar – não perder peso, mas ficar saudável.

Faça um planejamento.

Quantas vezes você já ouviu alguém dizer: "Um dia vou abrir o meu negocio"; "Um dia vou fazer um curso de treinamento em vendas e aprender as habilidades de que preciso". Sabe o que "um dia" significa? Significa "nunca". Se você não conseguir traçar um plano para as coisas que realmente quer alcançar, elas nunca acontecerão.

Tenha certeza de que as suas razões são fortes o bastante para sobreviver aos desafios.

Por que você quer alcançar esses objetivos? Se a sua resposta for fazer mais dinheiro ou dirigir um carro caro, repense o seu plano. Com certeza você se deparará com barreiras e desafios a superar para alcançar os seus objetivos e, se a sua motivação for um carro caro ou usar roupas caras, será fácil desistir deles.

Defina marcos pelo caminho.

Divida objetivos como: "No ano que vem, nesta mesma época, estarei no primeiro lugar em vendas nesta empresa" em passos menores: "Vou aumentar as minhas vendas em 50% em seis meses". Isso servirá de medida para o seu progresso e confirmará que você está indo na direção certa. E, se perder um marco, não deixe para lá. Descubra a razão e faça algo a respeito.

FAÇA AJUSTES CONFORME FOR PRECISANDO DELES.

Coisas surpreendentes acontecerão no caminho até o seu objetivo. Podem incluir a chegada de um novo concorrente, problemas financeiros com um cliente importante e uma dúzia de outros eventos imprevisíveis.

Cuidado com mudanças repentinas, tanto positivas quanto negativas, que aparecerem pelo caminho. Não todas serão significativas ou poderão ajudar você a alcançar os seus objetivos, mas algumas com certeza irão. Você precisa reconhecê-las quando elas chegarem; avaliá-las; e, se fizer sentido, comece a usá-las. Avanços tecnológicos, por exemplo, têm ocorrido mais rapidamente do que nunca. Mantenha-se informado e use aquelas que puderem ajudar a avançar em sua carreira.

LEMBRE-SE DE PARETO.

Ele é o homem que descobriu que 80% dos resultados vêm de 20% dos esforços. Identifique-os e foque-se nesses 20%.

VINTE E QUATRO

DE OLHO NO ALVO PREGADO NAS SUAS COSTAS

Eu tenho duas ligações com o rapper conhecido como 50 Cent. A primeira é que comprei dele um Rolls-Royce muitos anos atrás. A segunda é um comentário que ele fez no verão de 2015, após declarar falência. Muitos dos seus problemas financeiros e de investimento, ele disse, foram causados por pessoas que haviam lutado para derrubá-lo e passar por cima dele. Elas estavam mais interessadas, ele afirmou, em diminuí-lo e diminuir o seu sucesso do que em alcançar as mesmas metas alcançadas por eles. Ele acrescentou: "Quando se torna bem-sucedido, você passa a ter um alvo pintado nas suas costas".

Eu sei o que ele quis dizer. E, quanto maior você se torna, maior o alvo fica.

O sucesso gera inveja, e a inveja gera outras coisas, a maioria delas ruim. Não sei se o seu sucesso futuro será como o do 50 Cent ou como o meu. Se sim, ofereço os meus sinceros parabéns e um alerta importante: assim que você alcançar um nível de sucesso superior ao dos seus colegas de negócios e do seu círculo pessoal, o alvo de que o 50 Cent estava falando aparecerá nas suas costas. Não será tatuado. Na verdade, será invisível para você. Para outros, ficará cada vez mais visível; vai se tornar um alvo irresistível.

Até pouco tempo atrás, eu dirigia carros potentes e caros em pistas de corrida no mundo todo. Era um esporte sério para mim. Os carros chegavam a mais de 300 km/h e, ao longo de quatro anos, participei de corridas e consegui ganhar uma parte delas (eu também sofri dois acidentes, e cada um me ensinou algo novo sobre a corrida; esse é o valor do fracasso).

Eu conhecia os outros pilotos contra os quais eu corria, e todos eram caras ótimos. Fora das pistas, eu gostava da companhia deles. Conversávamos e ríamos de várias coisas. Durante a corrida em si, porém, as coisas mudavam. Eles não eram mais meus amigos, nem eu era deles. Agora éramos competidores que viam todos como uma ameaça. Se eu me deparasse com um carro mais lento na minha frente, não importa o quão amigável eu havia sido com o piloto antes de a corrida começar. A minha atitude se tornava "Sai da minha frente!" – o que eu posso ter mesmo gritado de trás do motor do carro. Tratava-se de uma competição, ora, e eu queria ganhar. Assim como todos os outros motoristas na pista, e cada um deles, tenho certeza, gritava as mesmas palavras para mim, em voz alta ou mentalmente, quando eu estava na frente deles. Todos nós tínhamos o alvo nas nossas costas.

As nossas atitudes na pista não tinham nada a ver com inveja e tudo a ver com a determinação para vencer. Esse era o objetivo de todos nós, e todos nós concordávamos que, independentemente de quais fossem os passos que déssemos rumo à vitória, eles seriam justas e necessários.

A inveja no ambiente de trabalho não é nem justa nem necessária. É injusta e destrutiva. Também é inevitável. Se traçar as metas altas e alcançá-las, você ganhará esse alvo nas costas sem saber que ele se encontra lá.

Não permita que o ciúme e a inveja dos outros detenha você. Há formas de lidar com reações negativas, e com as políticas empresariais que as acompanham.

Inicie reconhecendo que a inveja nasce da insegurança. Pessoas incertas sobre o seu trabalho e suas relações pessoais podem se tornar invejosas se qualquer um parecer mais bem-sucedido onde elas parecem falhar. Algumas são capazes de canalizar a inveja para o lugar certo: como uma força positiva que as inspira a provar que são capazes de sucessos similares, como o carro de corrida gritando para que eu saia da sua frente. Outras não são.

A inveja e os seus efeitos no ambiente de trabalho podem ser um banho de água fria nos bons sentimentos que são frutos do seu sucesso. Tenha consciência de que também podem gerar fofocas capazes de prejudicar a sua relação com o empregador. Algumas fofocas podem ser fáceis de driblar com uma boa risada, mas será que você deveria rir? Assim que você sentir que há inveja por parte de um colega de trabalho, tente evitar que ela se transforme em ressentimento. Mencione alguma conquista da pessoa que estiver sentindo inveja de você. Não exagere; falta de sinceridade é facilmente percebida como inveja. Diga "Você fez um bom trabalho com a conta XYZ" ou faça algum outro comentário que reconheça as qualidades da pessoa. A inveja cresce a partir da insegurança, e não há nada tão eficaz quanto um elogio honesto que faça a pessoa se sentir bem consigo mesma.

Evite uma resposta negativa. Não compare as suas conquistas com as deles e nunca acuse-os de terem inveja de você, não importa o quão verdadeiro isso seja. Fazer um comentário negativo para a pessoa invejosa é como jogar combustível em uma fogueira.

Quando a inveja explode em algo destrutivo, o que inclui difamação e sabotagem do seu trabalho, não perca a cabeça. Escreva a data e o que a pessoa disse ou fez para atacar você e o seu trabalho. Imprima e guarde mensagens ofensivas que possam ter mandado a você e encontre colegas de trabalho que possam ter testemunhado a atitude ou as ações invejosas. Ter um registro do que quer que tenha acontecido entre vocês dois pode dar credibilidade ao seu posicionamento se as coisas degringolarem.

ALGUMAS PESSOAS ACREDITAM que as políticas do escritório são inevitáveis, já que há pessoas brilhantes e ambiciosas reunidas em um ambiente de alta tensão. Eu não concordo com isso. Trabalho duro para encontrar formas de amenizar a pressão e construir um trabalho em equipe saudável entre todos na minha empresa, com o objetivo de neutralizar e prevenir as políticas do escritório. Isso vale todo o esforço que pudermos fazer.

TENTE SE DAR BEM COM TODOS.

Isso tem a ver com equilíbrio. Precisamos aprender a ser agradáveis e profissionais, mas assertivos quando for necessário. Ok, não é fácil, mas é um grande talento a ser desenvolvido na sua vida pessoal. Torne-se uma pessoa que todos respeitam e com quem eles gostam de estar, mas também deixe claro que, quando uma coisa acontece com a qual você não concorda e que atinge você diretamente, você não deixará de apontar. Passe longe de das brigas por poder que brotam entre colegas e gerentes. Apoiar um dos lados na política do escritório é pedir para perder. Se o seu lado se sair "vitorioso", o outro se ressentirá do papel que você desempenhou. E, se o seu lado "perder", as coisas podem ficar ainda piores para você. Trabalhe com todos conforme necessário, mas recuse-se a entrar em joguinhos políticos e foque no trabalho que tem de fazer.

O QUE ACONTECE NO ESCRITÓRIO FICA NO ESCRITÓRIO.

Nunca compartilhe problemas internos com pessoas de fora, especialmente clientes e fornecedores. Você não ganha nada fofocando sobre o seu empregador e arrisca perder o respeito e a confiança das pessoas com quem está falando.

Trate os colegas de trabalho como amigos.

Isso não é difícil de fazer. Se alguém precisar de uma carona para casa na chuva e você estiver indo para aqueles lados, ofereça-se. Ou, se você souber construir uma planilha complexa no Excel, e um colega estiver com dificuldades com isso, reserve um tempo para mostrar a ele como se faz. Pense nesses gestos como investimentos. Eles constroem capital e suporte para você entre os seus colegas, baixando o risco de você se tornar um alvo de inveja e fofoca.

Nunca expresse hostilidade a um rival.

Algumas pessoas colocam um alvo nas suas costas como uma bandeira vermelha para um touro: procuram razões para atormentar você como uma forma de expressar a sua inveja. Trata-se de uma resposta infantil, mas pode perturbar você, de toda forma. O que você faz? É o que você *não* faz que importa. Nunca expresse uma resposta emocional a esses tormentos. Pegue leve. Mantenha-se acima disso. E sorria. Sorrir pode ser um antídoto maravilhoso em momentos assim. Ele passa confiança aos amigos e confunde os inimigos.

Mantenha-se humilde.

Ficar orgulhoso com o seu trabalho é ótimo. Usar um trompete para expressar isso é destrutivo. Aceite o reconhecimento dado por seus superiores e colegas e tente não mencioná-lo de novo especialmente no ambiente de trabalho. Se você precisar de mais reconhecimento, procure-o entre os seus familiares e amigos.

Aprenda a ler as pessoas.

Essa é uma habilidade que vale a pena desenvolver, tanto no mundo dos negócios quanto fora dele. Significa observar como as pessoas respondem a situações de estresse. Todos nós somos criaturas de hábitos, e todos somos notavelmente previsíveis quando as acontecem em determinas circunstâncias. Você pode colher os segredos básicos em diversos livros sobre esse assunto, ou você pode se treinar, interessando-se genuinamente pelas pessoas ao seu redor. Entender a sua linguagem corporal pode preparar você para atitudes inesperadas que pode ter de tomar.

EVITE FOFOCA DE QUALQUER TIPO E DE QUALQUER UM.

Lembre-se de que a inveja e as fofocas maliciosas que são espalhadas crescem a partir da insegurança, e que dar sermões aos outros a respeito dos malefícios da fofoca pode criar mais ressentimento ainda. A sua melhor resposta a alguém com um "babado quente" é mudar de assunto. Se alguém espalha histórias maliciosas sobre outro funcionário, compartilhe algo bom que você saiba sobre ele/ela ou sobre a sua família. Talvez uma filha que tenha ganhado um prêmio na feira de ciências, ou sobre como o filho toca bem violão. Mencione isso sem se ater demais. É uma maneira eficaz de amortecer a fofoca.

LEMBRE-SE DA QUALIDADE MAIS DESEJÁVEL NO AMBIENTE DE TRABALHO.

É a lealdade. Quando você é leal ao seu empregador e aos seus colegas de trabalho, você ganha em troca a lealdade deles. O que significa que situações nas quais você tiver de enfrentar ciúme, inveja, zombaria e fofoca não serão tão importantes assim.

VINTE E CINCO

O PREÇO DO SUCESSO

MUITAS DAS IDEIAS que expus neste livro não são completamente originais. Psicólogos, sociólogos e outros estudiosos do comportamento humano têm discutido conceitos similares por anos. Eu queria explorá-las com vistas a um propósito prático de explicar o básico a respeito das vendas bem-sucedidas e como algumas habilidades são fundamentais para se construir e manter relacionamentos pessoais. Isso é importante para mim, porque atribuo muito do que alcancei na vida à minha habilidade de me conectar com as pessoas em muitos níveis.

O meu plano ao confeccionar este livro era tecer essas habilidades e técnicas por meio do funcionamento prático de uma carreira em vendas. De todos os talentos adquiridos durante a nossa vida, nenhum é mais importante do que a habilidade de se comunicar com pessoas – que, na minha opinião, representa o núcleo de todas as competências necessárias para se tornar um vendedor de sucesso. Apenas compreendendo as necessidades e os desejos dos outros, e ajudando-os a ver quais são as nossas esperanças e expectativas, é que conseguimos nos conectar verdadeiramente.

Muitas das histórias deste livro nasceram da minha participação no *Dança com as Estrelas*. Como todas as experiências da vida – boas e más, antecipadas ou imprevistas –, essa também enriqueceu a minha vida de mais formas do que eu poderia imaginar. Eu espero que as tenha achado interessantes. Mais importante que isso, espero que as tenha achado úteis.

EU PODERIA ENCERRAR o meu livro com o resumo habitual, mas não farei isso. Aqui está o porquê.

Explicar o papel que os negócios desempenharam na minha vida deixou pouco espaço para eu conversar sobre as coisas que têm tanta ligação com a minha mensagem, mas que merecem ser mencionadas. É impossível, afinal, separar a sua vida pessoal completamente da sua carreira. E tentar isso é uma bobagem. Todo empreendedor decidido a criar um negócio baseado em pouco mais do que imaginação e ambição aceita o fato de que ele ou ela deve abandonar o conceito de uma vida completamente equilibrada. Eles nunca poderão contar com um jantar em família toda noite, com fins de semana livres e com a liberdade para ir às apresentações e aos jogos de hóquei dos filhos.

Trata-se de um preço que a maioria dos empreendedores está disposto a pagar, e pagam de várias formas diferentes. O tempo passado com as famílias torna-se limitado, então você intensifica todos os momentos que consegue passar com ela. Há demandas da sua vida de igual força nas obrigações com a família e nos negócios, então você precisar encontrar formas de satisfazer ambos, se possível. Com o tempo, a visão e a ambição que guiaram você no início dos negócios podem se tornar confusas, então você constantemente volta ao início de tudo para se lembrar de qual era a sua inspiração original.

Fácil? Nunca é fácil. Ou é vital para você, ou você abandona. A decisão é sua.

Os aspectos que mais exigem, para alcançar grandes conquistas como empreendedor, são os que envolvem a família de maneira positiva e recompensadora. Os seus familiares precisam do seu reconhecimento e do seu envolvimento como empreendedor, e você precisa do comprometimento deles para compartilhar a sua meta. É preciso que isso fique claro, e eles precisam aceitar que, mesmo quando não é aparente, você está dedicado tanto ao negócio, que lhes fornece segurança financeira quanto ao bem-estar da sua família.

É difícil a tarefa a ser desempenhada. Se você não acredita que o esforço valha a recompensa, nem tente.

Você também precisa lidar com a roda-viva da vida – os pequenos incômodos e as grandes crises – que enreda todo mundo. Não há como escapar disso. Você nem deveria tentar. Porque a vida vai – e *deve* – continuar a surpreender você. Às vezes, positivamente. Às vezes, dolorosamente. Empreendedores de sucesso precisam abraçar esses dois lados. Mas, mais uma vez, é tarefa difícil. E dolorosa. E imprevisível. Eu tenho as cicatrizes que comprovam isso.

Pessoas como eu gostam de pensar que têm várias vidas – os negócios, a família, o público, o privado –, mas, na realidade, nós só temos uma, e sem rótulo. Nós nos agarramos a ela de toda forma, porque ela é a soma de todas as nossas experiências e de todas as personagens que nós optamos por adaptar.

E, no fim das contas, é tudo o que temos.

Eu passei a maior parte da minha vida atrás de um sonho. E continuo a perseguir o mesmo sonho hoje. O sonho não muda, ele só cresce e se abrilhanta na minha mente.

Por anos, investi grandes quantidades de tempo na busca por esse sonho. Eu esperava que a minha família entendesse por que ele ocupava uma parte tão grande da minha atenção, e eu insistia para que eles compartilhassem comigo as recompensas ganhadas. Na maior parte das vezes, eles concordavam e entendiam. Eu tentava balancear sempre buscando eventos únicos para compartilhar com eles, de modo a criar memórias que, eu esperava, sempre estimaríamos.

Durante o tempo que eu passava com a minha família, encontrei maneiras de tocar o mundo para além da janela do meu escritório. Após vender a primeira empresa que fundei, dei um tempo dos negócios por três anos para ficar em casa e tomar conta da nossa filha mais nova, até que ela pudesse ir para a escola. Depois, corri maratonas, participei de torneios de golfe e corri com carros esportivos em toda a América do Norte. Gostei de tudo isso. Das maratonas, dos torneios de golfe e das corridas de carro que alimentavam a minha natureza competitiva mais do que qualquer atividade profissional. Eram maneiras de viver experiências novas, de ter novas visões de mundo e de tirar mais alegria da vida.

Também eram uma forma de me distrair dos problemas na minha vida pessoal. Tanto que, quando o meu casamento acabou abruptamente, o impacto emocional sobre mim foi devastador.

Trata-se de uma história conhecida, tão imemorial, que pode ser classificada como clichê: homem no auge do seu poder econômico desfruta de status de celebridade e de gratificações materiais até que a sua vida pessoal desaba, convencendo-o de que ele não tem valor nenhum e levando-a a contemplar o suicídio. Uma prova de que o dinheiro não compra nem felicidade nem amor.

Eu não me importava com esse clichê quando aconteceu comigo. Eu só queria escapar da minha dor. Precisava encontrar ajuda de alguém mais sábio nesses assuntos do que eu e, em busca de conselho, procurei um padre que também era amigo da família. Eu precisava, ele concordou, me curar, e sugeriu que a melhor forma de fazer isso seria ajudando a curar outras pessoas. Ele tinha uma ideia de como eu poderia dar início a esse processo de cura e, dois dias depois, eu voei para Seattle, onde fica a Union Gospel Mission.

Localizada no centro da cidade, essa instituição cristã está bem longe do glamour das áreas turísticas de Seattle. Comecei o meu primeiro dia na cozinha, descascando legumes para os cozinheiros, antes de servirmos o almoço para pessoas sem-teto. Fiz a mesma coisa a tarde toda e à noite. Passei duas semanas em Seattle entre pessoas cujos bens eram as suas roupas carregadas nas costas, e cujos mais profundos desejos eram comer uma refeição decente, encontrar um lugar seguro para dormir e, algum dia, um par de meias limpas para os seus pés.

Eu era o homem que, no ano anterior, havia ficado superfeliz ao saber que a empresa automobilística Ferrari me dera permissão para pagar 1,5 milhão de dólares em troca de um automóvel tão dramático em estilo e avançado no design quanto o último jatinho a entrar para a frota da Aeronáutica dos Estados Unidos. Menos de 500 carros haviam sido construídos. Mais de cinco mil pessoas queriam e poderiam comprar um.

Doze meses depois, eu estava vivendo entre pessoas que, do seu jeito, valorizariam um par de meias limpas tanto quanto eu valorizava o meu LeFerrari decadente e pouco prático.

Que tal esse contraste?

VINTE E SEIS

O SIGNIFICADO DAS MEIAS

NADA QUE EU tenha confrontado durante o meu tempo na instituição chamada Union Gospel Mission me era familiar. Toda a experiência foi educativa. A ajuda, eu imaginava, tinha de vir de dentro. "Deus ajuda quem se ajuda", eu lembrei que ouvia quando era criança. A mensagem disso é *Qualquer um pode se levantar pelos cadarços do sapato se tentar o bastante*. A maioria das pessoas faz isso. Mas também a maioria das pessoas não passou uma ou duas semanas em um abrigo para os sem-teto.

Eu não sabia como as pessoas careciam de formas para sobreviver com o seu próprio esforço quando estão presas em um ciclo de dificuldades das quais não conseguem escapar. "Pobreza" e "falta de moradia" eram palavras para descrever o problema de outra pessoa em outro mundo, não no meu. Não que eu não me importasse com os sem-teto. É que era distante de mim, e eu não acredito que isso me fizesse diferente da maioria dos norte-americanos.

AO LONGO DO tempo que eu passei na instituição, fui guiado por Jeff Lilley, o presidente da Mission. "Você verá muitas coisas aqui que nunca esperou ver", Jeff me alertou no dia em que fui trabalhar na recepção da instituição. "Você encontrará viciados, travestis e pessoas em estado de overdose de drogas das quais nunca ouviu falar, e cujos efeitos você nem consegue imaginar. Você estará entre pessoas à margem da sociedade, pessoas que parecem ser irrelevantes para a sua vida e para os seus valores, pessoas que você evitaria cruzando a rua. Mas nunca, nunca as julgue. Trate-as sempre da mesma forma: com amor".

As palavras dele me fizeram questionar a ideia de me ajudar ajudando, primeiramente, os outros. Eu ainda estava emocionalmente devastado, incapaz de escapar disso de vez. Eu teria direito de sentir a minha dor enquanto lidava com pessoas que, com frequência, não tinham nenhuma ideia de onde dormiriam à noite, nenhuma ideia de onde encontrariam algo para comer, nenhuma ideia se sobreviveriam até a manhã seguinte?

Quando eu mencionei isso ao Jeff, ele ponderou que toda dor é dor, não importa quem a sinta e nem por que razão sente. A dor sentida pelas pessoas que eu estaria ajudando e a dor que eu mesmo estava sentindo pelo fim do meu casamento forjava uma conexão entre nós. As causas eram muito diferentes. E também as circunstâncias; as pessoas que eu iria ajudar não tinham alternativa, porque a instituição era, com frequência, o seu último recurso.

"Não se importe com as diferenças", Jeff me aconselhou. "Você está aqui para ajudar, e você precisa ajudar a si mesmo. Tudo que você fizer por elas será apreciado e valorizado. Não pense na sua situação ou comece a comprar a sua vida com a delas. Apenas concentre-se em ajudá-las e a demonstrar amor. É o máximo que qualquer um de nós pode fazer".

As coisas não começaram bem. Poucas pessoas que encontrei enquanto trabalhava na recepção eram abusivas, tanto física quanto verbalmente. A maioria ficava grata pela ajuda que podíamos oferecer, mas algumas eram agressivas e perigosas. Elas me assustaram o suficiente para que eu ligasse para o número de emergência 911 em busca de ajuda. Eu disquei 911 com tanta frequência naquela noite, que um atendente finalmente me disse para ficar calmo, lidar com a situação sozinho e poupá-los da viagem. As minhas preocupações começaram a se dissolver quando me dei conta de que aquelas pessoas não estavam zangadas comigo. Elas se sentiam zangadas e frustradas com o desespero da sua situação, e eu logo entendi por quê.

Os homens e as mulheres que chegavam à recepção estavam desesperados e exaustos, sem comida nem bebida e sem lugar para dormir. Para eles, o mundo era um lugar sombrio e impiedoso, até que eu lhes servia uma refeição e uma cama quentinha para passar a noite. É aí que eles acreditavam que o Senhor devia amá-los, no fim das contas, e que a sua existência tinha algum sentido. Por um dia, eles poderiam descansar, relaxar, sorrir e, talvez, sonhar.

Após alguns dias entre os sem-teto, percebi que as mudanças que eu estava experimentando ficariam comigo para o resto da minha vida. Eu havia visto e ouvido os efeitos que a falta de um lar podem ter sobre uma pessoa – pessoas boas, pessoas deterioradas, pessoas carentes, todas elas.

Haveria mais a aprender e a entender sobre elas, mas tudo que eu precisava fazer para absorver tudo isso era ficar na instituição.

Eu estava errado.

Quando um membro da equipe chamado Richard sugeriu que eu saísse com ele para fazer um resgate em uma noite, eu concordei em ir.

A trajetória do Richard era similar à de muitas pessoas que trabalhavam na instituição. Ele saiu de casa aos catorze anos para escapar do padrasto sexualmente abusivo e uma mãe que fazia vista grossa para as ações do marido. Tendo morado ele mesmo na rua, ele sabia intimamente como era não ter casa, como é difícil escapar e como uma cama e uma refeição quente à noite podem fazer bem.

Ao sairmos da instituição naquela noite, Richard me disse que alguns sem-teto estavam tão fora do alcance da sociedade, que não conseguem nem chegar até o abrigo. O problema não era a distância. Era mental. Muitos estavam sozinhos por tanto tempo, que se tornaram incapazes de se conectar com outras pessoas de maneira significativa. Além de ajudá-las a lidar com o fato de não terem um lar, o nosso trabalho seria mostrar-lhes que sabíamos o quanto a sua vida é dura e queríamos ajudá-los. Ofereceríamos a eles a esperança de que eles reconstruiriam os seus relacionamentos de novo. Afinal, os seres humanos são animais sociais, e não ter contato com outras pessoas que se importam com você é trágico. Também é nocivo para a sua saúde mental.

Richard me alertou que eu iria me deparar com situações que eu nem conseguiria imaginar, mesmo depois de passar dias trabalhando na instituição. Ele estava certo. Quando visitamos ralos de esgoto, passagens subterrâneas nas rodovias e outros cantos escuros da cidade, encontramos pessoas incapazes de escapar à sua tristeza, à sua dor e ao seu desespero. Não fizemos sermões, não apelamos para que mudassem o seu jeito de viver (porque sabíamos que não mudariam) e não oferecemos promessas. Em vez disso, distribuímos sanduíches, chocolate quente e lhes asseguramos de que eram amadas.

Naquela noite, descobri as muitas formas pelas quais as pessoas podem ser cruéis e, felizmente, outras maneiras de expressar amor e preocupação uns com os outros. Os extremos das duas coisas me chocaram muitas vezes, independentemente do que eu pensava que sabia sobre a vida e os relacionamentos. Como a história de uma mulher que chamarei de Susan.

Susan ficou grávida de um homem com quem estava morando por algum tempo. Deu à luz um menino e, no dia seguinte, o homem a visitou no hospital e disse: "Bem, ele agora é problema seu". E virou as coisas e foi embora. Ela nunca o viu nem ouviu falar dele de novo, e recebeu alta do hospital como mãe solteira e sem ter para onde ir. O homem com o qual ela havia contado para apoiá-la a abandonou sem pensar duas vezes. Quando a encontrei e ouvi a sua história, ela estava vivendo com o bebê, sob um viaduto da rodovia. Ao ouvi-la contando a história do que parecia ser de uma crueldade inimaginável, eu queria comentar a ironia da situação. Dedicando o pouco que ela tinha na vida ao seu bebê, ela estava contando a sua história a um homem que havia jurado dar a sua vida pelos filhos dele, embora agora eles não quisessem ter nenhum nem contato com ele.

Eu havia me preparado para a tristeza e a tragédia que encontrei na instituição, mas o Richard estava totalmente correto – essa noite de busca e resgate me levou a lugares que eu não poderia ter imaginado sozinho. Não esperava o sentimento de realização que tomou conta de mim, simplesmente por oferecer a alguém uma bebida quente e comida, e conversar sobre o que aquelas pessoas queriam conversar.

Visitamos vários sem-teto naquela noite, todos gratos pela nossa atenção e ajuda. Quantos? Não consigo me lembrar. Talvez tenham sido dezenas. Pareciam ser centenas.

Às duas da manhã, aproximadamente, estávamos nos preparando para retornar à instituição quando passamos com o carro ao lado de um campinho aberto, no qual homens sem-teto com frequência dormiam. Ele sugeriu que parássemos para checar, embora parecesse estar vazio.

De início não vimos ninguém, e o Richard imaginou que os homens haviam encontrado outro lugar para dormir. Estávamos prestes a ir embora quando avistei algo do outro lado do campinho que parecia ser um saco de dormir descartado. Andei na direção dele e notei que havia sangue no saco de dormir, depois percebi que havia alguém dentro dele.

Gritei para o Richard, e ele e eu levantamos o homem de dentro do saco. Ele estava coberto de sangue e sujeira e, quando acordou, disse que fora atropelado por um ônibus ao atravessar a rodovia. O ônibus não parou, e ele cambaleou para a margem, até um campinho. Ele sabia que morreria se não recebesse ajuda, e ele não imaginava que receberia. Era um sem-teto, desconhecido; e, ele acreditava, sem amor. Tudo que ele podia fazer era se enrolar no saco de dormir e esperar morrer. Deus, ele acreditava, o havia abandonado.

"Por que você acha isso?", Richard perguntou.

O homem nos contou que ele arruinara a sua vida. "Fiz coisas terríveis", ele disse. "Não tenho valor. Não tenho nada mais para dar". Richard e eu garantimos a ele que Deus nunca abandona ninguém, e que sempre haveria alguém para ajudá-lo, não importa quem ele seja ou o que tenha feito.

O homem não ficou gravemente ferido, como havíamos temido a princípio. Conseguimos sentá-lo e ajudá-lo a beber chocolate quente. Depois, com o Richard e eu o apoiando, o colocamos em pé, e nós três demos as mãos e rezamos. Foi uma experiência memorável. Daí nos asseguramos de que ele receberia atenção médica adequada, desejamos tudo de bom para ele se voltamos para a instituição.

APÓS DEZ DIAS na instituição eu estava pronto para seguir com a minha vida, para qual direção fosse. Eu não sei se os meus esforços ajudaram algum dos sem-teto que conheci, mas sabia que partes de mim haviam começado a se curar e que eu estava pronto para voltar às coisas de que gosto, coisas importantes para mim e para outras pessoas.

A minha educação na instituição me revelou muitas coisas. Todas significativas, e muitas surpreendentes. Entre elas, dar valor a pequenas coisas que fazem tanta falta às pessoas. Como meias novas e limpas. Casacos quentes, agasalhos e chapéus são sempre bem-vindos entre os sem-teto, mas nada é mais valorizado do que um par de meias novas. Ter meias novinhas é um luxo breve para eles, mas ainda assim um luxo.

Pessoas que têm uma casa, um senso de autovalor e uma gaveta cheia de roupas não conseguem entender o que tem de tão bom em calçar um par de meias em pés cansados e cheios de calos. Após dias e noites passados entre os sem-teto na instituição, entendi o luxo de se fazer isso. Decidi marcar o tempo que passei ali fornecendo esse pequeno prazer com regularidade. Ninguém tem o poder, financeiro ou de outro tipo, de resolver o problema dos sem-teto sozinho – não em nível nacional, nem mesmo só em Seattle. Mas algo poderia ser feito em uma escala menor, mas ainda assim significativa.

Se um par de meias novas poderia fazer os sem-teto da instituição se sentirem melhores em relação a si mesmos, eu poderia fazer algo a esse respeito. No dia anterior à minha partida, o Richard e eu passamos em um Wal-Mart ali perto, onde compramos todos os pares de meias de adulto disponíveis na loja. Enchemos oito carrinhos e os enfileiramos no caixa para pagar, depois voltamos para a instituição, onde distribuímos meias para todas as pessoas sem lar que estavam lá.

Eu não queria que ninguém na instituição soubesse a origem das meias. Eu só queria que eles aproveitassem o luxo de colocá-las e saber que alguém os valorizava o suficiente para lhes fornecer pares de meias, mesmo que eles mesmos encontrassem dificuldade em dar valor a si mesmos. Quando voltei para casa, combinei com um fabricante de meias o envio de milhares de pares de meias novas para a instituição a cada três meses. Ao deixar a instituição, agradeci a todos os funcionários por sua paciência, compreensão e pelo privilégio de terem compartilhado comigo todas as coisas que eles fazem todos os dias do ano. Eu falei que eles tinham sorte de fazer o que fazem, e falei de coração.

Durante o meu período na instituição, fiquei mais conectado à humanidade de maneiras que eu nunca poderia ter imaginado.

As pessoas que, a partir de muito esforço, conseguem conquistar fortuna e fama haviam sido as minhas heroínas e modelos. E ainda são, à sua maneira. Em Seattle, eu adquiri novos heróis, de uma espécie especial – pessoas como o Jeff, a Susan e o Richard, e muitas outras. De volta à minha casa, estava novamente em um ambiente de riqueza e conforto muito além do que eles poderiam imaginar. Ainda assim, no sentido espiritual, eu me identifiquei com eles como meus irmãos e irmãs, e ainda me identifico. Eles não podem viver a minha vida, e eu não posso viver as deles. Mas, juntos, conseguimos construir uma conexão entre nós que nada tinha a ver com riqueza material e tudo a ver com a compreensão do que é ser humano e sentir dor e perda.

Eu falei sobre isso para o Jeff quando estava indo embora. A resposta dele foi me dizer que ele entendia a minha reação, e que nunca havia encontrado nada mais fascinante do que outro ser humano.

As palavras dele mudaram a minha maneira de pensar sobre a vida, e essa foi uma grande mudança.

Antes, eu acreditava que não existiam vítimas. Cada um de nós, eu imaginava, pode fazer o que for preciso para sair das situações em que nos encontramos. Só precisamos tentar o bastante; só precisamos querer o bastante. Isso não funciona mais para mim. É por isso que me disponho a falar com todas as pessoas sem-teto com as quais cruzo. Eu me lembro de que todo mundo tem uma lição a compartilhar com o mundo, e que o mundo deveria ouvir e se importar. Especialmente, se importar.

Durante as primeiras poucas semanas após voltar de Seattle, a palavra que começou a preencher a minha consciência foi *enriquecimento*, no sentido de confirmar o valor que temos como indivíduos e justificar a nossa presença na Terra.

Todos nós precisamos de uma pessoa que enriqueça as nossas vidas. Eu encontrei a minha na dança.

VINTE E SETE

CONTINUE SEGUINDO EM FRENTE

EU ME LEMBRO de ler uma reportagem de revista que mostrava como a nossa personalidade é moldada não tanto pelas nossas conquistas, mas pelas derrotas que enfrentamos nas "provas do desafio".

Gosto dessa expressão: "provas do desafio". Ela confirma que nenhum de nós tem como evitar que derrotas e fracassos aconteçam de tempos em tempos. Já que não temos como evitá-los, deveríamos nos preparar para aprender com eles.

A maior parte dos fracassos ocorrem quando passamos dos nossos limites, almejando chegar a um novo nível de desempenho nos negócios, nos esportes ou em outra área. O fracasso, nesses momentos, pode ter dois efeitos sobre nós: ou nos forçar a dar para trás e ficar na zona de conforto, na qual a comodidade é mais importante do que as conquistas, ou aumentar os limites da nossa ambição, inspirando-nos a aplicar as lições aprendidas com o fracasso.

Eu sou totalmente a favor de aprender e não dar para trás.

Falar sobre o lado bom do fracasso é uma coisa relativamente nova nos Estados Unidos. Esse é o lugar, afinal, onde esperamos realizar os nossos sonhos por meio da dedicação e do esforço, no qual a nossa ambição é limitada, unicamente, pela própria insegurança. Na maioria das vezes, isso é verdade. Mas é um erro acreditar que não há lugar para fracasso nessa promessa.

Foi importante para mim contar duas histórias neste livro que têm pouca conexão direta com a arte da venda, mas que têm muito a ver com a vida em geral – com a minha e, de uma forma ou de outra, com a de todo mundo. Uma das histórias é a da minha participação no *Dança com as Estrelas,* na qual eu me esforcei ao máximo para conseguir passar de um nível sensato de expectativas. Nunca havia dançado antes, e era mais velho do que a maioria dos outros concorrentes. Ainda assim, eu imaginei que aprenderia algo sobre mim mesmo, e aprendi.

A outra história foi sobre o fim do meu casamento. Não importa como você lide com ele, um divórcio é um símbolo de fracasso. A minha reação emocional ao divórcio inspirou a minha cura por meio da ajuda a outras pessoas. Eu não poderia ter imaginado essa experiência sozinho e, enquanto eu vivia o luto do fim do meu casamento, o período que passei na Union Gospel Mission me transformou de maneiras que eu sempre irei valorizar.

Às vezes, nos cantos escuros e encardidos do fracasso, descobrimos a luz brotando de uma fonte que nem conhecíamos. Isso aconteceu comigo quando, depois de colocar de lado os sentimentos de depressão que permaneciam comigo no meu retorno do trabalho voluntário, concordei em participar do *Dança com as Estrelas.* Escolheram para minha parceira Kym Johnson, sobre a qual eu não sabia nada a respeito àquela época. Kym tornou-se a minha parceira profissional de dança, desempenhando esse papel desde o primeiro dia com um humor caloroso, grande sabedoria, graça esplêndida e paciência infinita. Conforme passaram as semanas, Kym tornou-se mais do que a minha parceira na pista de dança. Ela se tornou a minha fonte de felicidade e de alegria com uma intensidade que havia muito tempo que eu não experimentava. Este livro não é sobre a Kym; é sobre o meu conselho e o meu incentivo para que você escolha a carreira de vendedor profissional. Mas ele não teria se desenrolado da maneira como se desenrolou sem a Kym na minha vida.

Uma história mais sobre uma mulher sábia e forte:

O nome dela era Mary, e ela viveu uma vida difícil, mas gratificante. Recém-saída da adolescência, no fim dos anos 1930, Mary e o seu jovem marido mudaram-se para uma pequena fazenda no norte das Prairies. A terra era difícil de cultivar, e a fazenda não tinha encanamento. Por muitos anos, a renda da família dependia mais do salário de professora da Mary em uma pequena escola rural do que das colheitas que conseguiam fazer.

Quando todos os filhos já estavam adultos e fora de casa, Mary e o marido venderam a fazenda e se mudaram para a cidade. Mary sempre quis visitar a filha deles, que se mudara para a Califórnia e, pouco depois do seu septuagésimo aniversário, decidiu que ela e o marido atravessariam o país de carro para visitar a filha no verão.

Os filhos tentaram convencê-la a não ir. Era uma viagem muito longa, eles a lembraram. Na idade deles, dirigir por longas distâncias era perigoso demais. Eles deviam pegar um avião para a Califórnia, não ir de carro para lá. A resposta da Mary às preocupações deles era a de sempre: "Bobagem". Ela e o marido não haviam conseguido viajar enquanto criavam os filhos e administravam a fazenda. Agora, eles aproveitariam a chance para ver uma parte do país que nunca tinham visitado. Ela odiava voar, e uma viagem de carro podia ser relaxante e educativa. Os filhos conheciam bem a teimosia da mãe. Pararam de argumentar com ela e se reuniram para se despedir quando os pais partiram. Rumo ao oeste.

No segundo dia de viagem, Mary estava dirigindo enquanto o seu marido tirava uma soneca no banco do passageiro ao seu lado e perdeu o controle da direção. O carro bateu em uma árvore em alta velocidade, antes de cair dentro de uma vala. O marido de Mary morreu instantaneamente, e ela passou meses se recuperando no hospital. Ela era lembrada muitas vezes pelos médicos e enfermeiras que tinha sorte de ter sobrevivido ao acidente. Só a sua teimosia, eles diziam, lhe havia permitido se recuperar.

Quando voltou para casa, permaneceu em silêncio, quase catatônica, por algum tempo. Ela se culpava pela morte do pai deles, ela explicou aos filhos. Agora, ela queria ficar sozinha, com os seus pensamentos.

Mas logo ela se deu conta de que estava se sentindo, de novo, como ela mesma. Movimentava-se com dificuldade, mas no Natal já tinha toda a energia e a mobilidade que tivera antes, quando os filhos saracoteavam para dentro e fora da casa. Por todo o Natal e o Ano Novo, ela fez tortas e preparou ensopados para os filhos, costurou roupas para os netos e retomou as atividades sociais com os amigos.

Todos ficaram felizes e impressionados com a sua recuperação, tanto física quanto mental. Após a sua experiência de quase-morte ao volante do carro, e aceitando a sua responsabilidade na morte do marido, Mary viveu uma vida gratificante e vibrante por mais vinte e cinco anos, antes de morrer enquanto dormia aos 96 anos.

A cidade inteira prestou tributo à Mary em seu velório, muitas das pessoas lembrando a mulher que retornou do acidente que matara o seu marido e a deixara com uma deficiência permanente. No velório, o seu filho mais velho contou a todos os reunidos ali que ele havia ficado impressionado como todo mundo e uma vez perguntou a ela: "Mãe, como você fez isso? Como você se reergueu de toda aquela tristeza?".

Ele contou, então, o que a mãe respondeu: "Eu disse a mim mesma 'Olhe, você precisa seguir em frente. Você não pode voltar, e não há sentido em ficar paralisada. Então comece a seguir em frente e continue seguindo em frente'. Isso é o que precisa ser feito. Foi o que eu fiz. Eu decidi seguir em frente".

Eu tive as minhas decepções e os meus fracassos no passado, e imagino que vou lidar com outros no futuro. Quando acontecem, eu tento me lembrar da frase da Mary:

Continue seguindo em frente...

... É o único jeito.

©2016, Pri Primavera Editorial Ltda.

You don't have to be a shark – creating your own success
©2016, Robert Herjavec

Equipe editorial: Larissa Caldin, Lindsay Gois e Lourdes Magalhães
Tradução: Cynthia Costa
Preparação: Larissa Caldin
Revisão: Lindsay Gois
Capa, Projeto gráfico, Diagramação: Larissa Caldin

Dados Internacionais de Catalogação na Publicação (CIP)
Angélica Ilacqua CRB-8/7057

Herjavec, Robert
 Você não precisa ser um tubarão : crie o seu próprio sucesso / Robert Herjavec ; tradução de Cynthia Costa.-- São Paulo : Primavera Editorial, 2016.
 272 p.

ISBN 978-85-5578-022-6
Título original: You don't have do be a shark: Creating Your Own Success

1. Vendas 2. Sucesso nos negócios 3. Negociação I. Título II. Costa, Cynthia

16-0553   CDD 658.85

Índices para catálogo sistemático:
1. Vendas

PRIMAVERA
EDITORIAL

Av. Queiroz Filho, 1700 Vila B 37
05319-000 – São Paulo – SP
Telefone: (55 11) 3031-5957
www.primaveraeditorial.com
contato@primaveraeditorial.com

Todos os direitos reservados e protegidos pela lei 9.610 de 19/02/1998. Nenhuma parte desta obra poderá ser reproduzida ou transmitida por quaisquer meios, eletrônicos, mecânicos, fotográficos ou quaisquer outros, sem autorização prévia, por escrito, da editora.

*Este livro foi impresso
pela gráfica Bartira
em julho de 2016
para Primavera Editorial*